名师工程
国际视野系列

"国培计划"优秀成果出版工程
"国培计划"全国优秀研修成果数字出版平台

赵伟 ⊙ 著

从白桦林到克里姆林宫

——俄罗斯中小学教育纪实

CONG BAIHUALIN DAO KELIMULINGONG
ELUOSI ZHONGXIAOXUE JIAOYU JISHI

西南师范大学出版社
国家一级出版社 全国百佳图书出版单位

图书在版编目（CIP）数据

从白桦林到克里姆林宫：俄罗斯中小学教育纪实 / 赵伟著. —重庆：西南师范大学出版社，2015.1
（国际教育大视野丛书）
ISBN 978-7-5621-7196-6

Ⅰ. ①从… Ⅱ. ①赵… Ⅲ. ①中小学教育－研究－俄罗斯 Ⅳ. ①G639. 512

中国版本图书馆 CIP 数据核字（2014）第 288525 号

名师工程系列丛书

编委会主任：马　立　宋乃庆
总　策　划：周安平
策　　　划：李远毅　卢　旭　郑持军　郭德军

从白桦林到克里姆林宫——俄罗斯中小学教育纪实
赵　伟　著

责任编辑：郑持军
文字编辑：雷　兮
封面设计：仅仅视觉·王　冲
出版发行：西南师范大学出版社
　　　　　地址：重庆市北碚区天生路 1 号
　　　　　邮编：400715　市场营销部电话：023-68868624
　　　　　http：//www.xscbs.com
经　　销：新华书店
印　　刷：香河利华文化发展有限公司
开　　本：720mm×1030mm　1/16
印　　张：14.5
字　　数：270 千字
版　　次：2015 年 8 月　第 1 版
印　　次：2018 年 11 月　第 2 次
书　　号：ISBN 978-7-5621-7196-6

定　　价：38.00 元

《名师工程》
系列丛书

《名师工程》系列丛书

征 稿 启 事

《名师工程》系列丛书是西南师范大学出版社策划、组织出版的大型系列教育丛书。丛书以新课程下的新教学为背景,以促进施教者的教育能力为落脚点,以提高教育质量、提升教师水平为宗旨。

丛书首批推出的"名师讲述""教学提升""教学新突破""高中新课程""教师成长""大师讲坛""教育细节""创新语文教学""教育管理力""教师修炼""创新数学教学""教育通识""教育心理""创新课堂""思想者""名师名课""幼师提升""优化教学""教研提升""名校长核心思想""名校工程""高效课堂""创新班主任""教育探索者"等系列,共170多个品种,其余系列也将陆续出版。为了让广大教师有一个交流、借鉴的机会,同时也为了给广大教师提供更多、更好的图书,《名师工程》系列丛书编辑出版委员会特向全国教育工作者征集稿件。

稿件要求:

1.主题鲜明、新颖,有独创性。

2.主题以提升教育能力为主,也可适当外延。

3.主题要有一定规模、有典型案例支撑。

4.案例要贴近教育实际,操作性强。

5.文章、书稿结构清晰,语言精彩。

书稿作者在选题确定之后,请及时与我们做好沟通,具体事宜确定好之后再进行创作;也欢迎用已经完稿的稿件投稿。一线教师如希望参与图书案例的创作,可联系我社策划机构,由策划机构备案,在适合的图书中参与创作。

真诚欢迎各位教师踊跃投稿。

联系方式:

西南师范大学出版社高教分社

电话:023—68254356　　　E—mail:zcj@swu.cn

西南师范大学出版社高教分社北京策划部

电话:010—68403096

E—mail:guodejun1973@163.com

编者的话

当前，以人为本的教育理念正在逐步深化，素质教育以及基础教育课程改革不断推进。在这场深刻又艰苦的教育改革中，涌现了无数甘为人梯、乐于奉献的优秀教师。他们积极探索、更新观念、敢于创新、善于改革，在实践中创造性地发展、总结了很多先进的教育思想、教育理念；创造性地开发了很多新的教学模式、教学内容和教学方法。这些新思想、新模式、新方法在实践中极大地提高了教学质量，是教育改革实践中的新内涵和宝贵财富。这些优秀教师就是我们的名师，这些新内涵就是名师的核心教育力。整理、总结、发展、推广这些教育新内涵，是深化教育改革、完善教育体制、提高教育质量、提升教师水平的一件大事。

教育，是民族振兴的基石；教师，是教育发展的根基。

胡锦涛在全国优秀教师代表座谈会上指出："教师是人类文明的传承者。推动教育事业又好又快发展，培养高素质人才，教师是关键。没有高水平的教师队伍，就没有高质量的教育。"十七大报告又进一步强调了必须加强教师队伍建设，不断提高教师的素质。当今世界，社会进步一日千里，科技发展日新月异，知识更新的周期越来越短。教师作为"文明的传承者"更要与时俱进，刻苦钻研、奋发进取，尽快提升自身素质和能力，为推动教育事业的健康发展贡献自己的力量。

基于以上，西南师范大学出版社策划、组织出版了大型系列教育丛书——《名师工程》。希望通过总结名师的创新经验、先进理念，宣传名师的核心教育力，为广大教师职业生涯提供精神源泉和实践动力，在教育实践层面切实推动从教者职业素养的提升。通过《名师工程》实现"打造名师的工程"。

丛书在策划、创作过程中力求实现以下特色：

一、理念创新，体现教育的人本精神

教师角色在以人为本的教育理念下发生了重大的变化，教师的素质和能力也面临更高的要求。如何弘扬、培植学生的主体性、增强学生的主体意识、发展学生的主体能力、塑造学生的主体人格等问题成为教师在目前教育中亟待解决的难题。丛书以教育管理者和教师为主要读者对象，通过教师综合素质的提高而将人本教育的思想落实到教育实践中，真正实现教育培养人、塑造人、发展人的本质要求。

二、全面构建，系统提升教师的教育能力

丛书选题的最大特点就是系统、全面地针对教师教育能力的提升而展开。施教者的能力决定教育的效果，教育改革的落实、教育效果的提高无不体现在教师身上。丛书针对不同教育能力、不同教学要求、不同教育对象，有针对性地设置选题。棘手学生、课堂切入、引导艺术、班主任的教导力、互动艺术、课堂效率、心灵教育等等，这些鲜明的主题从教育的细节出发，从教育实际情况出发，有针对性地解决问题，让教师在阅读中学有所指、读有所获。

三、科学权威，体现教育的时代前沿性

丛书邀请全国各地著名的教育工作者执笔，汇集在教育改革与实践中涌现的先进理念、成果和方法，经过专家认真遴选、评点总结而成，代表了目前教育实践中先进的教育生产力，具有时代前沿性，是广大一线教师学习、借鉴的好素材。

四、注重实践，突出施教的实用价值

丛书采用了通俗的创作方法，把死板的道理鲜活化，把教条的写法改变为以案例为主，分析、评点为辅，把最先进的教育理念和方法融入有趣的情境中。经典的案例，情境式的叙述，流畅的语言，充满感情的评述，发人深省的剖析，娓娓道来、深入浅出，让教师更充分地领会先进、有效的教育方法。

在诸多教育、出版界同仁的支持与努力下，"名师工程"丛书陆续推出了"名师讲述""教学提升""教学新突破""高中新课程""教师成长""大师讲坛""教育细节""创新语文教学""教育管理力""教师修炼""创新数学教学""教育通识""教育心理""创新课堂""思想者""名师名课""幼师提升""优化教学""教研提升""名校长核心思想""名校工程""高效课堂""创新班主任""教育探索者"等系列，共170多个品种，后续图书也将陆续出版。

丛书在出版创作过程中得到各地、各级教育部门与教育工作者的大力支持与帮助，在此一并表示感谢！

教育事业是全社会共同的事业，本丛书的出版一方面希望能对广大教育工作者有所帮助，共飨先进成果；另一方面也是抛砖引玉，希望更多的教育工作者参与到出版创作中来，百家争鸣、百花齐放，为促进教育事业的发展共同努力！

前　言

　　中小学教育是一个国家发展的重要支撑，承担着提高未来国民素质的重任，世界上任何一个国家都非常重视中小学教育的发展。俄罗斯作为世界强国，其不断发展的推力除了俄罗斯国家政治、经济以及民族精神之外，还有很重要的一方面就是俄罗斯的国民教育，特别是作为国家教育、文化基础的普通教育，即中小学教育。因此，俄罗斯一直将中小学教育的发展放在教育发展乃至国家社会文化发展的优先地位。

　　苏联时期的中小学教育一直以基础知识厚重、基本技能扎实等特点闻名，成为世界教育史上颇具特色的部分。1991 年苏联解体，俄罗斯联邦作为一个新主权国家诞生。虽然俄罗斯继承了苏联的大部分主权，但俄罗斯社会发生了巨大变化——原有的计划经济向市场经济转轨，政治上三权分立，思想意识开始崇尚自由主义。社会进入转型时期，俄罗斯政治、经济和文化的变革也带给俄罗斯教育深刻的变化。20 世纪 90 年代初，受社会经济及思想意识影响，俄罗斯中小学教育遭到了严重破坏，义务教育年限缩短，大量国有中小学校私有化，国家几乎放弃了对教育的领导权。21 世纪初普京就任总统之后，国家重拾教育领导权，加强中小学教育的国有化。经历了 20 世纪 90 年代的动荡之后，21 世纪初，俄罗斯中小学教育终于走上了恢复和发展之路。2001 年底，俄罗斯联邦政府通过《2010 年前俄罗斯教育现代化构想》规划俄罗斯教育现代化的发展进程，其中特别提到，中小学教育是国家的优先发展方面，要创造各种条件保障其教育质量。在实现中小学教育现代化的基础之上，俄罗斯在 2009 年又提出国家教育倡议"我们的新学校"，该倡议旨在加快俄罗斯中小学教育创新发展，创建新型学校。时至今日，在教育现代化和教育创新战略的引领下，中小学教育为俄罗斯培养未来公民起着不可替代的重要作用。俄罗斯中小学校成为俄罗斯未来发展和民族振兴的阵地。

　　俄罗斯是我国的最大邻国，俄罗斯民族与中华民族的交往源远流长。17 世纪之前，中国与俄罗斯就开始有文化交往。1949 年我国与俄罗斯建立了外交关系，加大了政治、经济与文化的交流力度，成为山水相连的好邻邦。我国的教育一直受俄罗斯教育的影响，特别是苏联时期的教育影响较深。一方面，苏联时期出现了一批著名的教育家，如马卡连柯、苏霍姆林斯基、凯洛夫等，他们的教育理论至今对我国中小学教育有着深刻的影响；另一方面，新中国成立初期在中小学课程、教学和学校管理方面完全以苏联的教学模式为榜样。因此，两个国家的教育发展有一定的历史渊源。如今,两国都处在社会转型时期,中小学教育发展存在一些共性的问题,面临着相同的挑战。鉴于历史原因和如今相似的发展状况,学习俄罗斯中小学教育发展的经验,能够为我国中小学教育发展提供参考,正是这样的初衷促成本书的完成和出版。

本书努力勾勒一幅俄罗斯中小学教育的全景图,让读者对俄罗斯中小学教育有一个全面透彻的了解。因此,本书先将俄罗斯教育体系的基本构成展现在读者面前,让读者对俄罗斯的国家概况和教育状况有一个基本的认识。之后,本书将焦点集中于俄罗斯中小学教育领域,让读者了解俄罗斯中小学教育政策与发展情况。在对俄罗斯中小学教育基本情况有了清晰的认识之后,本书从各个层面梳理中小学教育发展情况,内容涉及教育管理、教育质量监控、教育信息化发展;涉及课程与课标、分科教学和国家统一考试;有教师培训及待遇问题,有家校合作的主要形式,也有学生的课外活动;有中小学生思想品德的塑造,也有中小学生安全教育以及未来公民的培养;有农村中小学、私立中小学,还有未来的创新型学校。本书从德育到教学,从公立学校到私立学校,从学生到教师,从农村学校到城市优质学校,从课内到课外,全方位纪实俄罗斯中小学教育。在每一章中,本书除了对中小学教育状况和政策进行阐述外,还选取多个典型学校作为案例进行分析,让读者了解俄罗斯中小学校最真实、最全面的教育和生活全貌。

本人从事俄罗斯教育研究多年,对俄罗斯教育研究有着深厚的感情,攻读硕士和博士学位期间,特别选择俄罗斯教育作为自己的研究方向。博士毕业之后,遂决定将这一领域的研究作为自己今后学术道路上坚定的追求,这一追求也是完成本书的一个重要推动力。在写作期间,本人查阅、获得了大量俄罗斯教育文献、政策及教育实事等资源,这些资源来源于网络、图书馆以及俄罗斯朋友提供的教育信息。在此也特别感谢我的导师,我的工作单位佳木斯大学的领导和同事,我的师姐、同学和朋友,以及我的亲人们对完成此书的无私帮助和支持。

俄罗斯是一个内涵丰富的民族,俄罗斯教育的发展有值得我们深思的价值。伴随着我国与俄罗斯战略合作伙伴关系的加深,我国与俄罗斯的文化和教育交流也日益频繁。无论是民间的文化理解与交流的需要,还是两个国家之间教育合作的必然要求,俄罗斯教育研究都有着十分重要的意义。"路漫漫其修远兮,吾将上下而求索。"本人将坚持进行俄罗斯教育研究,并以此书为契机,尽一个比较教育学者的本分,为我国教育发展提供有价值的借鉴,为中俄教育交流添砖加瓦。

佳木斯大学　赵伟

2014 年 12 月

目 录
Contents

第一章 俄罗斯教育真相

研究苏俄教育变革,对于认识教育发展的某些规律,如教育与政治、经济的关系,教育与文化传统的关系,特别是教育与宗教的关系会有很大帮助。我们可以从中吸取很多经验教训。即使从比较教育的价值无涉的目的来说,也有必要对我国最大的邻邦、世界大国的俄罗斯教育进行透彻全面的研究。否则国际比较教育研究就不全面了,就有空白了。

——顾明远

引 言

俄罗斯是中国最大的邻国,俄罗斯教育在世界上享有盛誉,在世界教育领域占有重要的一席。我国的教育颇受苏联教育的影响,可以说,我国的教育有着很深的俄罗斯教育的烙印,很多俄罗斯著名的教育家和教育思想一直影响着我国的广大教育工作者。

苏联解体之后,俄罗斯政治经济都发生了巨大变化,作为社会文化的一部分,教育也随之发生了重大变革。1992 年,俄罗斯教育领域的第一部基本大法——《俄罗斯联邦教育法》(以下简称《教育法》)诞生。《教育法》在法律上重新确立了俄罗斯的教育制度,俄罗斯教育发展呈现出崭新的面貌。

一、俄罗斯概况

(一)自然概况

俄罗斯横跨欧洲东部和亚洲北部,乌拉尔山将国土分为欧亚两大部分。俄罗斯国土总面积为 1707.54 万平方千米,占地球陆地总面积的 11.46%,居世界第一位;全国总人口为 1.43 亿(2012 年)。俄罗斯共有 193 个民族,是世界上民族最多的国家之一,其中俄罗斯族占 77.7%,其次是鞑靼族、乌克兰族。

俄罗斯地大物博、资源丰富。俄罗斯的能源总储量占世界总储量的 1/3,

其中煤炭储量居世界第二位,石油和天然气储量分别占世界的 1/8 和 1/3;石油总储量仅次于沙特阿拉伯,居世界第二,产量则居世界第一;森林占国土面积的 1/2;木材总储量占全世界的 1/4;水资源丰富,年径流量居世界第二;海洋生物资源为世界上储量最高的国家之一。

(二)国家的产生与发展

6 世纪前后,东欧平原上的古斯拉夫民族分为东、西、南三大部分,俄罗斯人的祖先就是其中一支——东斯拉夫民族,直到 12 世纪才形成统一的古斯拉夫民族,15 世纪后期逐渐分化成俄罗斯、白俄罗斯和乌克兰三个独立的民族。

作为民族国家的俄罗斯,其最早的国家雏形是 9 世纪末成立的基辅罗斯大公国。从 13 世纪前期开始,基辅罗斯受到蒙古人长达 240 年的统治,直到 15 世纪末才摆脱奴役形成以莫斯科为中心的中央集权国家——莫斯科大公国。1547 年伊凡四世(雷帝)改大公称号为沙皇,首次启用 Россия 作为国家的称谓,从此开始进入沙皇俄国时代,由罗曼诺夫王朝的 16 位沙皇连续统治了 350 余年,直到 1905 年,被资产阶级临时政府推翻。

1917 年,列宁领导的十月革命取得胜利,成立俄罗斯苏维埃联邦社会主义共和国;1922 年 12 月 30 日,苏维埃社会主义共和国联盟即苏联宣告成立。1991 年岁末,继苏联的波罗的海三国分别宣布独立后,11 个原加盟共和国陆续宣告独立,并于 12 月 21 日宣告成立独联体,苏联随之解体。同年 12 月 25 日,俄罗斯加盟共和国正式宣布独立,更名为俄罗斯联邦(简称俄罗斯),并全权继承苏联在联合国的成员国地位。

(三)文化渊源

9 世纪下半叶,由于传教的需要,基辅罗斯大公国出现了格拉哥里字母,后产生基里尔字母,这是俄罗斯最早的文字。988 年,基辅罗斯大公国接受基督教。基辅罗斯大公国接受的是基督教东派教会,也就是后来的东正教。宗教书籍的传播和推广促进了俄罗斯文字和书面文学的发展。东正教成为俄罗斯文化教育追赶欧洲的桥梁和纽带。到目前为止,东正教为俄罗斯的第一大宗教。

俄罗斯文化既不是纯粹的西方文化,也不是纯粹的东方文化,它是处于两者之间的、又兼有两者文化特征的一种独立的文化体系。俄罗斯文化有着非常鲜明的"中间性"和"兼容性"。之所以产生此"二性",不仅仅是因为这个国家地处欧亚两洲,在地理上具有东西两方特性;更重要的是,俄罗斯文化在其发展过程中不断受到东方和西方的影响,并把这种影响融入自己的文化中。

二、苏联教育历史

苏联作为世界上第一个社会主义国家,在教育方面取得了令人瞩目的成就。苏联时期建立了完整的教育体系,彻底消除了沙俄时期的教育双轨制,提倡教育与宗教分离,男女合校,实现教育男女平等,在短时间内扫除文盲。苏联于1930年普及小学义务教育,1934年普及初中义务教育(7年)。国民中受过高等教育的人数居世界前列,每一万人中就有130名大学生,创造了世界教育奇迹。从幼儿园到研究生阶段,苏联均实施免费教育,所有教育机构均为公办,为国家所有,教育经费全部来自国家拨款。苏联时期还涌现出许多著名教育家,产生许多教育思想,如苏霍姆林斯基的全面发展论、赞科夫的实验教学论、巴班斯基的教学最优化理论等。这些教育思想对我国的教育有着深远影响。

但苏联教育在某些方面也存在弊端:教育行政化、政治化严重;教育管理中强行实施中央集权制,地区和学校教育管理的自主性严重缺失;各级教育教学评估没有统一的标准;基础教育教学模式僵化,课程内容陈旧,课程知识面窄;学生课业负担重,在统一的中学与高度专业化的高等学校之间缺乏有机的衔接;高等教育与科学研究严重脱离,科研成果应用到实践并转化为生产力的速度缓慢。

三、俄罗斯教育体系

1992年,俄罗斯颁布《教育法》,该法重新划分国民教育体系,并对普通教育、师范教育、职业教育,特别是高等职业教育做出新规定。

(一)教育体系的结构

苏联时期的国民教育体系包括:学前教育、普通中等教育、中等职业教育、中等专业教育、高等教育和校外教育。1992年俄罗斯颁行《教育法》,重新划分国民教育体系,首次明确规定俄罗斯教育体系由普通教育和职业教育两部分构成,分别实施普通教育大纲和职业教育大纲。普通教育大纲旨在培养个人的一般文化素养和适应社会生活的能力,为其自觉选择及掌握职业教育大纲奠定基础。普通教育阶段包括初等教育、基础教育和中等(完全)普通教育三部分。凡未能掌握前一阶段教育大纲的学生,不得升入普通教育的下一阶段学习。职业教育大纲旨在循序提高职业教育和普通教育水平,培养相应级别的专门人才。职业教育阶段包括:初等教育、中等教育、高等职业教育和大学后职业教育。法律制定者基于终身教育的理念,强调中等(完全)普通教育之前的阶段是受教育者获得基本知识教育的阶段,而中等(完全)普通教育之后的所有教育活动都是为受教育者获得专业知识所进行的教育,所以统称为职业教育阶段。这样俄罗斯传统意义上的高等教育就变成其职业教育阶段中的高等职业教育,这与苏联时期国民教育体系的划分大相径庭。俄罗斯国民教育体系的基本结构如下图所示。

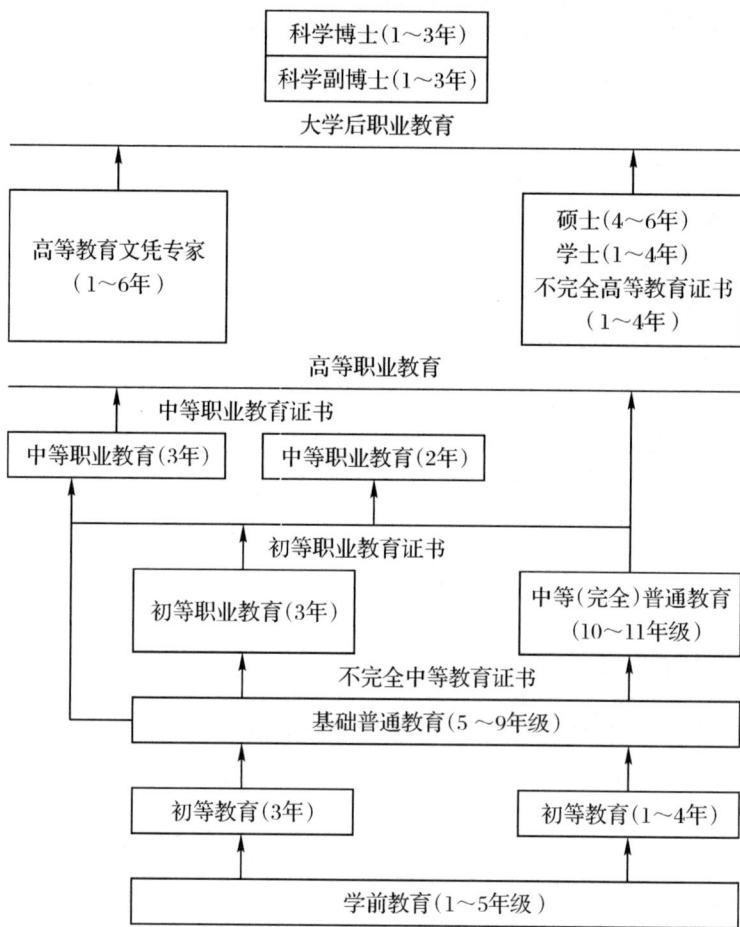

图 1-1

资料来源:ГУ ВШЭ, ЦИСН. образование в Российской Федерации. Статистический сборник [M]. Москва: ИИЦ 《Статистика России》, 2003:14.

《教育法》规定:根据个人的需要,公民可以通过面授、面授—函授(夜校)、函授、家庭教育、自学及校外考生制形式接受教育,也允许以各种形式相结合的方式接受教育。

目前,俄罗斯的教育机构主要有:学前教育机构;普通教育机构(初等普通教育机构、基础普通教育机构、中等[完全]普通教育机构);初等职业教育机构、中等职业教育机构、高等职业教育机构、大学后职业教育机构;成人补充教育机构;为有发育偏差的受教育者而设的特殊(矫正)教育机构;为孤儿及失去家长(法定监护人)监护的儿童而设的教育机构;儿童补充教育机构;实施教育过程的其他教育机构。

(二)普通教育

俄罗斯普通教育采取中小学一贯制。俄罗斯独立的小学较少,主要有不完全中学(9 年一贯制)和完全中学(11 年一贯制)两种普通教育学校形式,还出现了各种高级中学、文科中学、实科中学等实施普通教育的学校类型。

学前教育招收 1~6 岁的儿童入学,实施相应的学前教育大纲。初等教育阶段即小学阶段(1~4 年级),招收 6~7 岁的儿童入学,学制 3~4 年,实施普通初等教育大纲。学生掌握基本的读写、应用语言文字的能力,学会基本的数学计算,掌握文明用语,养成良好的个人卫生习惯和健康的生活方式。中等教育阶段又细分为基础教育阶段和中等(完全)普通教育阶段。基础教育阶段即初中阶段(5~9 年级),学制为 5 年,实施基础教育大纲。学生接受基础的文化知识和初步的职业劳动训练,逐渐培养个性、爱好、兴趣以及社会自决能力。基础普通教育为义务教育,修业期满后必须进行国家考核(终结性考核)。在家长(法定代理人)和地方教育管理机关同意的前提下,年满 15 岁的学生可以在未完成基础普通教育之前离开普通教育机构。中等(完全)普通教育阶段即高中阶段(10~11 年级),学制为 2~3 年。在此阶段,一方面,学生能够进一步学习文化知识,提高认知能力;另一方面,学生能够有选择地进行某职业的侧重学习。完全中学毕业的学生必须参加国家统一考试,国家统一考试既是中学毕业生的结业考试,也是其进入高等学校的入学考试。

(三)职业教育

俄罗斯的初等职业教育和中等职业教育较之苏联时期没有太大变化。初等职业教育在基础普通教育的基础上,培养能够从事熟练劳动的工作人员,一般学制为 2 年,招收不完全中学毕业生,采取基础课程(40%)和专业课程(60%)相结合的教学方式(2013 年,俄罗斯新颁布的《教育法》取消了初等职业教育阶段)。中等职业教育是在基础普通教育、中等(完全)普通教育或初等职业教育的基础上,培养中级专门人才,满足个人在上述教育基础上提升教育程度的需要。9 年基础教育学校或初等职业学校的毕业生学制为 2~3 年,完全中等教育学校的毕业生学制为 1~2 年。根据中等职业教育大纲,理论课程的教学学时为总学时的 60%,实验与实践课程的学习要达到总学时的 40%。实施中等职业教育的学校类型包括:中等专业学校、技术专科学校、高等专科学校。

依据《教育法》的规定,高等教育归属职业教育范畴。高等职业教育主要是培养和再培训相应水平的高等专业人才,招生对象一般为具有中等(完全)普通教育、中等职业教育文凭的学生。苏联时期高等学校一般分三类:综合大学、多科性工程技术学院(工业大学)、单科性专业学院。转型时期的俄罗斯高等教育机构主要有综合大学(университет)、学术学院(академия)和专业学院(институт)三种。

苏联时期的高等教育阶段主要培养文凭专家,学制为5年,毕业只获得专家资格证书,无学位。获得专家文凭的学生可以申请攻读副博士学位,学制为3~4年,毕业获得副博士学位。转型时期的俄罗斯高等教育结构发生了重大变化:在原有的单一培养文凭专家的基础上,增加学士和硕士两个学位层次。这样就形成一个多级结构的培养模式,学习内容多样、期限各不相同,但又相互衔接。从1992年开始,俄罗斯部分高校开始尝试向多级高等教育结构过渡。但由于俄罗斯联邦对建立多级高等教育结构并没有非常明确的规定,所以大多数的高校没有实质性举动。特别是工科技术类的学士,拥有学士学位的毕业生几乎没有社会需求。因此,在很多高校,工科技术类学士的培养阶段被很多学生当成进入文凭专家和硕士阶段的过渡。例如:托姆斯克工业大学95%的学士毕业后没有离开学校,而是在学校继续接受文凭专家和硕士阶段的教育。[①]1996年《俄罗斯联邦高等和大学后职业教育法》具体将高等职业教育阶段明确分为三个层次。第一层次为"不完全高等职业教育",此阶段学制为3年左右,毕业合格者获得高等专科教育证书,不授予学位。第二层次为"基础高等职业教育",此阶段学制为4年。此阶段按照基础专业教育大纲实施基础高等教育,旨在根据学生选定的高等教育专业方向培养具有"学士学位"的专家。按规定修完全部课程(包括实习),通过全部考查和考试,经考核合格的学生才能获得"高等教育毕业证",同时学校授予其相应专业的"学士学位"。第三层次为"完全高等职业教育",此阶段教育主要进行高深的专业教育和训练,培养专门化人才。它又细分成两种形式:一是在基础高等职业教育层次上继续学习1年的毕业者,可获高等教育相应专业的专家(如某学科的工程师等)资格学历证书;二是受过基础高等职业教育的毕业生进入硕士培养阶段继续深造,学制为2年,毕业后授予硕士学位。获"硕士学位"或"专家资格"的高等院校毕业生可继续攻读副博士学位,副博士阶段的学制为3年。副博士资格考试合格,撰写论文

①Ю. Похолков. Бакалавр-инженер: реальность и перспективы для России[J]. Высшее образование в России,2004(9).

并通过答辩者可获得相应学科的副博士学位。申请攻读博士学位者必须具有副博士学位,学制为脱产学习 3 年。2003 年,俄罗斯加入博洛尼亚进程之后,俄罗斯政府加快了高等教育结构的改革步伐。2007 年 9 月,俄罗斯全面实行新的体制,即把原来的 5～6 年的文凭专家体制拆解为"学士＋硕士"的两级高教体制(个别军事院校和医学院校除外)。2013 年新版《教育法》进一步明确,职业教育体系包括中等职业教育、学士、文凭专家、硕士及高技能人才培养。

高等教育结构改革是俄罗斯高等教育国际化的重要举措,改革之后的高等教育结构和学位制度完成了与世界学位制度接轨的重任。多层次的结构能满足社会对不同程度、不同类型人才的需要。同时,更有利于学生的个性化发展,使学生能够根据自己的实际情况选择学制,学生接受教育的途径明显增多。

(四)师范(教师)教育

苏联解体之后,特别是进入新世纪之后,俄罗斯逐渐打造了连续不断的师范教育体系。新时期的师范教育呈现出多种形式、多级水平、多功能、开放性的特色。

俄罗斯连续师范教育体系包括:中等师范教育、高等师范教育、大学后师范教育三个职业教育大纲;中等师范教育、高等师范教育、大学后师范教育机构和组织;师范教育的联邦和地区管理体系。实施中等师范教育的机构包括师范中专和师范专科。师范中专一般修业年限为 2 年,招收完全中学毕业生。师范专科学校学制为 3～3.5 年,属于俄罗斯高教体制中的不完全高等教育阶段。这两类学校主要培养学前、小学和部分初中教师。目前,中等师范学校逐渐减少,中等师范学校升师范专业学院呈递增趋势。实施高等师范教育的教育机构一般为师范学院或师范大学,也有某些综合大学的教育系,它们培养的是中学教师和职业技术学校教师。高等师范教育的学制分别为 4 年、5 年、6 年,毕业时分别授予学士学位、专家资格证书和硕士学位,这是师范教育的主体。这些教育机构同时还承担着对中学教师、校长、主任进行再培养的任务。俄罗斯的大学后师范教育包括副博士和博士阶段,即硕士阶段之后的研究生教育(俄罗斯的硕士不算研究生,研究生从副博士开始)。大学后师范教育的招收对象主要为具有专家资格证书或者硕士学位的学生,培养高等师范专门人才的副博士阶段学制为 3 年,通过考试和副博士论文答辩后,授予副博士学位;博士阶段脱产学习 3 年,通过博士论文答辩后,授予博士学位。补充师范教育主要是指各类教育机构对教师实施的职后教育,目的是提高各级各类教师的继续教育水平和业务技能。

四、俄罗斯教育教学内容

伴随着教育政策的转变,转型时期的俄罗斯教育教学内容也发生了相应变化:《教育法》规定,教育领域无意识形态化。这一规定导致学校道德思想教育一度崩溃;国家教育标准联邦成分颁布的教育内容为国家的统一要求,但同时地区和学校成分也为地区和学校提供了自由选定教学内容的机会。

(一)普通教育的教学内容

苏联时期,各级教育教学评估没有统一的标准,这样给教育质量的评价及比较带来不便。《教育法》的颁布不仅为教育教学工作提供了指导性方向,同时为教育监督和评价提供了统一的标准。

在普通基础教育方面,俄罗斯中小学坚持人文化、个性化教学,注重自然科学与人文科学、国家与地方、综合课程与学科课程之间的协调和统一,满足学生的不同需求。教学内容根据国家教育标准和教学大纲的要求进行了新的设计。

在完全中等教育方面,俄罗斯从 2002 年 7 月起在 10~11 年级开始实施侧重式教学改革。侧重式教学是一种区别化、个性化的教学手段,注重学生兴趣的满足和潜力的发挥。侧重式教学改革在俄罗斯教育界引起了长时间的争论,很多生理学家和部分心理学家一致认为侧重式教学加重了学生的学习负担。同意这一观点的教育实践家们也指出,一些学生不仅急于在学校取得好成绩,还想尽办法学习额外的知识。但也有些人认为,侧重式教学并没有对学生的身心造成危害,反而增强了他们的竞争意识和学习动力。目前,侧重式教学改革已经在境内的所有学校实施。

(二)高等教育教学内容

转型初期,俄罗斯高等学校原有的专业结构已经不能适应新的市场经济对人才的需求,高等学校专业结构不合理、专业设置与社会需求脱节、专业人才的培养严重失调。1994 年 8 月,俄罗斯对高等学校的培养方向以及目录做出了明确区分,在原来的 300 多个专业之上,确立了 89 个更加宽泛的培养方向。[1]这一新目录充分体现了厚基础、宽口径、适应性强的原则,许多高等院校还增设了国内外人才市场急需的学科和专业,同时缩减和取消了一些供大于求的学科和专业。俄罗斯高等教育教学改革把提高专业人才质量作为改革的目标,为培养厚基础、宽口径的通才,俄罗斯也在不断改进教学内容,使其与市场经济相适应。

---

①王建平,荣光宗.俄罗斯高等教育政策的时代变革[J].辽宁教育研究,2006(7).

转型时期的俄罗斯对高等教育的内容也做出了新规定：加强基础知识教学，加强各学科人文知识的内容，扩大学生的专业知识面，要求学生所学知识要跟上社会发展。据统计表明，在俄罗斯新的课程计划中，人文—社会经济类课程，占总学时的 25％左右；自然科学类课程，占总学时的 25％～40％；专业基础课程，占总课时的 30％～40％；专业课程，占 15％以下。[①] 俄罗斯以往的高等教育课程内容，过于重视职业技能和职业理论，而通识性和人文性不足。因此，俄罗斯高等教育的教学改革在课程设置和教学内容上，加强了基础性文化内容和人文科学的内容。同时，俄罗斯高等教育还注重人文教育与科学教育的融合和相互补充，在理工科高等院校加强基础课程和人文课程内容，在人文社科大学加强理工科知识教育，形成文化平衡的大学。

五、俄罗斯教育权利及保障

（一）俄罗斯的免费普及教育

苏联时期各类教育一律免费，对青少年实行普及免费的中等教育，即 1～11 年的普通中等教育以及涵盖其中的初等职业教育。其中，基础普通教育是义务教育。初次接受职业教育的公民，通过竞试可以在国立和地方教育机构接受免费职业教育。苏联解体初期，《教育法》曾一度将普及免费教育年限缩短，遭到社会各界强烈反对。1996 年《教育法》修订之后，普及免费教育年限又恢复到苏联时期的 11 年。

2004 年版《教育法》规定，国家保证公民接受普及性的、免费性的学前教育、初等普通教育、基础普通教育、中等（完全）普通教育和初等职业教育。公民通过竞试在国立和市立学校免费接受国家教育标准范围内的中等职业教育、高等职业教育和大学后职业教育。其中义务教育年限为 9 年，即基础教育阶段为义务教育阶段。学生家长（合法代理人）有保证其子女接受基础普通教育的义务。在 2013 年版《教育法》中，免费普及教育阶段从学前教育、初等普通教育、基础普通教育、中等普通教育阶段扩展到中等职业教育阶段。

（二）公民的受教育权利

俄罗斯教育政策保障每个公民拥有获得教育的权利。教育权是每个联邦公民的宪法权利，其教育政策保障教育普及和民主，保障俄罗斯联邦公民受教育的权利不受性别、种族、民族、出身、财产和职位状况、居住地、宗教、信仰、社会团体归属和其他状况限制；保障国家和市属教育机构的教育世俗性；

---

① Учительная газета,1998-3-24.

保障教育机构自治、教育管理的民主性质；保障教师、学生及家长参与教育机构管理的权利；保障成年公民享受选择教育机构和选择受教育形式，享受信仰自由和信息自由，可以自由表达个人意见和观点的权利。凡拥有国家认证资格的教育机构，无论其组织形式和法律形式如何，其毕业生均享有同等权利升入高一级教育机构。

《教育法》还明确了具有非凡才能的公民接受教育的问题，并单独阐述了实施宗教、文化、体育、艺术、医疗及教育大纲的特点。此外，《教育法》还首次涉及在法律层面保障有特殊才能的公民、外国公民、无国籍人员和其他需要特殊社会法律支持的公民的受教育权利，也还特别关注健康情况受限人群的教育一体化问题。

在国家政治经济制度大环境的影响下，转型期的俄罗斯教育制度发生了重大的变革，国家教育经历了从 20 世纪 90 年代初的一度混乱迷惘到 21 世纪之后逐渐稳定、发展和创新。在国家教育体制变革的过程中，俄罗斯政府坚持西方的先进经验与本国实际情况相结合，并继承了苏联教育的优良传统。俄罗斯政府重新划分教育体系，反映了教育职业化和终身化的发展趋势；教育教学内容改革中坚持多元化和标准化相结合，更加注重社会、市场对人才的需求；教育管理上采取中央集权与地方分权相结合的三级管理体制，兼顾了宏观调控和地区自主性。经历了十多年的改革和发展，俄罗斯逐渐构建起多元、开放、灵活、追求质量的教育体制，并逐渐融入世界教育的大环境当中。

第二章 俄罗斯普通教育政策知多少

所谓基础教育,就是要为人一生的发展打基础的教育。基础教育对于个体的发展来说,有如楼宇的基础,打得坚实,楼宇就能盖得高大。个体的基础打好了,他将来发展的空间就大。

——李敏谊《学生为主体应成为教育的行动原则》(摘自《中国教育报》2009年1月22日第8版)

引 言

普通教育是国家教育的重要部分,普通教育的强弱决定国家教育实力的强弱。俄罗斯一直十分重视普通教育,其水平也以坚实、严谨而在世界著称。经过十年转型期的改革历程,进入新世纪后,俄罗斯的普通教育转向教育理念、教育内容和教育手段的更新。管理方面,中央权力下放,普通教育的管理主要由各联邦主体和地方实施。教育内容上追求个性化和人文化,教育手段信息化。俄罗斯政府通过修改普通教育国家教育标准,加强普通教育的评价标准建设,保证教育统一空间,不断提高普通教育质量。教育改革的顺利进行,离不开国家教育法令的规范,也离不开教育政策的引导。俄罗斯在普通教育领域颁布的各级教育法令和发展纲要,及时规范和指导着教育的发展改革。

一、普通教育发展概况

从下列国立和市立普通教育机构信息统计数据中,可以看到近期俄罗斯普通教育发展的基础状况。教育机构的数量和学生人数及教师数量都在逐年减少,但学校的基础设施情况却在不断好转,教育机构的信息化程度不断增强。

表 2-1　国立和市属普通教育机构(学期初计算,单位:千家)

学年	1980—1981	1990—1991	1995—1996	2000—2001	2005—2006	2006—2007	2007—2008	2008—2009	2009—2010	2010—2011	2011—2012
机构数量	74.8	69.7	70.2	68.1	62.5	60.3	57.3	55.1	52.4	50.1	47.7

数据来源:Россия в цифрах. http://www.gks.ru/wps/wcm/connect/rosstat_main/rosstat/ru/statistics/publications/catalog/doc_1135075100641.

表 2-2　国立和市属普通教育机构学生人数和教师人数(单位:千人)

学年	1980—1981	1990—1991	2000—2001	2005—2006	2006—2007	2007—2008	2008—2009	2009—2010	2010—2011	2011—2012
学生人数	20216	20851	20493	15559	14727	14103	13752	13619	13569	13654
教师人数	1135	1460	1751	1575	1517	1467	1407	1103	1067	1047

数据来源:Россия в цифрах. http://www.gks.ru/wps/wcm/connect/rosstat_main/rosstat/ru/statistics/publications/catalog/doc_1135075100641.

表 2-3　国立和市属普通教育机构班级平均定额数(单位:人)

学年	2000—2001	2005—2006	2006—2007	2007—2008	2008—2009	2009—2010	2010—2011	2011—2012
1~4 年级	18	18	18	18	16	17	18	18
5~9 年级	21	18	18	18	18	18	18	18
10~11 年级	21	19	19	18	17	17	17	18

数据来源:Россия в цифрах. http://www.gks.ru/wps/wcm/connect/rosstat_main/rosstat/ru/statistics/publications/catalog/doc_1135075100641.

表 2-4　配有信息技术和计算机实验室的国立和市属普通教育机构(单位:家)

学年	1990—1991	2000—2001	2005—2006	2007—2008	2009—2010	2010—2011	2011—2012
机构数量	12155	27787	35073	34988	43209	43026	42302
占全俄教育机构的比例	37.1%	74.5%	94.8%	96.7%	78.6%	81.4%	83.0%

数据来源:Россия в цифрах. http://www.gks.ru/wps/wcm/connect/rosstat_main/rosstat/ru/statistics/publications/catalog/doc_1135075100641.

表 2-5　国立和市属普通教育机构教师总数及学历水平

	教师总数(千人)	高等职业学历的比例	中等职业学历的比例	中等学历的比例	女教师的比例
2010 年	1053.0	82.9%	16.0%	0.6%	87.9%
2011 年	1034.5	83.5%	15.4%	0.6%	87.8%

数据来源:Россия в цифрах. http://www.gks.ru/wps/wcm/connect/rosstat_main/rosstat/ru/statistics/publications/catalog/doc_1135075100641.

二、教育领域的重大法规政策

进入 21 世纪之后，俄罗斯政府本着"教育改革在后，政策先行"的原则，颁布了多项教育法规、法令、纲要和构想等文件，指导教育改革与发展。

（一）《教育法》

《教育法》是俄罗斯教育领域的基本法，自 1992 年颁布之后，经历了 1996 年和 2004 年两次较大修订。俄罗斯政府于 2010 年开始组织人力，进行了再版，2013 年伊始，该法案正式生效。新版《教育法》对原版《教育法》进行较大的修改补充，将原来的 6 章拆分，并添加大量新的内容，构成现在的 15 章。

第一章为"总则"。该章的内容由原来的 7 条增加为 10 条，删除原来有关教学语言、教育标准等条款，确定本法的调节对象，国家对教育权利的保障和实现；新添加法律术语和法律概念，明确教育法体系和法律适用范围，划分联邦、地方、自治市属机构的教育权限。

第二章为"教育体系"。该章首先确定了教育体系的结构，并明确了联邦国家教育标准和教育大纲要求，以及其实施大纲的组织形式。该章第一次提到对教育体系中教法、教学资源的保障，并规范教育领域中的试验创新活动。

第三章为"教育活动参与者"。该章对教育机构的各方面进行了细致的规定。该章首先对教育活动做出界定，对创建、重组和取消教育机构做出规范，还规定了教育机构及高等教育机构的各种类型。之后，该章对教育机构的结构、章程、管理进行规定。该章第一次提到教育机构的信息公开，以及教育机构的权限、责任和义务。该章最后对教学组织和个人的从教活动做出规范。

第四章为"学生及其家长"。这一章的内容实质上是原版《教育法》第五章"公民教育权利的社会保障"部分。该章添加了教科书和参考书的使用方法，生活必需品和住宿条件的保障，第一次延长科研假期，提高教育组织领导的法律地位，明确教师的职业培训和鉴定，并明晰学生、家长和教师的权利、责任及义务等内容。

第五章为"教师、领导及其他工作人员"。该章首先明确从教的权利，进而确定教师的法律地位、教师的义务和责任、教师的鉴定、教师的技能提升和再培训等方面的内容，之后对教育机构中科研人员、领导的权利和责任进行规范。

第六章为"教育关系的变更与终止"。在原来的《教育法》中，有关这方面的规定没有单独成一章，而是寥寥几笔，散落在几章中。新版《教育法》还第一次提到教育关系的改变和终止，并对学生的入学及毕业文凭也做出规定。

第七章为"普通教育"。这一章对学前教育、初等教育、基础教育和中等教育做出规定,其中包括入学要求及考核鉴定要求等。该章还第一次明文提到国家统一考试的规定,并将原来教育机构条例中的很多内容都添加到这一章。

第八章"职业教育"。首先,该章确定了职业教育体系包括中等职业教育、学士、文凭专家、硕士及高技能人才培养。其次,该章明确对掌握学士、专家和硕士教育大纲的学生进行总结性评定,规范研究生院的招生、答辩的论文准备等问题,还特别规范了高等教育中教育和科研的一体化形式。

第九章为"职业培训"。该章介绍了培训机构以及专业资格培训中心,并对资格考试做出规范。

第十章为"补充教育"。该章分别对儿童和成人补充教育、职业补充教育做出规定。

第十一章为"实施某种教育大纲和个别学生获得教育的特殊性"。该章明确了在奥林匹克竞赛中展现非凡才能的公民的接受教育问题,并单独阐述了实施宗教、文化体育、艺术、医疗制造教育大纲的特点。

第十二章为"教育系统的管理和教育活动的国家调节",即为原版《教育法》的第三章"教育管理"。该章第一次提到教育管理的信息保障问题,企业主联合会参与教育领域国家政策和管理的制定及实施。同时,该章还包括教育活动的国家调节、许可、认证、监察和对教育质量的客观评价。新版《教育法》将这一部分的内容单独列为一章,并在原来国家对教育活动的许可认证和监督监察的基础上,增加了国家对教育法律执行情况的监察、职业社会组织对教育大纲和教育机构科研组织的认证等内容。这是《教育法》第一次提到社会中立机构对教育的认证问题,体现了教育管理中的开放性和民主性。

第十三章为"教育领域的经济活动",即为原版《教育法》的第四章"教育经济"。该章首先阐明教育领域经济活动的原则,将"依靠联邦中央、联邦主体和地方预算体系拨款的控制数①的分配"单独作为一条进行阐述。该章还在原版《教育法》的基础上添加教育机构的智力活动成果、教育投资和教育贷款等条款,在原来的有偿教育服务的规定中添加了"有偿教育服务的惩罚条款"。

第十四章为"教育领域的国际活动"。该章除了规定教育领域国际合作的形式和方向外,还对国外教育文凭的认证进行规范。

第十五章为"过渡性及终结性条款"。该章明确该法自 2013 年 1 月 1 日起具有联邦法律效力,并对现行联邦法律条款的实施保障以及对终止的法律条款

---

① 控制数即俄罗斯国家规定的公费招生名额,或者叫统招名额。

做出规定。原版《教育法》中没有相关内容的阐释。

新版《教育法》突出了民主、法治、公开的特点,承载了提升教育质量的目标和任务,承担着国家发展创新的要求,促成了俄罗斯联邦 2020 年前社会经济长期发展方案的实施和国家教育优先发展规划"我们的新学校"的推广。① 新版《教育法》必将为俄罗斯的教育发展带来新的气息。

(二)《2000—2005 年联邦教育发展纲要》

俄罗斯联邦政府于 2000 年 4 月通过《2000—2005 年联邦教育发展纲要》(以下简称《纲要》)。《纲要》共分为六个部分:教育系统的发展现状和主要问题;《纲要》实施的目的;任务及期限;《纲要》的实施方针和预期结果;教育系统的资源保障和对《纲要》的财政保障;《纲要》得以实现的措施体系。首先,《纲要》全面分析了俄罗斯十年政治、经济转型以来教育的基本现状、存在的问题,并对今后五年的实施目标、任务、手段、财政保障等做出具体而详尽的规定。《纲要》特别强调:"在俄罗斯联邦政府所规定的教育优先的基础上,使教育系统的发展有利于造就和谐发展的、有社会积极性的、有创造性的个人,并使教育系统成为经济发展和社会进步的重要因素。"

(三)《2010 年前俄罗斯教育现代化构想》

2001 年底,俄罗斯联邦政府通过了《2010 年前俄罗斯教育现代化构想》(以下简称《构想》)。该文件是 21 世纪初俄罗斯教育发展的重要文件,分别在普通教育领域、职业教育领域确定了未来的发展。实现教育现代化的构想包括以下五个关键部分:普及基础教育、保证公民接受教育的权利、全面提高各级各类学校的教育质量、提高国家教育管理的效益以及增加教育财政预算并完善发展教育的经济组织。

《构想》整个文件分为三大部分:教育在俄罗斯社会发展中的作用;教育政策的优先方面;教育政策实施的基本方向、阶段和措施。

1.教育在俄罗斯社会发展中的作用

《构想》指出:教育应当成为确保经济增长、提高国民经济效率和竞争力的最强推动力,成为促进民族安全、国家富强、公民幸福的重要因素之一。应该充分发挥教育的潜力来维护社会团结,维护国家统一的社会文化空间,通过人权优先、社会文化和宗教平等、限制社会不平等的方式解决民族间的紧张关系和社会冲突。应该保证各地的年轻人根据自己的爱好和兴趣接受高质量教育的

---

① В Госдуме обсудят проект нового закона об образовании[EB/OL]. http://school.edu. ru/news.asp? ob_no=89810.

机会均等,在国家优先支持教育发展的条件下,教育系统应该保证高效地利用自己的资源——人力、信息、物质和财政资源。

2.教育政策的优先方面

为实现教育现代化,目前俄罗斯教育政策的主要任务是在保证教育的基础性及满足国家、社会和个人的当前和长远需要的基础上,保证教育的现代质量。首先是国家保证普及高质量的教育;其次是教育经费的保障;再次是教育系统管理模式的现代化。为保证高质量教育的普及,俄罗斯政府保证在国家教育标准范围内实施免费的中等(完全)普通教育和法律规定的其他各级免费教育;俄罗斯政府为所有公民平等享有接受各级教育的机会创造经济和法律条件。

3.教育政策实施的基本方向、阶段和措施

2010年教育现代化实施计划分为三个阶段:第一阶段(2001—2003年),完全恢复国家在教育领域中的责任。第二阶段(2004—2005年),充分落实第一阶段的措施,大规模推广教育在内容、组织和财政方面的新模式;继续扩大教育的资金保证(首先是来自各级财政预算的资金);教育将更加面向劳动力市场和国家社会经济发展的要求。第三阶段(2006—2010年),教育现代化的首批预期成果得以呈现。

总之,教育现代化的实现不仅仅是教育领域单独的行为,而是需要社会其他各部门的配合和保障,是全民族的任务。

(四)《2006—2010年联邦教育发展目标纲要》

2005年12月,俄罗斯颁布《2006—2010年联邦教育发展目标纲要》(以下简称《目标纲要》),《目标纲要》在第一部分首先对需解决的问题进行评定。《目标纲要》具体论证需解决的问题及《目标纲要》的目的是否是俄罗斯联邦社会经济发展的优先任务,论证为何通过《目标纲要》解决问题,并对目前的困境进行评定和预测。

《目标纲要》基本战略的目的就是保证条件以满足公民、社会、劳动力市场对高质量教育的需求,其途径在于建立教育领域新的调节机制,更新教育的结构和内容,发展各门教育大纲的基础性和实践方向性,形成连续教育体系。为达此战略目的,需发展现代连续职业教育体系,从而提高职业教育的质量;保证高质量普通教育的普及性;提高教育领域的投资吸引力,形成有效的教育服务市场,过渡到按人头予以财政拨款。《目标纲要》的财政拨款措施,拟靠联邦预算资金和联邦主体预算资金,即按协同拨款方式的原则进行。同时联邦主体可以制定自己地区性的纲要,它们靠自己的预算资金予以财政拨款。为了落实《目标纲要》,政府还要吸收预算外来源的资金。《目标纲要》的实施主要由教育科学部、科学经济协调委员会、联邦教育署、教育与科学创新署共同完成,该部分还规定了各机构的具体职能。《目标纲要》实施的社会效果按照以下方面来评价:提高普通教育的质量;改善学生的社会定向并保证其受教育的权利;提高职业教育竞争能力;整合进欧洲教育空间,提高职业教育的应变性,增强教育的输出潜力;提高教育财政经费的效率;扩大社会伙伴并运用社会与公民管理原则。

（五）《教育与创新经济的发展:2009—2012 年推进现代教育模式》

2008 年 11 月,俄罗斯联邦政府批准《教育与创新经济的发展:2009—2012 年推进现代教育模式》国家纲要;该纲要的目的在于推行现代教育模式,提高优质教育的普及性,适应创新经济的发展,满足每个公民和社会的现代需求。该纲要论述了教育在社会经济发展中的地位和作用,指出国家纲要的目的和任务,明确最近四年俄罗斯教育发展的模式构想。

该纲要首先明确其任务,并对教育系统的未来变化进行规划。教育系统将实行新的组织机制和经济机制,包括引进税收刺激实体和法人的教育财政收入机制;大部分教育机构可以自治,并拥有完成任务所提供的财政保障;在人均定额原则的基础上对各级教育机构进行教育拨款;形成灵活的教师工资系统;运行多个计划以支持学术流动、大学和商业之间的合作研究以及创新教育纲要;公众参与管理和监督教育质量;学校定期向消费者和公众公开其工作的信息等。到 2015 年,所有教育机构将提供计算机、网络及多媒体设备,在教育过程中确保必须有效利用信息和通信技术软件。

该纲要的颁布为俄罗斯教育的进一步发展指明了方向,不但为推进教育现代化改革的进程确定了具体的时间表,而且对具体时间框架下各级各类教育拟达到的各项目标、详细责任人、经费来源保障等都做出了比较详细的描述,对该计划推行的管理机制和效果评估也有相应的规定。该纲要为俄罗斯现代化教育模式做出了准确的定位。

三、普通教育领域的重要法规和政策

苏联解体之后,俄罗斯联邦政府批准颁行普通教育领域的各种法规和政策,以保证普通教育有序发展。这些法规政策从普通机构管理、分科教学、德育、教育评价、天才儿童培养、教育创新等方面指导普通教育的发展。

（一）《普通教育机构标准条例》

1994 年 8 月,俄罗斯教育部颁发《普通教育机构标准条例》,该条例是普通教育机构的示范条例。

国立、市立普通教育机构实施初等普通教育大纲、基础普通教育大纲、中等（完全）普通教育大纲，其基本目的是让学生掌握普通教育大纲所要求的最低必修内容，掌握普通文化知识和适应社会生活的能力，为以后学习专业知识打好基础；培养其公民性和个人自由，以及爱劳动、守纪律、爱祖国、爱家庭等优良品质。

国立普通教育机构的创办者主要有联邦执政机关和联邦主体执政机关，其中包括各级国家教育管理机关。市立普通教育机构的创办者为地方自治机关。同时，政府允许私人、社会团体等各方合作创办普通教育机构。

普通教育机构的学生有权按照国家教育标准接受免费普通教育，有权选择教育形式，有权按照个人教育计划进行学习。教育机构的工作人员有权自由地选择和使用教育教学方法、教具、教材、教科书、学生知识评估方法，有权进行行业务进修，有权享受假期。普通教育机构的管理坚持一长制与自治的原则，市立普通教育机构的校长由地方自治机关直接任命。普通教育机构的经费来源主要是创办者所有的资金、预算内和预算外的资金、有偿教育服务获得的资金以及法人和自然人的捐助、银行贷款等。国家（含各主管部门）和地方依据普通教育机构的种类，按学生人头计算的方式，对普通教育机构进行拨款。

（二）《学龄前和学龄早期儿童教育机构标准条例》

俄罗斯联邦政府于 1997 年 9 月 19 日首次批准通过《学龄前和学龄早期儿童教育机构标准条例》。学龄前和学龄早期儿童教育机构是实施学前教育和初等普通教育之教育大纲的教育机构。该机构的基本目的是保证学前教育与初等普通教育之间的衔接性，保证为维护和增强受教育者的健康及其身心发展创造最佳条件而实施教育。其房舍应当符合卫生保健要求，以便为受教育者的各种活动、游戏提供条件保障。该机构里的班、组数量由创办者确定，并依卫生保健指标和实施教育过程的现有条件予以规定。

该机构中的教育内容，由相应机构基于国家教育标准自主制订、通过、实施的教育大纲来确定。该机构中按初等普通教育大纲组织的教育过程，由相应机构按示范教学计划所制订与批准的教学计划、年度教学日程进度表和课程表做出细则规定。

该机构的管理按照联邦法律实施，并建立在一长制和自治的原则之上，由通过相应考核的校长直接领导。市立教育机构的校长通过地方自治机关的命令予以任命。机构中的教学人员有权自由选择和使用教育教学方法、教具、教学参考资料、教科书、学生知识评价方法；提高业务技能等级；基于自愿按相应技能等级接受考核鉴定；享受假期。教育机构负责保全并有效利用政府固定给它的财产。政府给教育机构提供财政拨款,依照机构类别,在按学前生和小学生人头计算所确定的国家(含国家级部门)和地方财政拨款指标的基础上予以实施。教育机构有权自主支配自然人或法人以赠送、捐献或遗嘱的形式转交给它的财物,有权自主支配通过自身活动所得的收入及用此收入购置来的财物。

该条例是俄罗斯转型期以来第一次颁布学前教育机构的标准条例,这一行为标志着国家开始重视学前教育的发展,学前教育发展到一定规模后,需要及时颁布法规进行规范。

(三)《俄罗斯学校思想道德教育 1999—2001 年发展纲要》

1999 年 10 月,俄罗斯教育部颁布《俄罗斯学校思想道德教育 1999—2001 年发展纲要》,该纲要所确立的目的是:为学校开展思想道德教育提供科学方法论、组织、人员、信息及其他方面的保障;提高个人在社会生活中的自决能力及促进社会科学文化知识的增长;培养合格的公民、家庭成员、家长、专家。其任务是:在俄罗斯社会中重视学校思想道德教育;加强和发展学校思想道德教育的功能,扩大教育实施主体的构成,保证学校同社会研究机构间的密切合作;发展教育过程中的民主管理形式,提高教育过程的专业管理水平;国家传统与现代经验相结合,拓展道德教育、公民教育的人道主义原则和内涵;实现家长参与教育机构管理、开展思想道德教育活动的权利,对家长进行教育学、心理学教育,增强家庭的教育作用;根据地域、民族特点的差异构建地方特色的思想道德教育系统;提高运用各种大众媒体传播手段的水平。

(四)《"俄罗斯孩子"联邦专项纲要》(2003—2006)

2002 年 10 月,俄罗斯联邦政府第 723 号决议批准《"俄罗斯孩子"联邦专项纲要》(2003—2006)。它包括五个亚纲要:"健康孩子"亚纲要,"天才孩子"亚纲要,"预防未成年人无人照管及违法行为"亚纲要,"孤儿"亚纲要,"残疾孩子"亚纲要。其主要任务就是给孩子提供国家支持的有效综合体系,为处于困难生活环境中的孩子创造最佳生活环境。

"健康孩子"亚纲要的目的是:为健康孩子的诞生创造条件,降低母亲、孩子(包括婴儿)的死亡率,保持并加强儿童和少年在所有发育阶段上的健康水平。"天才孩子"亚纲要的目的是:在国家层级建立天才孩子的发现、发展、支持体系,保证他们实现个性自我、实现社会自我和决定职业自我的条件。"预防未成年无人照管及违法行为"亚纲要的目的是:保护身处困难环境的孩子,并改善他们的处境,加强针对未成年无人照顾及违法行为的预防体系。"孤儿"亚纲要的目的是:预防社会孤儿现象,帮助孤儿及无父母照管的弃儿实现社会化并与现代社会相融合。"残疾孩子"亚纲要的目的是:形成借以综合解决有发育偏差孩子问题的标准,创造条件来使其过上真正有价值的生活,并使之与社会相融合。

该纲要依靠联邦预算资金、联邦主体的预算资金、预算外来源的资金予以实施。

(五)《"俄罗斯青年"联邦专项纲要》(2001—2005)

2000年12月,俄罗斯联邦政府第1015号决议批准《"俄罗斯青年"联邦专项纲要》(2001—2005)。在完成此前《"俄罗斯青年"总统纲要》(1998—2000)的时期里,联邦执政机关会同联邦主体青年事务执政机关,在依靠联邦主体资金和地方预算资金提供基本财政保障的同时,奠定国家青年政策的组织基础,制定该政策的实施机制。

该纲要的主要目的是为青年人的自我实现及其精神道德教育创造法律、社会经济和组织方面的条件。为此,需对青年人进行爱国主义教育、精神道德教育,促进其智力和创造力的发展;应有计划地促进青年人对社会的适应性,提高其在劳动力市场上的竞争力及就业率,培养青年人健康的生活方式,杜绝少年犯罪、吸毒和酗酒等现象。

除上述法规和政策之外,普通教育领域进行了一些重大的教育改革,比如侧重性教学、国家统一考试、普通教育创新改革"我们的新学校"等,这些都将在后面各章中进行详细阐述。

俄罗斯在普通教育领域的发展基本延续苏联模式,通过国家统一考试、普通教育标准和全俄教育质量监控系统的构建等一系列措施的实施,保障为公民提供高质量的、免费普及的普通教育。通过教育信息化和"我们的新学校"等政策来改善普通教育机构的基础设施,提高教师的教学技能和工资待遇,并在农村教育方面有所侧重。教育管理方面给予普通教育机构更多的教学自主权,并鼓励中小学进行创收的经济活动。可以说,俄罗斯普通教育发展在近十年内取得了一些成绩,但因为俄罗斯生源的减少而带来的农村并校问题、因教师工资待遇不高而带来的教师流失和老化问题、因地方教育资金不到位而带来的中小学校基础设施薄弱问题等,都使俄罗斯普通教育的未来发展面临挑战。

第三章 俄罗斯未来创新型中小学
——"我们的新学校"

教育是知识创新、传播和应用的主要基地,也是培育创新精神和创新人才的摇篮。

——江泽民

引 言

当今社会,国家竞争力主要取决于人的素质。人的终身学习能力、创新性的思维能力、选择和更新职业的能力都是保持自身竞争力的重要因素。这些素质都是从学校时期开始形成的。学校教育是每个人最长的正规教育阶段,是个人成长中最关键的因素,也是每个国家长期发展的重要因素。

普通教育是国家的教育基础。近年来,在教育现代化、教育创新的总体目标指导下,俄罗斯政府加快普通教育的创新改革,更加关注普通学校的未来发展。2009 年 3 月,俄罗斯教育科学部讨论通过国家教育倡议方案——"我们的新学校"。2009 年一年中,社会各界对"我们的新学校"国家教育倡议方案进行了大范围的、普遍的及专业的讨论,有上万名教师、家长、学生及社会代表参加讨论。该倡议方案主要包括以下几个方面的内容:1.确定俄罗斯近期普通教育发展的主要方向——更新教育标准;支持天才儿童体系;发展教师潜力;建设现代化的学校基础设施;关注学生的健康。2.确定初等学校(1~4 年级)的标准,并规定引入该标准的相关教育法律将从 2011 年 9 月 1 日开始实施。自 2010 年开始,各级教育部门开始进行初等学校新标准的筹备工作,并开始在条件成熟的学校执行新标准。3.近期将颁布实验性教学大纲,开始编制新标准统领之下的教科书。为执行新标准,确定提高教师技能的联邦层级的新内容,学校与地区一起组织教师培训。2010 年前半年,俄罗斯政府将完成基础学校和高中教育标准的制定工作。①

———————

① Национальная образовательная инициатива《 Наша новая школа 》[EB/OL]. http://mon.gov.ru/files/materials/5233/09.03.16-nns.doc.

2010 年 1 月 19 日,俄罗斯教育科学部部长富尔先科在总统会议上向与会人员阐述了 2010 年实现"我们的新学校"所倡议的普通教育现代化发展的首要计划。他指出:"今年将完全实现 2001 年通过的俄罗斯教育现代化构想。'我们的新学校'国家教育倡议保障教育现代化构想基本方向的连续性。"①

梅德韦杰夫总统在 2010 年 4 月 22 日召开的总统会议上就"我们的新学校"国家教育倡议的意义进行了进一步的阐释:"'我们的新学校'国家教育倡议旨在开发学生的个性潜力,这项计划的主要意义在于创建新学校,帮助学生开发个人潜力。学校不仅要传授知识,还要帮助学生发挥个人能力,为其在竞争激烈的环境中生存做好准备,最终帮助学生实现自己的理想。"②

一、"我们的新学校"的目标与内容

"我们的新学校"国家教育倡议是俄罗斯近期普通教育现代化发展的重要指导性文献,其目标与内容如下。

(一)"我们的新学校"的目标

俄罗斯创建 21 世纪普通教育阶段的新学校应达到以下目标。

1.在学校中,孩子们能够学会理解、掌握新知识;公开表达个人思想、做出决定;相互协作、提出要求和把握机会。

2.新学校是大众的学校。在任何一个学校里,都将保障身体有障碍的儿童、残疾儿童、没有父母照顾的儿童、难民和被迫流离失所的儿童、生活在低收入家庭的儿童和各类生活困难的儿童顺利地社会化。同时要考虑孩子们的成长特点,分别组织初等、基础和高年级的教学。

3.新学校拥有新教师,他们能够接受所有新事物,理解儿童的心理及发展特征,通晓自己所教授的科目。在新学校里,校长的角色发生改变,他的责任和自由都有很大程度的提高。

4.新学校是与家长和地方社会相互作用的中心,也是与文化、健康、体育、休闲及其他社会组织相互作用的中心。

---

①Материалы к выступлению Министра образования и науки Российской Федерации Андрея Фурсенко на Совете при Президенте России по реализации приоритетных национальных проектов 19 января 2010 года[EB/OL].http://window.edu.ru/window/news? p_news_id=29991.

②Медведев рассказал об образовательной инициативе 《 Наша новая школа 》[EB/OL]. http://www.vz.ru/news/2010/4/22/395611.html.

5.新学校应具有现代化的基础设施。学校拥有现代化的大楼——理想中的学校应拥有能做出美味的、有益健康的食物的食堂,保障身体健康的医疗室和有助知识汲取的图书馆。学校还应拥有工艺高超的教学设备,拓宽渠道的互联网,大量的教科书和在线教材,进行体育运动和创作的设施。

6.新学校具有现代化的教育质量评价体系,它可以保障为教育管理部门提供可靠的教学和教育信息。

(二)"我们的新学校"的主要内容

俄罗斯政府在"我们的新学校"国家教育倡议中确定了俄罗斯普通教育的发展方向,并具体制定了更新普通学校的教育手段与机制。该倡议主要包括以下六个方面的内容。

1.向新教育标准过渡

新教育标准包括必修部分和学校部分。学生的年级越高,选择性越大。新教育标准对学生的课外活动、学习小组、运动队以及各类创作活动做出规定。新教育标准对学生的学习成绩提出具体要求,并规定了为达到此要求学校所需创造的条件。

为了发展教育质量评价系统,政府需要对学生掌握的知识进行独立检查,其中包括从4年级到5年级,9年级到10年级的升级检查。独立评价机制的创建依靠职业教师联合会和协会的力量。俄罗斯将继续参与国际教育质量排行榜,并在各直辖市和地区中创建比较教育质量的方法。统一国家考试应当是最基本的教育质量检查方法,但不是唯一的方法。除此之外,还要对学生的学业成绩、各种能力进行综合评价。

2.发展天才儿童支持体系

最近几年,为发现普通教育机构中的天才儿童,俄罗斯将构建广泛的查询、支持、追踪天才儿童的系统。首先,国家为高年级学生提供进入函授、全日制—函授和远程学校学习的机会。这些学校能够让他们无论身处何地,都能够掌握职业培训大纲。其次,发展学生竞赛和奥林匹克竞赛体系,举行补充教育实践活动。如:创办寄宿式教育机构;为在各活动领域中表现出天分的儿童组织聚会以及开办夏季和冬季学校;召开国际会议、讨论会,采取多种支持天才儿童的方法。

3.提高教师队伍素质

推行精神及物质奖励体系支持教师,吸引年轻有才华的人从事教师职业。精神支持体系就是已经形成的教师竞争,即在国民教育优先发展的框架下,有规模、有效地支持优秀教师机制。这种实践活动将在各个联邦主体中展开,并将促进教师的职业威望。物质支持体系不仅是进一步增加工资,而且还创建了工资机制,无论优秀教师的工作等级如何,都能够得到激励。工资的额度取决于教育活动的质量和成果,而质量和成果主要由学生委员会参与评价。引入新工资体系的工作应当三年内在各联邦主体内完成。

管理干部和教师的定期鉴定工作也是提高教育工作者素质的积极因素,这一制度将定期对教师的技能进行检验,以适应目前学校所面临的各项任务。原则上需更新技术要求和教师的技能特征,其中专业教学能力占据中心位置。学校的校长和教师至少五年进行一次提高技能的培训。

吸引未接受过基础师范教育的人才来学校工作,并对他们进行心理师范培训,使其掌握新的教育技术,能够首先向高年级的学生和选择侧重性教学的学生展示自己丰富的教育经验。

4.更新学校的基础设施

学校的面貌应得到明显改善。在每个教育机构中都应创造学校无障碍环境,能够保障残疾儿童完全融入普通孩子中间。俄罗斯政府于2010年通过五年国家纲要"无障碍环境",专门解决此问题。

俄罗斯目前需更新学校楼房的建筑设计标准、建筑标准、卫生条例和饮食标准,更新对学生的医疗服务,保障学校安全。保暖系统和楼房的空调都应保障一年四季所需的温度。学校应保障饮用水和淋浴。在农村学校,必须建立运输学生的有效机制,其中包括对校车的要求。学校的基础设施服务可以在竞争的基础上由中小型企业来承担。从建筑工人到服务组织,需严格确保学校校舍的安全,不允许在危险、破旧、临时性的场所上课。贯彻现代化的设计方案,保障舒适的现代化学校环境。学校空间的设计应该能够组织项目活动。

5.保持和加强学生身体健康

学生每天在学校度过大部分时间,保持和加强他们的身体和心理健康不仅是家庭的任务,同时也是教师的责任。学校应为学生提供营养平衡的膳食,能够进行现代体检的医疗服务;设置体育课,包括课外活动。除此之外,还应设置从千篇一律的必修课程转向促进学生健康发展的个性化大纲。国家于2010年引入了体育课的新标准,新标准规定体育课一周不少于三个小时,并考虑孩子们的个性发展。个性化教学实践需考虑学生的成长特性,让学生按照自己的选择学习一些科目;采用经典培训的形式,降低课堂负担,积极改善中小学生的健康状况。重要的是唤醒孩子们身上关心自身健康的意愿,在此基础上使学生对学习感兴趣,选择充分体现个人兴趣和倾向的课程,使丰富有趣的学校生活成为保持、巩固孩子健康的最重要条件。

6.扩大学校自治

学校应是比较独立的,无论是在制订个性化的教学大纲方面,还是在财政经费的支出方面。从 2010 年开始,在国民教育优先发展竞赛中获胜的学校及改为自治机构的学校都拥有一定独立性,这些学校可以用工作成果的公开信息来代替工作总结报告。政府将从立法上保障国立和私立普通教育机构的平等,让家庭在择校时多了一种选择。政府应合理发展特许权机制,以吸引私人投资者参与学校管理。

二、典型案例

"我们的新学校"国家教育倡议在俄罗斯境内开始实施之后,各地的中小学校在学校基础设施的建设、教师培训和新教育标准的过渡等方面发生了一些改变。2011 年俄罗斯联邦政府发布的《2010 年国家教育倡议"我们的新学校"实施综合报告》总结了"我们的新学校"政策的实施情况。下面分别从联邦中央、地区和教育机构三个层次就"向新教育标准过渡"来介绍"我们的新学校"教育政策的实施情况。分别以全联邦、莫斯科州和市属普通教育机构科雷万中学为例。

（一）2010 年俄罗斯联邦实施"我们的新学校"教育政策的情况

表 3-1　2010 年俄罗斯联邦实施"我们的新学校"教育政策的指标参数

向新教育标准过渡	
提供数据的普通教育机构占普通教育机构总数的比例	99％
1.中小学生使用新教育标准的比例	3.6％
其中:1 年级学生使用新课标的比例	12.8％
2.一个学生一周获得财政预算拨款的平均课时数	5.7 学时
3.一个学生一周获得预算外拨款的平均课时数	1.49 学时
4.能够使用新设备进行实践活动的学生比例	14.9％
5.普通教育机构中接受技能培训的教学人员和工作人员比例	17％
其中:接受技能培训的管理人员的比例	14.4％
接受技能培训的教师的比例	18.6％
实施教学和管理人员培训的普通教育机构占教育机构总数的比例	26.3％

数据来源:Сводный доклад о реализации национальной образовательной инициативы 《Наша новая школа》 в 2010 году.http://zamegnoe.ucoz.ru/normativnieDOKi/svodnyj_doklad.pdf.

(二)2010年莫斯科州实施"我们的新学校"教育政策的情况

表 3-2　2010 年莫斯科州实施"我们的新学校"教育政策的指标参数

2.向新教育标准过渡	
使用新教育标准的中小学生的比例	3.31％
其中准备实施的比例	3.31％
一个学生一周获得财政预算拨款的平均课时数	6.8 学时
一个学生一周获得预算外拨款的平均课时数	0.1 学时
依据新教育标准能够使用新设备进行实践活动的学生比例	7.99％
依照新教育标准,普通教育机构中接受技能培训的教师和工作人员比例	10.68％
接受技能培训的管理人员比例	7.95％
接受技能培训的教师比例	12.32％

数据来源：Мониторинг реализации национальной образовательной инициативы "Наша новая школа"в Московской области.http://www.kpmo.ru/.

(三)科雷万中学

科雷万中学在 2011 年就制订了学校 2011—2015 年的发展规划,在此规划中,学校依据"我们的新学校"中确定的普通教育发展的六个方向,确定了学校 2011—2015 年的教育纲要及近期发展目标。以下是学校在新教育标准实施方面的具体工作部署。

表 3-3　科雷万中学在新教育标准方面的行动计划

No	活动方向	计划的内容
1	确保实施初等教育的联邦国家教育标准	——制订校规确保实施联邦国家教育标准 ——确保联邦国家教育标准实施的经济保障 ——确保联邦国家教育标准实施的组织保障 ——确保联邦国家教育标准实施的人才保障 ——确保联邦国家教育标准实施的信息保障 ——提供物质技术保障 ——确保实施初等教育的联邦国家教育标准(1～4 年级) ——组织开展学校教师和领导干部的培训班 ——发展教育质量评价的学校系统

续表

No	活动方向	计划的内容
2	发展教育质量方面的管理活动	——确定教育质量的评估方式,包括协会的评价系统,用来检测学生能否升入下个年级 ——绘制教师创新活动的图表,对创新问题进行分类 ——为交际能力的形成创造条件,发展信息技术使用者的技能 ——创造条件让高年级学生理解个人对自己的未来的责任,在9年级通过选修课程培养学生的适应能力 ——开展实践活动,旨在引入计算机技术、研究设计工作,利用各种教学方法来武装学生
3	在学生备战国家统一考试方面形成学校体系	——利用信息技术,在个人化和区别化教学的基础上,制订和实施纲要
4	发展补充教育系统	——继续开展艺术创造、人文、生态方面的小组活动,使其活动更具生产力 ——必须扩大补充教育系统的服务 ——创建合唱团 ——组建技术小组 ——提供有偿教育服务

数据来源:Программа долгосрочного развития ОУ. http://kolivanskschool.ucoz.ru/index/razvitie/0-48.

三、拓展阅读

国家教育倡议公布之后,来自社会的不同声音表达了对"我们的新学校"的态度。尤其是广大的教育工作者对"我们的新学校"国家教育倡议进行激烈讨论,有赞同、有建议、有担忧,也有强烈的反对。俄罗斯国家教育观察员们指出,广大教育工作者对"我们的新学校"国家教育倡议的态度是"官员支持,教师们表示谨慎乐观,但仍存在轻量级的冲突"[1]。目前,教师们比较敏感的问题主要集中在以下几个方面。

①Тема:"Наша новая школа":последняя надежда учителей на Медведева[EB/OL].http://www.liberty.ru/Themes/Nasha-novaya-shkola-poslednyaya-nadezhda-uchitelej-na-Medvedeva.

（一）国家教育倡议的权威性

众多教师认为文件的制定没有考虑现实情况。教师们指出,在倡议中"国家"一词不符合现实情况。因为,该倡议没有进行全社会的广泛讨论。实施国家教育倡议不应仅仅是国家领导人的决定,还应是其所有公民的决定。教师们还建议总统科学地制定俄罗斯教育发展良策,期限不要超过十年,全民讨论后进行公投才能称之为"国家"的教育政策。[①] 斯塔夫罗波尔边疆区的教师们指出:"我们不应认为教育体系的改革都应由官员承包,改革应考虑全社会的意见。"[②]

（二）相应的资金保障问题

教育者们对破旧校舍翻新的现实性持有一定的怀疑态度。克拉斯诺亚尔斯克边疆区的一位学校校长表示:"很多地方都在等待联邦资金,资金本身不会被大风吹来。"伊万诺沃州的教师与克拉斯诺亚尔斯克边疆区的同行们同样悲观地表示:"靠修缮破旧校舍来汇聚资金,不会有结果。"[③]

教师们还指出,在国家的倡议下,需建立崭新的教学楼;有健康饮食的现代化食堂;有安装了新设备的演出厅和运动厅;有医疗设施和图书馆;还需确保学生接受高质量的补充教育,确保学生的自我实现和创造性发展。教师们对这些进行了估算,认为联邦财政预算不能完全胜任此项改革,而获得补充教育的也只有那些父母能够支付得起教育费用的孩子。[④]

（三）退休教师问题

广大教师非常关注国家在未来计划中对退休教师采取何种政策,是最大限度地延长教师的工作期限,还是定位于年轻化。在该倡议的文本中,建议吸引退休教师来做教辅工作。但是现在的学校中,退休人员达到60%以上,留校的师范学校的毕业生不超过10%。由于教育工作者的退休年龄为45岁,在2020年前如此短的时期内,改变这种比例几乎是不可能的。[⑤] 即使吸引没有受过师

①Учителя выступили против "Нашей новой школы"[EB/OL]. http://www.polit.ru/news/2010/03/15/newschool.html.

②Тема:"Наша новая школа":последняя надежда учителей на Медведева[EB/OL]. http://www.liberty.ru/Themes/Nasha-novaya-shkola-poslednyaya-nadezhda-uchitelej-na-Medvedeva.

③Тема:"Наша новая школа":последняя надежда учителей на Медведева[EB/OL]. http://www.liberty.ru/Themes/Nasha-novaya-shkola-poslednyaya-nadezhda-uchitelej-na-Medvedeva.

④Учителя выступили против "Нашей новой школы"[EB/OL]. http://www.polit.ru/news/2010/03/15/newschool.html.

⑤Алексей Каменский.《Наша новая школа》мечты или реальность? [J].Народное образование,2009(8).

范教育的人到学校工作,也不能挽救这种状况。这种实践在 20 世纪 90 年代经济危机的时候就试验过,但是收效很低。况且对这些不超过 10% 的专家进行再培训也需要一个长期的过程。这种途径可以发展,但不会像"我们的新学校"国家教育倡议文本中所讲的成为主流。

(四)校长的身份问题

对"我们的新学校"国家教育倡议中有关校领导的地位问题,俄罗斯公民产生了一些不一致的观点。总务处长式的校长在俄罗斯已有过尝试,但这种经历没有给教育带来任何荣耀。因此,为了未来的发展,学校的校长应首先是教育者,其次才是管理人员,就像医院的主治医生首先要是医生一样。正如梁赞地区学校低年级教师所说的那样:"首先,应当教会教育系统的官员学习。"[①]教师们认为,学校的行政干部需采用轮换制,学校的行政机构和教师都应具有公开讨论教育改革的机会。

(五)学校基础设施的建设问题

教育工作者还提出学校辅助服务的发展问题。图书馆、医疗室、食堂、心理服务等都需要更多的关注,甚至多于教育过程。在发达国家,此领域的工作人员总数占全校工作人员总数的比例比俄罗斯高。

学校的校园问题也不能忽略。现在很多学校没有学生课余活动的场地,有的学校没有围墙,有的场地被当地居民利用作为公共汽车站,学校没有力量和能力来武装校园。俄罗斯有句俗语:"剧院的建设从一个衣架开始。"那么,一个学校的建设也要从花园的栅栏门开始。俄罗斯学校的基础设施建设任重道远。

(六)教师的工资问题

教师们认为应该更加理性地讨论转向标准拨款和新工资制度的有效性。因为,经济危机加剧了这种愿望和可能性之间的矛盾。该倡议中表明,34 个地区标准拨款和新工资制度总体上进行得比较顺利,那么这种制度在其他 55 个地区进行得如何?[②] 这一点引起广大教育者的怀疑。

该倡议中还有一些不明确和有争议的条款,如:国家教育倡议中完全没有确定国家对所谓的有偿教育服务的态度,是应该发展,还是逐渐放弃这种实践?学校教育中的国家—社会共管方针是否还要继续? 如果继续,又要以何种形式

---

①Тема:"Наша новая школа":последняя надежда учителей на Медведева[EB/OL].http://www.liberty.ru/Themes/Nasha-novaya-shkola-poslednyaya-nadezhda-uchitelej-na-Medvedeva.

②Алексей Каменский.《Наша новая школа》мечты или реальность? [J]. Народное образование,2009(8).

继续？是否只满足于学生委员会这一种形式？与此同时,文件的郑重性让教师们提出质疑。该倡议对现代学校活动的三个主要方向,即育人、心理教育上的伴护、预防惩戒都描述得很少,对毕业生的形象描绘得也不够清晰。文件中认定创新精神、个性化为毕业生最重要的品质,但并没有一个明确的目标定位。

四、反思与启示

"我们的新学校"国家教育倡议是普通教育现代化进程中的重要文献,俄罗斯政府在"国民教育优先发展"方案取得初步成果的时候颁布"我们的新学校"国家教育倡议,既是对"国民教育优先发展"成果的巩固,同时也为俄罗斯普通教育创新发展布置了新任务。

"我们的新学校"国家教育倡议的意义在于创建新型学校,在传授知识的同时,帮助学生开发个人潜力,为其在竞争激烈的环境中生存做好准备。俄罗斯着力创建的"新学校"具有现代化的基础设施,为学生提供最优良的教育环境;同时更加关注学生身体和心理的健康发展,培养学生关心自身健康的意识。新的学校实施新的教育标准,加强对学生学习质量的监督,教育标准和相应大纲更加关注学习效果。"我们的新学校"国家教育倡议为保障新学校具有较高的教学质量,还建议配备相应的优秀教师,采用精神奖励和物质奖励相结合的办法鼓励教师不断提高自身素质和教学能力,吸引年轻人投身教师队伍。新学校拥有更高的自治权,能够充分调动自身的积极性。"我们的新学校"国家教育倡议建议创建天才儿童支持体系,发现和培养天才儿童,为国家精英做好人才储备。

"我们的新学校"国家教育倡议所倡导的普通教育发展方向符合俄罗斯教育现代化目标,也成为国家创新发展纲要的重要支持性文献。"我们的新学校"国家教育倡议是国民教育优先发展方案的继续,是其发展的最新阶段。随着"我们的新学校"国家教育倡议在俄罗斯各地区的实施,普通学校的教育创新改革成为俄罗斯教育界热议的焦点,同时也引起俄罗斯全社会乃至国外教育者的关注,尽管教师们提出一些质疑,但其进步意义毋庸置疑。

我们国家现在也在提倡教育创新,在高等教育方面做了很多的规划和部署,在基础教育方面,教育创新的任务主要落在了课程改革上。相比之下,俄罗斯普通教育的创新政策包含了课程、学校基础设施建设、教师培训、关注学生健康和天才儿童培养等多个方面,教育创新在普通教育的各领域展开。从这一方面看,我国基础教育的创新政策还没有及时地跟进,涉及面也不够广泛,这样势必影响我国基础教育的创新,影响国家创新体系构建的整体速度。

第四章 农村中小学

> 农村的发展始于学校教育水平的提高,农村文化的发展始于农村教师素质的加强,农村学校教育的功效取决于任教者的精神、知识、博学和视野。
>
> ——苏霍姆林斯基

引 言

全球经济化与城市化的快速发展,让城乡之间的差距越来越大,农村经济落后,生活贫困已经成为社会瞩目的问题,农村的教育也远远落后于城市。农村要发展离不开教育,特别是中小学教育,这关乎农村的未来。只有城市教育和农村教育齐头并进、共同发展,国民的素质才有望整体提高。

俄罗斯境内,农村中小学生占全国中小学生的 30%。农村中小学教育发展的好坏,直接影响俄罗斯普通教育发展的整体水平。俄罗斯普通教育发展不均衡主要表现为城乡教育的发展不均衡。由于农村经济发展的落后,地方政府无法为中小学校提供足额的教育经费,造成农村学校基础设施的陈旧和落后,农村中小学师资力量短缺和流失严重,加之农村适龄入学儿童的减少,都影响了农村中小学教育的发展水平。为了缩短农村教育与城市教育之间的差距,让农村儿童享受同样的教育权利和同等优质的教育,俄罗斯政府颁布多项政策,采取很多具体措施,努力消除城乡之间的教育不均衡问题。

一、发展农村教育的联邦政策

2001 年 12 月,俄罗斯联邦政府批准并颁布《俄罗斯农村学校结构改革构想》,确定在 2002—2010 年期间实施农村普通教育的结构改革。该文件的颁布旨在合力整合农村普通教育机构的各类资源,为农村的中小学生提供优质的普通教育。其内容主要有:1.建立学校区域联合体,整合一个地区小学、不完全中学和完全中学的基础设施、师资力量等资源。2.学生人数超过 40 人的小学和不完全中学需保留;学生人数不超过 40 人的不完全中学进行重组并校,小学可以成为完全中学的附属小学。3.以完全中学为中心建立学校群体,为附近的小学毕业生提供不完全中学前两年的课程。

除此之外,俄罗斯政府还颁布了《教育法》《构想》《发展统一的教育信息环境(2001—2005)纲要》和"电子俄罗斯"联邦专项计划(2002—2010),2005 年普京总统提出《国家教育优先发展方案》以及 2008 年梅德韦杰夫总统提出国家教育倡议"我们的新学校"。这些政策分别在普通教育信息化、教师培训、学校基础设施、普通教育标准、天才儿童培养等方面,保障儿童接受高质量的普通教育。例如,在住房、照明、取暖等社会保障方面给予农村教师优惠政策;进行专项拨款,为农村中小学提供计算机设备和程序,提高农村教师教学信息技能;专款购置校车,实施校车计划,解决农村学生上学远、上学难的问题。

二、农村教育政策——阿尔泰边疆区的农村教师培训与学校建设

俄罗斯很多地区和社会发展是否顺利与农村学校的保留和持续发展紧密联系。大多数的农村学校都存在物质设施和教师培养的问题,这些情况与现代社会的发展要求格格不入。农村学校的问题不止一次在高层次范围内讨论。《发展统一的教育信息环境(2001—2005)纲要》《教师教育现代化》等联邦纲要已经被通过和实施。这些事实在某种程度上是归结于向国家统一考试的转变。要解决大量的问题只有在地区和地方制定相应的教师政策,发挥地区教师教育中心的作用,实现其特殊使命,为农村提供高质量教育。

20 世纪 90 年代,阿尔泰地区的地区教育成为学者和政治家的关注对象。首先,阿尔泰地区所有的学校都处于财政资源严重匮乏的境地;其次,教育体系和农业经济发展趋势之间的不平衡已经显而易见。阿尔泰自治州农业人口的教育任务很重,边疆区 80% 的学校都在农村(1300 所中小学中有 1100 所农村学校)。在农村学校工作的教师占全边疆区教师(3 万)的一半以上。这些数字表明,边疆区的发展前景直接与农村学校的发展前景紧密相连,与农村教师人才队伍的培养紧密相连。

为实现地区教育体系的现代化,阿尔泰地区政府制定了《保持和恢复阿尔泰地区教育体系(1995—2000)纲要》。这一纲要的实施依靠一系列措施来支撑,在此基础上,政府制定了《阿尔泰地区教育法》,同时以此为基础创建了阿尔泰国立教师学院,该学院与西伯利亚地区的大学构成综合体,该综合体称之为"阿尔泰大学的中小学师范学区",此学院成为边疆区的社会教育管理机构,担

负教师、普通教育机构及其管理机构之间的协调工作。在阿尔泰边疆区,一个农村学校有 150 名学生,14 名教师,只有 28% 的农村教师教一门课程,27% 的教师教两门,剩下的教师教多门课程(三门以上)。统计显示,农村的教师都需要有特殊的能力,都是全能型人才。

近几年,在学院的帮助下,边疆区的农村学校构建了基础学校网络,还建立了教学技能实验室、教研室,吸引教师来积极参与科研和教研活动。现在基础学校的教法课程促进了信息技术在教学过程中的运用。目前,农村教师特别需要信息化领域的帮助。联邦系列纲要《统一俄罗斯环境的发展》的实施,给教育机构带来了机会。但在农村,这些问题基本都没有解决,信息化的过程直接与提高教师计算机操作能力的组织有密切关系。为了解决这个问题,政府在学院中制定了帮助农村学校的纲要,在实施该纲要的过程中,学院利用了信息学专业的学生。在实践过程中,这些信息学专业的学生教会农村的教师掌握计算机技术,构建教育机构的计算机网络。这些远比请外地专业人员来农村更节省开支。同时,学院还开展很多与信息化有关的工作。其中,每次科学实践会议的参与者达到 300 多人,还有网络讨论会和边界网络信息奥林匹克竞赛等。

学院图书馆兼顾普通教育机构图书信息采集的工作,这一工作具有区域性。采取一系列措施优化工作(所有基本过程自动化、组织开放电子资源)能使图书馆的工作人员积累一定的经验,并与农村区域中心的图书馆进行交流。

为形成管理全区的教育质量体系,首先需要构建一个长期追踪中小学活动的体系。除此之外,学院还创建了专门的信息中心,进行边疆区教育体系基本信息资料基地的筹建工作,其中包括学生、教师、学校的信息保障体系等。分析这些资料能够做出预测,进而得到正确解决问题的办法。

三、典型案例

市属普通教育机构科雷万中学是科雷万成立了 8 年的学校的继承者,是依据巴普洛夫斯克区阿尔泰边疆区人民议会执行委员会的决议重组而成,旨在实现公民的受教育权利,保障初等教育、基础教育和中等教育的普及性和免费性。

学校的创办者为阿尔泰边疆区巴普洛夫斯克区教育委员会。市属教育机构科雷万中学是独立的法人,拥有机构的所有证明材料:许可证、有权实施教育活动(学前教育、初等教育、基础教育、中等教育)的认证。科雷万中学在科雷万村内,位于巴普洛夫斯克区、列布里辛斯克区和托普奇辛斯克区的边界,距离区中心 42 公里。学校学生主要来自阿尔布扎夫斯卡村和马拉杰什村。学校有校车每天将孩子接到学校学习。学校是典型的两层楼,有运动厅、图书馆、食堂、礼堂、村历史博物馆;基础设施合格,学校占地 16320 平方米。学校共有 19 名教师,俄语和文学教师 4 人,德语教师 2 人,数学教师 1 人,物理教师 1 人,生物教师 1 人,化学教师 1 人,历史教师 1 人,体育教师 1 人,信息学教师 1 人,技术教师 1 人,音乐教师 1 人,4 名小学教师。

(一)学生情况

学校到 2010 年下学期结束之时,学生人数达到 168 人,年龄为 7～18 岁。

表 4-1　各年级班级数量和学生人数

学生统计数字	2008—2009 学年	2009—2010 学年	2010—2011 学年
班级数量总计(单位:个)	11	11	12
小学	4	4	4
5～9 年级	5	5	6
10～11 年级	2	2	2
学生数量总计(单位:人)	167	168	170
小学	49	48	51
5～9 年级	91	93	100
10～11 年级	27	27	19

数据来源:Публичный доклад.http://kolivanskschool.ucoz.ru/index/0—12.

表 4-2　各阶段学生人数(单位:人)

学年	小学	基础中学	完全中学	共计
2007—2008	45	100	38	183
2008—2009	49	91	27	167
2009—2010	48	93	27	168

数据来源:Публичный доклад.http://kolivanskschool.ucoz.ru/index/0—12.

表 4-3　科雷万中学男生和女生的人数(单位:人)

学年	男生	女生
2007—2008	75	108
2008—2009	74	93
2009—2010	67	101

数据来源:Публичный доклад.http://kolivanskschool.ucoz.ru/index/0—12.

表 4-4　学生所在地的人数

马拉杰什村	阿尔布扎夫斯卡村	科雷万村
20	17	131

数据来源：Публичный доклад.http://kolivanskschool.ucoz.ru/index/0－12.

表 4-5　学生定额(2009—2010 学年)

年级	人数(单位：人)
学前教育	12
1～4 年级	48
5～9 年级	93
10～11 年级	27

数据来源：Публичный доклад.http://kolivanskschool.ucoz.ru/index/0－12.

科雷万中学来自贫困家庭的儿童有 11 人；来自低收入家庭的儿童有 28 人；来自多子女家庭的儿童有 43 人；来自单亲家庭的儿童有 33 人；身体有障碍的儿童有 11 人。学校保障为儿童提供普及的普通教育。家长的社会地位情况如下：家长的学历高低差距很大，其中高等学历占 6.2%；中等职业技能、专业职业技能占 34.7%；中等学历占 37.8%；中等以下学历占 21.3%。家庭特点：双亲家庭占 67.5%；单亲家庭占 20.3%；多子女家庭占 12.2%。家长的学历水平不高，社会成分复杂，使学校开展学生群体工作更严峻和艰巨。

(二)学校的管理

校长和副校长们实施学校的行政管理，校长的主要职责是协调教育过程中参与者的各方力量，如机构委员会、教师协会、方法委员会和全校代表大会等。副校长们首先对教育过程进行实际管理，实现信息分析，预测规划，组织、执行、控制和调整，并进行评估。学校自治机构的所有活动依据地方法律和学校章程展开。

学校传统活动有知识日、旅游会、秋日晚会、新年晚会、国防军事月、"三八节"竞争方案、文艺沙龙、自治日、环境月、成年月、胜利日集会、母亲日、"最后的铃声"、毕业晚会等。

学校在一个学年中会举办很多促进学生身体健康和提倡健康生活方式的活动。这些活动有各种竞赛、健康日、节日和班级活动。

学校开展各种学生课外活动，收到以下良好的效果：

1.学生的创作积极性增强了；

2.具有良好道德水准的学生数量在增长；

3.集体在逐渐形成;

4.保持了学校的传统。

(三)教学、教育和劳动条件

1.教育环境

学校创造所有必需的前提条件和机制,保障学生获得高质量的、普及的教育。2009 年,15 岁以上获得基础普通教育文凭的学生比例为 99.4%。学前班保障未来 1 年级学生拥有平等的起跑线。学校的工作日为一周 6 天,1 年级学生为一周 5 天。

2.物质基础设施

办公室有小学教研室、数学教研室、俄语和文学教研室、信息教研室、信息学教研室、物理教研室、生物教研室、化学教研室、外语教研室、技术教研室、3 个实验室和 1 个礼堂。

办公室设有教学用具、教学材料,拥有教学技术手段。

技术设备有黑板 12 块、音频录像机 3 台、计算机 23 台、笔记本电脑、交互式电子白板 1 台、多媒体投影仪 5 台、打印机 5 台、扫描仪 1 台、三合一设备(复印机、打印机和扫描仪)、电视 3 台、音乐中心 2 个、视频设备 2 台、网络设施、服务器、医疗室、物理实验室、化学实验室、生物实验室、信息教研室。

2009—2010 年,学校投放设施有计算机 1 台、多媒体投影仪 1 台,电脑数量为平均每 8 人 1 台。

学校的图书储备共有 3820 卷,其中有 2719 本教科书。学校占地面积为 16320 平方米,有体育设施和操场,其中运动厅有 180 平方米。

以上基础设施表明,学校有足够的物质设施基础来实施教育大纲和大众文化活动。

3.教学过程的人员保障

表 4-6 教师信息数据(一)

学年	教师数量	教师中退休人员的百分比	年轻专家百分比	新进人员百分比	调出人员百分比	通过提高技能课程的教师百分比
2008—2009	20	30%	0	0	0	15%
2009—2010	21	28.5%	4.7%	4.7%	4.7%	10%
2010—2011	20	30%	10%	10%	0	15%

数据来源:Публичный доклад.http://kolivanskschool.ucoz.ru/index/0—12.

表 4-7　教师信息数据（二）

学年	技能等级			学历			工作年限			
	高等	一级	二级	高等专业	中等专业	大学肄业（高等教育肄业）	超过20年	10～19年	3～9年	低于3年
2008—2009	11.1%	61.1%	22.2%	85%	15%	0	75%	10%	15%	0
2009—2010	11.1%	55.6%	22.2%	85.7%	9.5%	4.8%	80.9%	4.9%	9.5%	4.7%
2010—2011	11.1%	61.1%	22.2%	85%	10%	5%	75%	0	15%	10%

注：部分数据未记入。

数据来源：Публичный доклад.http://kolivanskschool.ucoz.ru/index/0—12.

表 4-8　教师职业鉴定结果的比例

学年	二级	一级	最高级
2007—2008	18.2%	68.2%	9%
2008—2009	22.2%	61.1%	11.1%
2009—2010	21%	52.6%	10.5%

注：部分数据未记入。

数据来源：Публичный доклад.http://kolivanskschool.ucoz.ru/index/0—12.

表 4-9　教师专门再培训

学年	教师数量（单位：人）
2007—2008	6
2008—2009	3
2009—2010	2

数据来源：Публичный доклад.http://kolivanskschool.ucoz.ru/index/0—12.

表 4-10　师资队伍成分

学年	女教师	男教师
2007—2008	81.8%	18.2%
2008—2009	84.3%	15.7%
2009—2010	84.3%	15.7%

数据来源：Публичный доклад.http://kolivanskschool.ucoz.ru/index/0—12.

（四）财政保障

2009 年财政年度中,学校的工资资金为 363.2 万卢布,支付电信费用 5.35 万卢布,用于公共设施的支出为 48 万卢布,用于财产供给的支出为 2 万卢布,其他支出为 2.6 万卢布,赞助为 1.5 万卢布。

（五）教育活动的成果

下面是该校 2009—2010 学年 9 年级各学科知识考试成绩,其中学生的考试成绩是随机抽取的,具有一定的客观性和真实性。

表 4-11　2009—2010 年 9 年级各学科知识考试成绩

科目	学生数量	通过考试的学生的数量					
		5 分	4 分	3 分	2 分	知识质量	及格率
生物	5	1	1	3	—	40%	100%
化学	4	2	2			100%	100%
社会知识	13	1	1	11		15.4%	100%
地理	5	—	—	5		0	100%
体育	3	—	—	3		0	100%

数据来源:Публичный доклад.http://kolivanskschool.ucoz.ru/index/0—12.

表 4-12　2008—2009 学年 9 年级学生俄语、数学国家鉴定成绩

年级	学生总数	数学					俄语				
		通过考试人数	得 4 分和 5 分人数	知识质量百分比	得 2 分人数	及格率（%）	通过考试人数	得 4 分和 5 分人数	知识质量百分比	得 2 分人数	及格率（%）
9	16	15	2	13.3	6	60	15	5	33.3	4	73.4

数据来源:Публичный доклад.http://kolivanskschool.ucoz.ru/index/0—12.

表 4-13　11 年级国家考试各科目的平均分数

科目	平均分数
数学	29.21
俄语	53.07

数据来源:Публичный доклад.http://kolivanskschool.ucoz.ru/index/0—12.

该校 2009—2010 学年国家统一考试最好的成绩是俄语 70 分。

（六）学校近期发展的主要方向

阿尔泰边疆区实施《教育现代化系列纲要》:向新工资制度过渡,教育管理中实施社会参与,发展教育质量评价体系,无论学生居住何地,都要创造条件保障其接受高质量教育;为国家统一考试做准备,包括 9 年级的鉴定;发展课堂和课外活动、学科周、学校奥林匹克竞赛、区奥林匹克竞赛,以及巩固所有水平竞赛中所获得的功能性知识;在教育教学过程中贯彻适应性技术;在课堂和课外

活动中引入健康节能技术;发展侧重及预备性侧重教学;保持学生的数量;展开村历史博物馆工作和爱国主义教育工作;教育过程信息化(课堂上使用计算机,展开课外工作和研究型工作);开展学校心理教学与方法协会工作;按照工作计划,实施学校内部检查;提高教师技能。

四、拓展阅读

农村基础教育是中国教育的主要部分,其普及程度及教育水平,直接影响全国普及教育和基础教育的实现程度。农村已经实现的基本普及九年义务教育还只是初步的,是低水平、不平衡、不巩固的,其中还存在一些"水分",而城乡的差距扩大正在加剧,是一个严峻的现实。[①] 农村教师队伍薄弱与农村基础教育薄弱更是互为因果。在教育均衡发展理念的指导下,国家正在加大力度,通过多种政策和途径,改变农村学校优质师资资源极度匮乏的现状,以达到优化、提升农村中小学教育资源的目的。[②] 目前,我国采用的主要政策有:实行城乡教师轮岗和免费师范生政策、"农村义务教育阶段教师特设岗位计划""三支一扶计划"以及"农村教师资助行动计划"等。下文将重点阐述城乡教师轮岗和免费师范生政策。

(一)城乡教师轮岗

教师轮岗,并不新鲜。教师轮岗的初衷是促进教育公平,实现教育的均衡发展,特别是在不断升温的"择校热"背景下让教师们"流动"起来,以缩小学校之间的差距。[③] 2006 年,河北省出台指导意见,拟建立义务教育阶段教师定期流动制度和城镇教师定期服务农村学校制度。男性 50 周岁以下,女性 45 周岁以下的教师,在同一所学校任教满 6 至 8 年必须流动到其他学校。2009 年,厦门市出台规定,在思明区、海沧区分别试行区域内义务教育阶段教师在校际之间合理流动,试点完善后,在全市推行。2010 年,吉林省长春市教育局出台新规:"从今年暑期开始,在同一所学校工作满 6 年的教师,必须在相应学区内进行交流。"《江苏省实施〈中华人民共和国义务教育法〉办法(征求意见稿)》公开面向社会征求意见,该办法提出:"县级教育行政部门应当均衡配置城乡教师资

---

①谈松华.农村教育:现状、困难与对策[J].北京大学教育评论,2003(1).

②李金奇.优化农村中小学教育资源的治本之策——对提高农村中小学教师队伍素质问题的再认识[J].教育研究与实验,2010(4).

③教师工作满 6 年须轮岗 福利待遇要跟上[EB/OL].http://edu.people.com.cn/GB/11315925.html.

源,建立本行政区域义务教育公办学校教师定期交流制度,组织公办学校教师流动。教师在同一所学校连续任教满六年的,应当流动。""校长任期三年,在同一学校连任不得超过两届。"

教师轮岗,把教师资源重新分配,达到教育资源的合理配置,是短期内缓解"择校热"的有效办法,但需要配套措施的跟进。作为教师"换岗制"的先行者,沈阳市的做法有不少值得借鉴的地方。早在 2003 年,沈阳市就鼓励教龄 5 年以上的中小学教师流动。2005 年底,沈阳市又出台《关于进一步推进中小学干部教师交流工作的意见》。2006 年,沈阳市五城区的交流教师有 2055 名,市、区以上骨干教师达到 1146 人,占交流总数的 55.77%;其中,1958 名教师是"人走关系动",教师由单位人变为职业人。沈阳市的一系列配套措施保证了教师的顺畅流动。比如,区域教师的结构工资实行标准化,同一级别、同一水平的教师无论在哪个学校工作,其结构工资和待遇基本相同。厦门市政府明确提出,将确保教师的平均工资水平不低于当地公务员,实现各行政区区域内中小学教师同等待遇。此外,民办学校也按规定的比例和标准,为在职教职工缴纳住房公积金。有了这些配套措施的跟进,教师的流动才有成熟的土壤。教师的合理流动,需要通过综合建设来实现。

教师轮岗,日本有成功的经验可以借鉴。日本教师的定期流动制在二战后开始实施,公认相当完善和成熟。[①]

日本的《国家公务员法》《教育公务员特例法》规定,中小学教师为公务员,中小学教师的定期流动属于公务员的人事流动范畴。同时又有专门的法律法规,对教师流动的年限、流动的待遇等做出规定,各级政府在相关政策和制度上保持一致。全国公立学校的教师平均每 6 年流动一次,多数中小学校长则 3 到 5 年就要换一所学校。

日本教师的流动总体以就近为主,大多是在同一个市、街区或村之间流动,跨省一级行政区域的相对较少。同级同类、不同级别、不同种类学校之间,均可相互流动。政府每年会制定详细的流动计划,充分考虑城乡、中心地区与偏僻地区的平衡性。整个过程公开透明,程序规范。

日本教师的流动制度,从师资配备的角度促进了各级各类学校师资的均衡发展,使得日本公立学校之间的教育质量差别不大。

---

① 教师工作满 6 年须轮岗 福利待遇要跟上 [EB/OL]. http://edu.people.com.cn/GB/11315925.html.

（二）免费师范生政策

2007年5月9日，国务院正式批准由教育部、人事部、财政部、中央编办制定的《教育部直属师范大学师范生免费教育实施办法（试行）》（以下简称为《实施办法》）。《实施办法》规定："从2007年秋季入学的新生起，在北京师范大学、华东师范大学、东北师范大学、华中师范大学、陕西师范大学和西南大学六所部属师范大学实行师范生免费教育。""免费师范生入学前与学校和生源所在地省级教育行政部门签订协议，承诺毕业后从事中小学教育十年以上。到城镇学校工作的免费师范毕业生，应先到农村义务教育学校任教服务二年。""免费师范毕业生一般回生源所在省份中小学任教。"

免费师范生政策自实施以来，研究者们进行了大量的实证研究，以推进和完善这一制度。一项实证调查研究表明：教师、学生、学校及教育行政部门的管理者对这一政策的总体认可度较高；相对而言，免费师范生对毕业后回生源所在省份中小学工作十年和不得报考脱产研究生的政策认可度较低。大多数师范生、高等师范教育工作者、区县教育工作者比较认同免费师范生毕业后"先到农村义务教育学校工作两年"。部分免费师范生担心毕业后到农村基层服务两年可能影响到自身的恋爱婚姻。师范生免费教育政策还处于摸索阶段，存在着政策定位偏高、政策规定表述不具体、不明确，相关政策不配套等问题。[①] 针对上述问题，研究者提出了以下完善建议：部属师范院校所培养的学生远远不能满足基层对于高素质师资的要求，要进一步扩大师范生免费教育的实施范围，农村学校的师资主要来源于地方师范院校，加强农村师资队伍建设，必须加强地方院校对师资的培养；实施灵活多样的招生、奖惩与就业制度；对免费师范生的责任和权利做出更加合理、具体的规定，如允许免费师范生报考脱产研究生，适当缩短回生源地工作的年限，建立合理的准入、退出与赔偿机制等；改善基层教育工作者的工作和生活条件，以增强免费师范教育的吸引力。只有教师特别是农村教师的待遇和社会地位真正提高，才能进一步吸引更多免费师范生献身农村教育事业，这是免费师范生能否在农村"下得去、留得住"的关键。另一项实证研究表明，师范生免费教育政策需要研究解决的突出问题有以下几点：一是职业理想和信念教育亟待加强，2007级、2008级、2009级三届师范生对职业理想和信念的认同度都在50％以下；二是生活困难问题比例增加，奖助体系需

---

① 何光全，廖其发，臧娜.师范生免费教育政策存在的问题及改进建议——基于实证调查的分析[J].教育发展研究，2011(Z2).

要完善;缺乏退出机制,服务期的设定需实事求是;三是各级政府责任亟待明确,政策环境需要进一步完善。①

美国的 TEACH 资助项目是旨在培养优秀的教师,解决贫困学校紧缺学科师资的重要举措,其与我国大致同一时期提出的免费师范生政策具有相似之处,其对我国师范生免费教育有启示意义。② 首先,美国的 TEACH 资助项目有着人性化的政策选择制度。TEACH 资助项目允许申请资助的学生在完成 4 年义务任教之前继续攻读硕士学位,在攻读硕士学位期间资助暂停。其次,TEACH 资助项目有非常有效的约束机制:如受资助者因为某些原因不能完成服务协议规定的 8 年内完成 4 年在贫困学校紧缺学科任教的义务服务工作,或是受资助者在学业成绩上不能保持达标,那么申请人所获得的资助都将被转为向斯塔福联邦直接贷款,且这些贷款从申请人接受资助的那一刻开始算利息。最后,TEACH 资助项目有灵活的退出机制。TEACH 资助项目的退出机制在主动放弃资助项目、继续深造学习和受资助者的服务方式上表现出极大的灵活性。

此外,随着我国"农村义务教育阶段教师特设岗位计划""三支一扶计划"以及"农村教师资助行动计划"等的实施,资教生对农村教育事业起着不可忽视的重要作用。资教生对促进农村中小学师资短缺、教育质量低下等问题的解决发挥了重要作用,但他们却面临着教学设施短缺、收入偏低、受重视不够、压力较大以及未来去向不确定等问题,这些问题如不及时有效地解决,将对他们在农村的安心资教十分不利。③ 各方要共同努力进一步明确资教生的地位,解决他们的工资待遇等问题,完善资教生遴选办法,加强培训,重视资教生的再就业工作。

五、反思与启示

俄罗斯农村中小学教育所存在的问题与我国有很多类似之处,比如,教师队伍质量不高、老龄化严重、基础设施落后、学生学业成绩不高等。俄罗斯政府通过一系列政策文件,有倾向地扶持农村中小学教育。俄罗斯农村中小学校结构调整的多样化,物质保障中校车配备的人性化,各地区社会文化教育综合体设立的因地制宜性都能够给我国农村教育以启示。

---

①方增泉,戚家勇.推进和完善师范生免费教育制度——基于北京师范大学 2007—2009 级免费师范生的调查[J].教师教育研究,2011(1).

②贺红凤,周琴,魏登尖.美国"教师教育资助项目"及其对我国免费师范生教育的启示[J].上海教育科研,2011(10).

③冯帮,汪传艳.资教生面临的问题与对策——基于湖北省的实证研究[J].上海教育科研,2009(7).

在我国 1.66 亿义务教育阶段的学生中,农村地区学生(含县镇)有 1.41 亿人,占 84.6％。[1] 因此,我国的农村中小学教育量大、教育面广,影响力更大。农村中小学的教育问题,不仅仅是单纯的基础教育问题,更关系着农村的社会文化问题,同时也肩负着农村未来主人素质的培养任务,也关系着整个民族素质的问题。为促进农村中小学教育的发展,我国也曾颁布多项农村教育政策,促进农村教育的发展。例如 1986 年颁布的《中华人民共和国义务教育法》、1987 年颁布的《国家教育委员会、财政部关于农村基础教育管理体制改革若干问题的意见》、2002 年颁布的《国务院办公厅关于完善农村义务教育管理体制的通知》。在缩小城市和农村教育差距方面,我国政府也曾给予农村中小学教育很多均衡化和优惠的政策,比如减免学杂费、改善办学条件、解决农村教师工资问题等等。但我国农村中小学教育基础依然薄弱,与城市的中小学校,特别是经济发达地区的中小学教育相比仍然有很大差距,依然需要更大的发展。真正缩小城乡中小学之间的差距,彻底加强农村中小学校的基础设施建设,完善解决农村并校问题等,实现这些目标不仅要有政府的高度重视、中央政策的实施和资金的到位,更需要地方政府本着地区发展的长远眼光,因地制宜地制定本地发展规划,充分发展本地区的中小学教育,带动本地区社会文化的繁荣和发展。

---

①崔丽,程刚.《义务教育法》检查:多少钱真正用到学生身上[N].中国青年报,2007-06-29(3).

第五章 私立中小学

> 在英国，超过66％的高级律师和75％的法官都曾上过独立或私立学校；政府阶层，包括首相托尼·布莱尔和在野党保守党领袖戴维·卡梅伦在内，以及近三分之一的议员，都是私立学校教出来的学生。
>
> ——摘自英国著名教育慈善机构"萨顿基金"2004年的调查报告

引 言

私立教育在世界上有着悠久的历史，早在古希腊和罗马时代，智者教育中就产生了私立教育的端倪。在几千年的历史长河中，私立教育经历了兴衰、复兴的变化历程。在整个世界的私立教育范围内，学前私立教育发展得比较好，比重比较大，而中小学教育阶段的私立教育所占比例比较小，高等教育阶段的私立教育发展得非常好，像世界最著名的哈佛、牛津和剑桥等大学都是私立大学。

苏联时期，一切教育机构都为公立学校，教育都由国家承办。1992年《教育法》以及1994年《关于教育领域非国有化、非垄断化法（草案）》的颁布，打破了俄罗斯公立教育一统天下的局面，私立教育机构诞生。私立教育的产生与发展为俄罗斯教育带了新鲜的时代感，缓解了当时政府教育经费短缺的燃眉之急，但同时也给俄罗斯教育带来新的挑战。

一、私立教育发展的法律基础

苏联解体之后，俄罗斯开始打破原有的计划经济体制，开始急速地向自由的市场经济转轨，其中最重要的经济措施之一就是大规模的私有化。1991年联邦政府颁布《企业与企业法》，教育领域中的私有化渐露端倪。1992年7月，《教育法》第一次以法律形式明文确定教育机构办学体制多元化。1994年9月时任总统叶利钦签署《关于教育领域非国有化、非垄断化法（草案）》。该法案进一步对教育机构办学主体、教育机构非国有化及垄断性做出明确和规范。

《教育法》和《关于教育领域非国有化、非垄断化法（草案）》的颁布打破了国立教育一统天下的格局，同时，给予私立教育机构教育拨款方面的大力扶持。因此，大量新创办的私立教育机构应运而生。然而，教育领域私有化政策受到社会各界的批评，很多人认为这有悖于宪法所赋予的公民享有免费的教育权利和教育机会均等的原则。不仅如此，大量私立教育机构的增加，影响了国立教育机构在教育领域的比例。

这一时期，政府只颁布促进教育私有化的法令，而没有及时颁布相应的对私立教育机构的规范和监督法令。因此，大量良莠不齐的私立教育机构同时上马，其中很多私立教育机构没有通过国家的认证，很多高校设立的分校，无论是在教育基础设施上还是在师资力量上都没有达到一定标准，造成这一时期教育管理混乱，整体教育质量下降的局面。

1996年，俄罗斯对《教育法》进行修订，该法依然鼓励社会和私人力量办学，同时开始对教育领域的私有化现象进行限制。新法规定：变更现有国立和市立教育机构创办者的成分，须在俄罗斯联邦教育法规许可的范围内创办；国立和市立教育机构不得私有化；实施军事职业教育大纲的各类教育机构的创办者，只能由俄罗斯联邦政府充当；为犯有不轨行为（危害社会）的儿童和少年开办的封闭式特殊教育机构的创办者，只能由联邦权力执行机构或俄罗斯联邦主体权力执行机构充当。可以看出，俄罗斯政府已经开始对私有化进行限制，逐步恢复国家对教育特别是普通教育的领导权力。

1992年版《教育法》对教育机构的创办和管理等进行规范时，并没有提及私立教育机构。而在1996年版《教育法》对教育机构创办和管理的规定中，明确添加对私立教育机构的相关规定，规范私立教育机构的创办和管理。这也是俄罗斯加强私立教育管理的举措之一。

两版《教育法》在高校教育拨款方式的规定上有所不同。1992年版《教育法》规定，国家通过不偿还的、部分偿还的、偿还的教育贷款形式保证公民接受高等教育和大学后职业教育的权利。而1996年版《教育法》规定，通过竞试在国立中等职业教育机构和高等职业教育机构免费接受联邦范围内的中等职业教育和高等职业教育的公民，由联邦预算资金和俄罗斯各主体预算资金按免费生招生名额拨付经费。可见二者是有区别的，前者办学主体不明确，既可以是国立的，也可以是私立的，招收的学生通过国家贷款方式支付教育费用；后者确指国立中等职业教育机构和高等职业教育机构的控制数是国家支付教育费用的。实际上后者取消了私立学校所享有的与国立学校同等的地位，即学生只有考取国立学校的公费生，国家才免费支付教育费用。国家不负担私立学校的免费教育。

1996年《教育法》修正之后,国家开始恢复对教育的责任,对私立教育采取不支持的态度,并明确军事院校等教育机构必须由国家创办,同时规定不再允许变更国立教育机构和私立教育机构的机构成分。2004年版的《教育法》,取缔了很多支持私立教育的条款,并增加了对私立教育进行监督的条款。俄罗斯政府通过两次修正,逐步控制私立教育无序、过度的膨胀,稳固国立和市属教育机构的地位,尤其是普通教育机构和军事教育机构的绝对领导权,逐渐恢复国家对教育的责任。

2011年年末,国家杜马讨论私立小学和幼儿园权利的草案,代表建议,国家有协助公民在私立普通教育机构获得学前教育和普通教育的义务。只要学校能提供相关证明,证明该学校为公民提供符合国家教育标准的普通教育,国家就应该为学校负担教师劳动工资、教科书和教学参考材料、教学技术资料等。该草案在2012年1月正式生效,这一举措将促进俄罗斯私立小学的发展。

二、私立中小学的发展

《教育法》的颁布意味着国家权力机关和管理机关不再是教育机构的唯一创办人,社会团体和个人也可以成为教育机构的创办人。根据办学主体的不同,教育机构大致分为三种类型:国立(联邦)、地方(共和国和地区)、私立。同时,为公平起见,《教育法》赋予私立教育机构很多与国立教育机构、地方教育机构相同的权利和责任。无论是国立的、地区的教育机构,还是私立的教育机构,创办都需要经过教育管理机关的审批,都需通过国家认可才能确定其国家地位。私立教育机构的非商业性活动一律免予征税,私立教育机构获得国家认可之后,有权领取国家或地方拨款,拨款的标准不低于所在地区或地方教育机构的投放标准。国家的优惠条件大大促进私立教育的蓬勃发展。

俄罗斯的私立普通教育机构数量自2003年到2009年一直保持在700所左右,学生数量在70000人左右。2010年私立普通教育机构略有减少,有680所,学生数量为71000人左右。其中,初等普通教育机构有64所,学生数量为30000人左右;基础普通教育机构有69所,学生数量为60000人左右;中等(完全)普通教育机构有547所,学生数量为62000人左右。俄罗斯普通学校的师资水平普遍比较高,待遇也优于国立学校教师。2008—2009年,私立普通教育机构的教师总数为18000人左右,师生比例为1∶4。[①]

---

①Федеральная служба государственной статистики. Российский статистический ежегодник[М].Москва:ИИЦ《Статистика России》,2010:220,225−227.

2005 年,全俄罗斯的私立教育组成中有以下几种私立学校:创新型学校,占 88％;矫正型学校,占 1.5％;宗教学校,占 5％。[①] 私立学校学生成分最初为科学技术人员或知识分子的孩子,现在这部分孩子的比重有所下降,多数私立学校的学生都来自中产阶级家庭,即中层管理者、企业家的孩子。在私立学校的学生中,大型企业的领导和管理者的孩子约占 15％。[②]

俄罗斯私立学校的经费来源有三个:创办者的资金、家长支付的学费和国家款项。其中,学费是私立教育机构经费的主要来源。多数非国立学校经费100％来自私人投资。得到认证的学校,15％～25％的资金来源于国家财政投入,75％～85％来自于学生缴纳的费用。[③]

三、典型案例

柯蓝私立学校位于圣彼得堡市,创建于 1993 年,那时学校只有 2 个年级,共 18 名学生。1994 年柯蓝私立学校获得开展教育活动的资质。2000年,依据进行评定的结果,学校获得国家认证证明。最近几年,学校多次获得认证和许可。

(一)学校的任务

学校的任务是:确保每个孩子都能够顺利地掌握他们应该掌握的教育标准;组织学生进行个性化学习;发展学生的认知水平和沟通技巧;使学生形成健康的生活方式;发展学生的创造性;帮助学生选择职业,确定生活道路;培养学生的公民性、责任心、道德精神和人文关怀。

该校是一所精英学校,不仅仅是因为学校有一些特殊家庭的儿童(尽管他们对于我们来说是非常特殊的),还因为学校试图去了解每个孩子如何生活,他们喜欢什么、不喜欢什么。学校竭尽全力地帮助他们在生活中做出选择,帮助他们理解自己想从事的职业,帮助他们进入更好的大学。

圣彼得堡柯蓝私立学校所有的毕业生都获得了国家样式的毕业证书,并能够继续在高等院校学习。由于具有较高教学水平的教师的共同努力,私立学校的学生不仅学习各科课程,而且能够积极参加地区、城市乃至全俄的各种科学及艺术类的竞赛和奥林匹克竞赛。全校性的节日、郊游以及在圣彼得

[①]梁鹏.俄罗斯私立教育改革[J].教育评论,2009(2).

[②]Анатолий Витковский.Сохранится ли в России негосударственное образование? [EB/OL].http://old.soling.su/P? pk=22372.

[③]梁鹏.俄罗斯私立教育改革[J].教育评论,2009(2).

堡或其他国家和城市远游会让学生开阔视野,提高他们的学习兴趣和创造能力。

学生从 1 年级开始学习外语,并能够在课后学习多种发展课程。在课后的看护班上,学校努力为学生的学习、休闲和健康活动创造条件。为了让高年级的学生更好地选择未来的生活道路,学校从 10 月 1 日起到第二年 5 月 1 日,每周六提供补充教育课程。

学校多年以来,一直活跃着各种历史、法律以及社会科学等科研团队,这些团队主要是由对某个学科感兴趣的学生和教师的创造团体创办的。这些科研团队的活动包括创意工作坊、讨论、游览,这些活动能提高学生们对社会学科的学习兴趣并促进其个性的自我完善。

8～11 年级的学生学习"辩论的艺术",学会合理地表达自己对问题的看法,形成论证,合乎逻辑地构建观点,语法正确、有说服力并且能雄辩地表述出来,遵守辩论的礼仪,寻找妥善的解决办法。训练的成果是该校的辩论在全俄辩论赛中多次获奖。学校不仅是教育机构,而且还是社会机构,能够培养学生的人文价值观念,如责任、道德、爱国主义等。

(二)师资队伍

在柯蓝私立学校中,共有 25 名教师,3 名补充教育人员。其中 18 名教师具有高等职业技术资格,6 名教师具有一级职业技术资格,1 名教师获得"俄罗斯联邦普通教育荣誉工作者"称号,3 名教师获得"人民优秀教师"的称号,2 名副博士。具有高等技术资格的教师占 69%,具有一等技术资格的教师占 20%,工作不到 5 年的青年专家占 3%。教师的工作年限情况为:工作 3～5 年的占 7%;工作 5～10 年的占 7%;工作 10～15 年的占 34%;工作 15～20 年的占 21%;工作 20 年以上的占 31%。

学校最重要的任务之一是提高教师教学技术水平。为实现这一目标,柯蓝私立学校每年都举行教学技能周活动。在教学技能周活动中,教师们讲公开课,要求所有的教师和行政人员来听课。课程的内容和形式由方法论的主题确定。进行公开课时教师表现出现有的专业知识,可以和自己的同事进行交流。这些课的形式不是传统型的,而是一些方案的演示,或者是辩论、班级课程、游戏等。最后,教学技能周接近尾声,大家开始讨论教学方法论,分析课程,进行总结,确定下一步活动的基本方向。

(三)学生学习情况

1993 年到 2011 年,有 336 名学生从该校毕业。2011—2012 学年,该校有 15 名 11 年级的毕业生,13 名 9 年级的毕业生;有 100 人在学校学习,共 11 个班级,最大班额为 14 人。学校以自己的学生而自豪,这些学生积极参与各项竞赛,并能获得很好的成绩。柯蓝私立学校学生在 2008—2009 学年的学习成绩及各学年成绩,如下图所示。

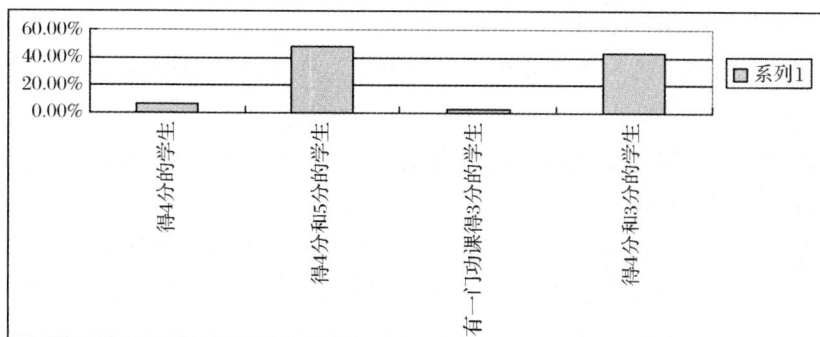

图 5-1 2008—2009 学年学生成绩

数据来源:Результаты успеваемости учащихся на 2008—2009. http://schoolgran.spb.ru/history_of_school.html.

表 5-1 各学年学生成绩表

	1998—1999	1999—2000	2000—2001	2001—2002	2002—2003	2003—2004	2004—2005	2005—2006	2006—2007	2007—2008	2008—2009
得 5 分的学生	11.0%	4.0%	10.0%	9.0%	4.0%	6.0%	6.0%	6.4%	8.7%	6.8%	6.7%
得 4 分和 5 分的学生	26.7%	28.0%	39.0%	33.0%	41.0%	44.0%	38.0%	46.8%	50.0%	37.2%	47.6%
只有一科 得 3 分的学生	11.0%	10.0%	3.0%	8.0%	3.0%	1.0%	12.0%	2.50%	5.8%	6.8%	2.9%

数据来源:Успеваемости в динамике по годам обучения. http://schoolgran.spb.ru/history_of_school.html.

柯蓝私立学校的学生,积极参与英语、数学、信息学、地理奥林匹克竞赛,在全俄俄语竞赛"俄国熊"以及国际竞赛"袋鼠"中也获得了好成绩。除此之外,学生还参与了创作型竞赛,如全俄天才"波罗的海火花"音乐竞赛、国际青年竞赛"暴风雪"、"阿尔特城市"艺术竞赛、"我生活的世界"绘画竞赛等。

2006—2007 学年,该校 11 年级的学生团队在第五届大学生中学生"2006 年地球博学者"国际奥林匹克竞赛中获得第五名的成绩。2009 年 5 月,学校的学生参加市戏剧竞赛"通过艺术创造进行文化对话",该竞赛在圣彼得堡大学后师范教育研究所举行。学校表演的儿童音乐实验剧《变化》获得了第一名。

该校实施 1～11 年级的教学大纲,其中 1～4 年级的初等教育、5～9 年级的基础中等教育、10～11 年级的中等（完全）普通教育，除了开设课程标准规定的课程外，学校还在课后开设看护班、学前教学班，学生还可以参加儿童科学协会、科学周和社会方案等活动。

（四）加深外语的学习

该校学习英语的主要任务在于让学生学会各种技巧，如阅读、听力、会话、写作等。

学校从 1 年级开始教授英语，目的是使孩子们对这门课程有稳定的兴趣，并能够发展其认知水平。

学校的教学模式主要是从 1 年级到 11 年级逐步加深英语学习，其中小学阶段学习英语用 3～4 周，在基础普通教育和中等（完全）普通教育阶段用 5 周。柯蓝私立学校的英语教师现在能够很顺利地使用麦克米兰等出版中心出版的系列教材，这些教材能帮助学生获得知识，培养学生用英语交际的技能。几乎该校所有的英语教师都在现代教学方法培训班培训过。另外，根据学生的意愿，他们也有机会学习德语。

（五）高年级的普通教育体系

其实在青年人心中，很难确定自己有什么样的职业兴趣。选择未来的职业意味着学生在社会化和心理方面的成熟。因此，高年级学生最重要的任务之一就是选择侧重学习。侧重性教学是高年级教学活动中的一种特殊组织形式，学生可以依据自己的兴趣、倾向、才能、个人特点、就业意向选择侧重学习的内容，并最大限度地使其得到发展。

侧重学习的目的和任务：为通过国家统一考试做准备；展示学生在某些活动方面的才能；确保学生的兴趣、才华和需求得以实现，以获得未来职业教育的可能性；发展学生的创造性、价值观、研究能力等。考虑到学生的个人兴趣，柯蓝私立学校为高年级学生确定了侧重教学体系：社会—经济（历史、社会学、经济学、英语），物理—数学（数学、物理、信息技术），自然科学（化学、生物）。上课时间为：从 10 月 1 日到第二年 4 月 30 日，每周六上午 10 点到下午 2 点。

四、拓展阅读

我国与一些欧洲国家类似，常用"民办"或"非政府"来表示与美国"私立"（private）相近的概念。由于各个国家、地区的私立教育机构与政府的关系不同，私立中小学教师的聘任、待遇也呈现出不同的特点。

美国在教育上实行的是一种分权化的管理模式,美国的私立学校通常由非政府机构资助和管理,如宗教团体和独立委员会,私立中小学教师的聘任相对自由。美国教师没有职称体系,各州都对中小学教师实行资格认证制度,其标准不尽相同,州际之间也不相互承认,教师任职通常要持有教师资格证书。美国没有法律明文规定私立学校的教师必须持有教师资格证书,但公立学校的教师必须持有教师资格证书;没有教师资格证书的教师到私立学校任教后,要配备一个资深的教师帮助其搞好教育工作。美国教师的聘用普遍实行合同制,校方自行决定教师的任用及工资待遇,其保险、医疗保障等通常由社会保险体系负责,其费用由教师和学校共同负担。教师有权决定自身的进退,但受聘、解聘和辞职都有合同约定。保险体系社会化,使得教师在公立学校和私立学校之间、营利性私立学校与非营利性私立学校之间流动没有障碍,可以自主选择,没有与所服务的机构形成“固化”关系。[①] 私立中小学教师的年薪因地区、学校类型及学校规模的大小而有所不同,同时也因教师本人的学历及教龄的长短而不同。[②] 自由聘任教师制度使得私立学校拥有较大自主权,迎合了私立学校课程灵活、独特的需要。

欧洲的许多发达国家向宗教学校和其他私立学校提供广泛的直接资助,这些受资助的学校有时会被视为政府教育体系的一部分。因此,它们在教师的聘任上也受制于政府。通常情况下,这些学校的教师必须具有和公立学校教师相同的资格证书,并享受同等的工资待遇。在法国和奥地利的一些受资助私立学校中(包括宗教学校),教师享有公务员地位并由政府部门挑选,但法国的私立学校只能接受政府挑选的教师,而奥地利的私立学校则可以拒绝它认为不合适的候选教师。在意大利,“官方认可”的私立学校必须通过公开的考试招募教师。一些国家对私立学校教师的退休和养老金进行管理(德国),另一些国家则承认教师“集体讨论协议”(Collective Bargaining)的权利(葡萄牙)。[③]

我国台湾对公立和私立学校教师一视同仁。私立学校教师的聘任依据台湾《教师法》的规定,在实际运作中,有时私立学校可聘用一些不具备《教师法》规定但实际能力突出的合格教师。在台湾私立学校对教师的要求方面,教师资格的获取分初审与复审两步,聘用分初聘、续聘及长期聘用三种,这样做有利于保证教师的质量。台湾私立学校的教师在待遇方面也是较好的,工资都是比照

---

①王伟.美国营利性私立中小学发展状况与环境分析[J].外国教育研究,2003(1).

②孙绵涛.美国私立教育政策的若干特色及其借鉴意义[J].教育发展研究,2000(1).

③方建锋.欧美一些国家对私立学校的资助与管理[J].全球教育展望,2002(2).

公立学校教师来发放,有的略高;私立学校教师进修时,学校可给予时间和经费上的支持;私立学校教师退休的待遇和公立学校一样,可按月领到退休金。[1]

印度各邦对私立学校教师的聘用、解聘、工作报酬等非常重视。如德里邦规定,已获认可的私立学校雇员的工资、津贴、医疗补助、退休金、奖金及其他已规定的利益不得低于地方主办的同等地位学校的教工的收入;受资助的私立学校的管理委员会每月要预存学校承担的那一部分教师工资,应在每个月的第一个星期与地方管理者一起支付教师工资,不受资助的私立学校教师工资应与政府教师工资相当;没有地方管理机构的同意,已登记的私立学校不得解聘、转调或根据排名对其雇员除名或终止他的服务;每一名雇员都应由管理系统统一管理,雇员应遵守相应的规章制度。[2] 安得拉邦则规定,已登记的私立学校学费的 50% 必须用于支付教师工资,支付比例由政府指定的邦等级委员会(State Level Committee)商定。[3]

五、反思与启示

俄罗斯办学体制改革打破了国家垄断教育的格局,私立教育得到发展,形成公私教育机构竞争的局面,在一定程度上有利于教育质量的提高。同时,私立教育机构为社会培养所需人才,并大大缓解国家教育投资上的窘迫,分担国家的经济压力。但是,私立教育尤其是私立高等教育的急速扩大,不免缺乏足够的准备和坚实的基础,以致出现教育质量下滑的情况。之后,俄罗斯政府不断调整《教育法》和其他相关政策文件,在发展私立教育的同时,不断规范私立教育的发展,并不再允许国有教育机构私有化,逐渐恢复国家对教育的责任。

俄罗斯政府在私立教育的发展中也不断创新,2011 年年底,在圣彼得堡成立了俄罗斯第一所国家与私人合作办学的普通教育学校。该校位于圣彼得堡斯拉夫扬卡新区,学校为学生们提供了学习知识、锻炼身体和休息的设施。该校拥有 2 个分别供低年级学生和高年级学生使用的游泳池、大礼堂、多个体育馆、多个能够同时供 250 人用餐的食堂、医疗服务设备、图书馆、藏书室和 3 个计算机房。为了确保安全,学校装有自动火灾报警装置,配有内部和外部监视摄像头。公私合办教育机构对国家和私人都十分有利。国家进行一部分资金的投入,个人进行一部分资金的投入,既解决了私立教育资

①孙绵涛.台湾私立教育政策研究[J].教育研究与实验,2000(3).
②杨红霞.印度私立中小学政府管制的问题与启示[J].外国教育研究,2008(5).
③杨红霞.印度私立中小学政府管制的问题与启示[J].外国教育研究,2008(5).

金投入不足、基础设施薄弱的弊端,同时也为政府减轻了普通教育的投入压力,为更多的学生提供就学的机会。这一新生事物的诞生,为私立中小学教育发展提供了新模式。

当今世界,私立教育在不同的国家都有不同程度的发展,成为一个国家教育整体中的一部分。随着我国改革开放战略的实施,市场经济不断发展,20 世纪 80 年代,我国的私立教育(我国通常称为民办教育)再度兴起。2003 年,我国施行《中华人民共和国民办教育促进法》,该法案的颁布标志着我国私立教育走上法治轨道,促进我国私立教育规范有序地发展。目前,我国的私立中小学占中小学整体教育机构的比例很小,与国外的私立教育不同,我国私立中小学的创办主要基于三个原因:第一,补充义务教育不足,满足一些贫困山区或经济落后地区的孩童接受教育的需求;第二,一些经济发达地区为满足公民对优质教育的需求而创办学校;第三,一些新兴的国际学校,主要解决定居我国的外籍人员子女的教育问题。

这些私立教育机构的发展,为我国教育事业的发展贡献了一份力量,但同时,这些学校也存在师资力量薄弱、权利无法保障、办学资金缺乏等发展问题,尤其是来自公立教育的竞争压力。如何解决这些问题,私立教育如何继续生存和发展,不仅是私立教育创办者思考的问题,也是政府和教育管理部门的责任。他山之石,可以攻玉,希望俄罗斯私立教育的发展能够给我们一些启示。

第六章 中小学校怎样管理

管理者的最基本功能是发展与维系一个畅通的沟通管道。

——巴纳德

引 言

一个学校科学的管理是学校各项工作正常运行的重要保障,对学校的兴衰成败有着重要意义。只有管理者充分调动学校内部各种因素,使之有效、协调地运行起来,才能有效提高学校的内部管理水平,提高学校的教育质量。

世界各国在教育管理制度上都有不同的建树。苏联解体之后,俄罗斯教育管理向民主化道路迈进,从高度集中向均权化转变,表现出解中心主义。联邦中央教育管理权限下放,地方和教育机构自治权力增加,联邦中央主要通过宏观调控管理中小学教育,而主要管理权限和教育财政支出都由地方政府负担。同时,联邦中央赋予中小学校一定的教学自治权利,学校的内部管理中仍然坚持民主开放的原则,渗透一定的社会因素和学校非行政权力部门(教师委员会、家长委员会等自治机构)参与学校管理,这些管理措施为中小学校的发展带来蓬勃的生机。

一、俄罗斯教育管理制度

教育管理体制是俄罗斯国家教育体制的重要组成部分,对国家的教育发展起到保驾护航的作用。转型时期的俄罗斯教育管理制度在办学体制、管理形式、财政拨款、学校的内部管理方面都做出相应的改革。

(一)办学体制改革

《苏联和各加盟共和国国民教育立法纲要》的国民教育基本原则中明确规定:一切教学教育机构均为国立和公立性质。苏联时期,一切教育机构均为社会主义国家所有,其创办者均为国家和地方政府,归属国民教育国家管理机关和其他国家机关管辖。

转型时期的俄罗斯,其教育机构的创办主体多元化。1992年《教育法》规定,教育机构的创办者可以是国家政权机构,也可以是社会、个人和境内外团体。这标志着国家已经不是创办教育机构的唯一主体,社会和个人也有权利办学。这一条款的实行调动了社会和个人办学的积极性,私立教育机构如雨后春笋般涌现。1996年《教育法》修订后,国家逐渐控制教育私有化的发展,私立教育增长速度逐渐下降。

虽然私立教育的发展中有鱼目混珠的成分,但客观地讲,私立学校的出现给更多学生提供接受教育的机会,让学生拥有选择的权利。学生可以根据自己的智力、资金等情况选择公立或私立学校。同时,私立学校在很大程度上缓解了国家的经济负担。很多高等私立教育机构能够根据市场劳动力需求的变化,及时调整专业设置,为国家和社会经济发展培养更多的专业人才。私立学校的出现使国立学校陷入竞争之中,国立学校更加具有紧迫感,改变了过去国立学校唯我独尊的地位。有竞争才有进步,私立学校的出现从另一方面也促进国立学校加强自身建设,努力发展自身办学条件。

(二)三级教育管理体制的实现

苏联时期,国家设置教育部、高等教育和中等专业教育部、国家职业技术教育委员会等管理机构,对教育实施垂直式的中央集权制的统一管理。转型时期,1992年《教育法》首先确定教育的分权性和国家—社会共管方针,并建立联邦中央、联邦主体、地方自治机构和教育机构的三级管理体制。

1992年3月,俄罗斯教育部和俄罗斯联邦科学部、高等学校和技术政策部两部门正式成立,实施全国统一的教育管理。1996年8月,俄罗斯新政府改组职能机构,成立俄罗斯联邦普通教育和职业教育部取代上述两部门,对全国的普通中等教育和职业教育实行垂直管理。2004年3月,普京连任俄罗斯总统,联邦政府对其最高职能机关再次进行重组,原来的俄罗斯联邦普通教育和职业教育部、科学与技术创新部两部合并,成立俄罗斯联邦教育科学部,作为联邦政权在教育领域的最高执行机构。科学教育部由四个署组成:联邦科学与创新署,联邦教育署,联邦知识产权、专利及商标署,联邦教育与科学监督署。联邦教育署基本上替代以前的俄罗斯联邦普通和职业教育部职能,并对各级各类教育实行联邦中央、联邦主体、地方自治机构和教育机构三级管理。

俄罗斯联邦教育行政管理机构职能划分体现了教育行政决策、执行、监督领域权力的相互监督与制衡。联邦教育督察署的独立建制可以说是俄罗斯教育行政管理体制变革中的亮点,督察署的独立运行使教育督察工作更公正、更有效,有助于吸引更多的社会力量参与对教育活动的监督,促使教育决策部门和执行部门更加有效地工作。[①]

联邦教育管理机构的权限集中于宏观层面:制定和贯彻联邦教育政策;制定国家教育标准;开办、改组和撤销直属教育机构;对教育机构进行鉴定和国家认证;编制联邦教育预算;监督联邦教育法律及教育标准的执行情况。联邦主体贯彻执行联邦教育政策;制定联邦主体的教育法规;管理辖区内的教育机构;根据本地区的实际情况,制定并实施共和国、地区教育发展纲要;制定国家教育标准中的地区成分;编制联邦主体在教育支出部分的预算。地方教育管理机构主要管理、监督地方(市)教育行政管理机构和学校的工作;贯彻国家及地区教育政策;在市、区内组织并提供普及免费的学前教育、初等教育、基础教育、中等(完全)教育;开办、改组、撤销地方(市)属教育机构。

(三)教育财政拨款政策

苏联时期的教育经费完全由国家负担。进入转型时期后,俄罗斯在整个国家经济市场化、私有化的大背景下,教育开始逐步向市场经济迈进,教育财政拨款政策也发生巨大的变化。

1992年《教育法》颁布之后,俄罗斯政府首次在教育法律文本中明确规定教育财政拨款额度,保证教育在国家发展中的优先地位。首先,《教育法》指出,国家和地方的教育拨款是国家保证俄罗斯联邦公民在国家教育标准范围内接受教育的基础。其次,政府每年应该拨出不低于国民收入10%的资金用于教育需要,以及保证联邦中央预算、联邦主体预算和地方预算中相应的支出项目得到维护。除此之外,为保障教育的优先发展地位,政府还许诺各种税收优惠政策。教育财政拨款第一次在法律上得到保障,表明了国家对教育投入的决心。但是该规定具有很明显的理想主义色彩,与当时的社会经济发展状况大相径庭,与社会现实发生激烈的冲突。因此,这条规定在之后的实践中,从来没有得以真正实现。

---

① 时月芹.俄罗斯教育行政管理体制的变革[J].大学·研究与评价,2008(9).

2004 年修订后的《教育法》删除了国民收入 10％的资金投入教育的规定，教育拨款的具体数额从《教育法》中消失。但《教育法》确定了联邦中央和地方共同分担教育拨款的财政制度。具体为：隶属于联邦的国立教育机构的财政拨款，由联邦负担；各主体所辖教育机构、市立教育机构的财政拨款，由联邦和各主体负担。与联邦法律相配合，各主体进行权力和实施对象的划分，确定联邦和地区教育权力机关的权限。在各级政府通过划拨资金保障教育财政拨款的基础上，法律才赋予其权限。这样，权限就等于不同级政府的支出承诺。[①] 目前，俄罗斯国家教育经费的筹措主要通过国家拨款和地方拨款共同负担。同时，通过扩大教育付费和教育机构多渠道筹措经费等方式增加地方乃至教育机构的办学经费。

实施教育经费联邦中央和地方共同分担制度后，由于各地区经济发展的不均衡，有些地区的地方财政无法得到保障，这也成为地区教育发展不均衡的原因，特别是普通教育机构的拨款，地方财政拨款无法保障到位。

（四）有偿教育服务

20 世纪 90 年代发生的全面社会经济危机阻碍了教育的前进与发展。国家在很大程度上抛弃教育，迫使教育自谋生路，市场化、商业化进入教育机构，这一切给教育发展带来机遇，同时也使教育面临巨大的挑战。

1.商业化活动

1992 年《教育法》颁布之后，俄罗斯政府就确定了教育市场化、商业化的理念。《教育法》宣布教育机构有权成为财产的承租人和出租人。教育机构有权从事由其章程规定的企业性活动及其他能带来收入的活动，如出售和出租教育机构的固定资产和财物，经销商品和设备，提供中介服务等。2004 年版《教育法》颁布后，政府依然坚持鼓励教育机构进行商业化活动，但对某些企业活动进行规范。2013 年版《教育法》鼓励教育机构的教师和学生进行知识产权成果的创造，明确教育机构是知识产权成果和所获利润的唯一拥有者。这些规定进一步规范了教育机构的商业创收活动。

在有关个人从教活动问题方面，1992 年《教育法》规定，申请人向有关的自治机关呈交申请，并缴纳注册费用及提供相关证件，方可注册。2004 年版《教育法》删掉了过去对呈交申请、缴纳注册费用及提供相关证件的规定。

---

① Вероника Спасская.Формирование законодательных основ контроля и оценки качества образования[J].народное образование,2009(1).

2.有偿教育服务

1992年《教育法》规定，国立和地方教育机构在相关规定下，有权向居民、企业提供有偿教育服务，同时也规定了教育服务的范畴。该有偿教育服务带来的资金要上交一部分给创办者，其余用作本教育机构的再投入。2004年版《教育法》颁布之后，教育机构有权按照章程处理有偿教育服务带来的资金，无须再上交一部分给创办者。这一规定给教育机构更宽松的优惠政策。

1996年版《教育法》第四十一条教育拨款中添加规定：国立和私立中高职业教育机构在招生控制线之外，可以有偿培养技术人员和某些专业的专门人才，但名额控制在招生总额的25%。2004年版《教育法》对这一规定又进行调整，删掉了对专业和名额的限制。2013年版《教育法》规定，教育机构可以依据合约提供有偿教育服务，所获资金归该机构所有，但需依据联邦法律和该机构章程进行使用。这一规定给教育机构进行有偿教育服务以更优惠政策，但同时也有国家联邦法律的监控。

市场要素的持续介入以及教育商业化缓解了联邦中央政府的经济重负，地方教育机构的办学自主权得到扩大，教育经费得到补充。但也有俄罗斯教育人士认为，国家教育经费大部分依靠商业化来代替预算拨款，从长远发展的角度来看，对国家的教育发展没有任何益处，甚至有害。

二、中小学校的内部管理

《教育法》规定：国立和市立教育机构的管理按一长制和自治原则建立。通过考核的教育机构主任、校长、大学校长或其他领导人（行政长官）对教育机构进行直接管理。按照学校章程规定，学校领导可以由学校集体选举产生，或由创办人任命、创办人雇佣。联邦直属国立教育机构领导人的地位由俄罗斯联邦政府确定。学校章程确定学校委员会和学校领导的职权和范围。非国立教育机构的领导，直接由创办者确定，或者由其筹备组的监督委员会受创办者的委托予以确定。

中小学校的管理形式是在一长制和自治原则相结合的基础上建立的。学校的管理形式可以是学校委员会、监督委员会、学校大会或教师委员会，选取原则和机构的组成由学校章程确定。对教育管理有兴趣的人士（学校工作人员、巡夜生和家长、社会代表）也可参与管理。

通过评定的校长、副校长和其他领导对学校进行直接管理，学校领导对学校工作负有个人责任。

　　教育机构招生入学的程序一般由创办者制定,并在教育机构章程中详细确定。教育机构招生入学时,务必向公民及其家长(法定代理人)介绍本机构的章程,出示教育活动开展权的许可证、教育机构的国家认证书及确定教育过程细节安排的其他文件。进入国立教育机构接受中等职业教育、高等职业教育和大学后职业教育时,需按照公民的申请并根据竞试进行。取得国家认证并实施普通教育(学前教育除外)和职业教育大纲的教育机构,向已通过终结性考核的毕业生颁发证明教育程度或专业资格的证书。该证书为国家规定统一式样,且有相应教育机构公章。凡修完大学后职业教育并通过相应论文答辩的公民,教育机构应授予其学位并颁发相应证书。

　　普通教育机构的学生有权按照国家教育标准接受免费普通教育,有权选择教育形式,有权按照个人教育计划进行学习。教育机构工作人员有权自由地选择和使用教育教学方法、教具、教材、教科书、学生知识评估方法,有权进行业务进修,有权享受假期。普通教育机构的经费来源主要是创办者所有的资金、预算内和预算外的资金、有偿教育服务获得的资金以及法人和自然人的捐助、银行贷款等。国家(含各主管部门)和地方依据普通教育机构的种类,按学生人头计算的方式,对普通教育机构进行拨款。

三、典型案例

　　莫斯科 1515 中学是莫斯科市国立财政拨款的教育机构,创建于 1973 年,1994 年成为高级中学。

　　(一)莫斯科 1515 中学学校组织结构

　　莫斯科 1515 中学的组织机构部门主要包括:学校会议、学校委员会、教师委员会、董事会、心理与教育评议会、学生委员会、方法协会与外语教研室、班主任方法协会、机构家长委员会和班级家长委员会。每年校长要将学校的工作计划、财政报告和工作总结报告公布在学校网站上,供广大教师和学生监督。

　　学校会议的职责:确定机构活动的主要方向;变更、补充机构章程;选举学校委员会,创建永久性和临时性的各类委员会,并确定其职权。

　　学校委员会的职责:确定机构的发展规划;通过机构工作制度;通过预算外资金支出计划;确定选择外语的程序;听取校长及个别工作人员的工作报告;为工作人员提供各种类型的奖励,包括物质方面的;通过内部条例、奖金条例、学生行为规则及各类部门条例;决定使用统一款式的学生校服。

教师委员会的职责:讨论、采用教学计划、教学大纲、教科书、教学组织程序及教学方法;组织教师进行提高教师技能、发展其创造潜力的活动,分享其先进的教学经验;确定实验工作的主要方向,与科研机构合作;决定采用学生各科成绩的评价体系,其中包括部分大纲决定采用第三方评定,确定相关形式、程序和期限;决定学生能否升入下一年级。

董事会的职责:吸引外来资金保障教育机构的日常活动和发展;发展教育机构教师及其他工作人员改善劳动条件;组织各类竞赛及校外各类群众性活动;发展完善机构物质基础,美化基础设施及办公地点。

心理与教育评议会的职责:帮助学生了解自我,认识周围人,适应生活;确保学生的社会权利和其在教育教学过程中应得的利益;在学生选择个人的受教育道路过程中,提供心理学和教育学支持;给消极学生在学习和受教育的过程中提供心理和教育支持;参与"风险班级"的学生教育教学工作;确保在学生学习、适应环境和社会化的过程中,持续提供心理和教育支持。

学生委员会的主要职能:积极参与学生活动,依照学生的自身需要,为学生的全面发展以及个性化发展提供必要条件,确保为实现学生权利提供条件;帮助学生解决一些与教育活动有关的问题;通过组织学生活动和学习生活,促进学生品质及个性的形成。

方法协会与外语教研室的职责:确定、调整教学计划中可变部分和不可变部分的教学大纲;进行提高人才技能的活动;在教学过程中实施新的教学方法,并分析其实施的效果;完成监察、评定工作,以及先进教学经验的推广工作;研究教师职业利益、个性需求以及教师的困难;在确定教育教学过程和教育活动之间的相互关系时,帮助学生解决一些问题。

班主任方法协会的职责:解决学生道德精神、公民教育以及爱国主义教育问题;协助心理与教育评议会在学生学习、适应性、社会化方面给予持续的心理和教育支持;协助心理与教育评议会帮助学生了解自己,认识周围环境,学会适应生活。

机构家长委员会和班级家长委员会的职责:协助教育机构组织教育教学过程,保障学生的社会权利,确保对学生统一的教学要求。

该校的组织结构图如下图所示。

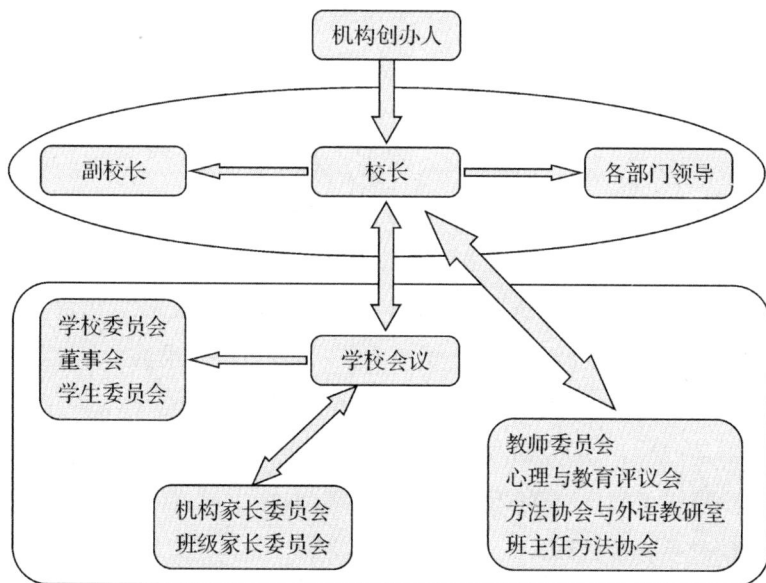

图 6-1

(二)学校的基础设施

学校的物质基础都是按照学校的等级建造的,能够充分实现之前提出的计划、实施实验活动、满足学生和家长各种类型的课外活动和补充教育。

学校占地面积 6200 平方米,绿化带(花丛、绿树、灌木、鲜花)1200 平方米。学校建有运动场、足球场、排球场、大运厅和乒乓球厅,建成了具有无线电和影音设备,并能够播放光盘的礼堂。学校共有教室 35 间(其中化学教室 1 间、物理教室 2 间、信息室 3 间),拥有计算机 86 台,并具有网络端口,建有媒体中心和本地计算机网络;拥有能够熟练安装影音设备的教师。学校有配备交互式白板的教室 8 个,安装多媒体的教室 14 个,图书馆馆藏教科书 25519 本,文学类书籍 6875 册。

四、拓展阅读

(一)我国中小学管理体制的历史沿革和现阶段管理体制的评价

1949 年到 20 世纪 80 年代前期,我国的教育管理体制经历多次调整和变动,但实行的基本是"统一领导、分级管理"的体制,垂直式的管理倾向非常明显。这一时期,我国中小学先后实行的学校内部领导制度有:校务委员会、校长责任制、共产党支部领导下的校长负责制、地方党委和教育行政部门领导下的校长负责制、学校革命委员会制、共产党支部领导下的校长分工负责制。1985年5月,党中央发布了《中共中央关于教育体制改革的决定》,强调"改革管理体制,在加强宏观管理的同时,坚决实行简政放权,扩大学校的办学自主权",提出实行党支部领导下的校长负责制的改革方向。该决定成为我国新时期学校管理体制改革起步的标志。1993年2月,中共中央、国务院发布《中国教育改革和发展纲要》,进一步明确规定:"中等及中等以下各类学校实行校长负责制"。与其相配套的教职工聘任制、岗位责任制度和结构工资制也进行相应改革,同时,鼓励中小学校同附近的企事业单位、街道或村民委员会建立社区教育组织,努力吸引社会各界人士参与学校管理,优化育人环境。2004年,国务院批转教育部的《2003—2007年教育振兴行动计划》,提出加速现代学校制度建设,"完善学校法人制度",逐步形成"自主管理、自主发展、自我约束、社会监督"的学校管理改革的新目标。

直至今日,我国以校长负责制为标志的中小学校内部管理体制基本形成,提高了学校管理的质量和水平,但同时也存在着问题和弊端。有研究表明,现行的校长负责制的弊端主要体现在以下两个方面:1.学校管理中必备的基本制度、法律规范尚未完全确立,既有的制度、规则存在束缚工作人员的积极性和创造性的形式主义倾向。学校管理常用的量化管理虽然能促进学校管理工作的标准化、规范化和效率化,但若过度强调整齐划一的管理要求,就可能约束、限制人的主体性发展。如强调严格规章制度的学校管理,大都沉迷于行政手段、经济手段的强制要求,忽视教师工作存在大量的隐性劳动,照搬企业量化管理"短、平、快"的那一套,容易挫伤教师的积极性。2.学校管理方法、管理模式缺乏民主色彩和创新精神。公立中学实行校长负责制,校长拥有最高决策权和领导权,其权力缺乏监管、制衡以及科学的评价机制,学校内部管理有"一言堂"倾向,党组织的监督力度不够,不能增强广大教职工民主参与学校管理的意识以及教学工作的积极性,其他社会组织及学生家长几乎无权过问学校事务,学校不能及时就教育教学改革举措向社会广泛征询意见,民主的集体决策难以实现。[1]另有研究表明,现行校长负责制的弊端,主要集中表现在以下五个方面:1.学校仍处于外控的管理模式之下。学校只是被动地接受教育行政部门的指

---

①张惠娟.关于我国中小学管理体制改革的方向性思考[J].教学与管理,2011(4).

挥,而不能依法自主办学。2."英雄校长观"被不断地强化。这一观念既漠视了学校民主管理的价值,也弱化了教师、家长以及学生本人在学校效能改进方面的作用。3.学校民主管理机制远未健全。工会和职工代表大会的法定职能未依法行使。4.学校的"两个负责"(即对上级主管部门和学校教育的当事人——学生及其家庭负责)严重失衡。在我国现行校长负责制的框架结构中,没有给家长、社区参与管理留下什么空间。5.校长负责制容易造成绝对权力。[①]

(二)国外学校管理改革的基本趋势

近年来,各国希望通过学校管理的体制改革,提高学校教育质量。学校管理的自主管理、管理人员的专业化和管理的民主参与成为世界范围内学校管理改革的大势所趋。[②]

1.学校自主管理

在教育市场化的背景下,世界各国的学校管理体制改革逐步减少对教育行政的依赖,更加突出学校自身的独立自主管理,放权与择校已成为一种全球现象。[③] 校本管理(school-based management)就是学校独立自主管理的突出表现。校本管理是 20 世纪 80 年代发端于美国而后波及大部分发达国家的一场国际性学校管理改革运动,20 世纪 90 年代以后,校本管理逐渐从西方发达国家传播到其他国家和地区。从总体上看,西方国家校本管理的主要措施是调整政府与学校的关系,扩大学校的管理自主权,改革学校管理体系,倡导共同决策。教育行政当局逐渐减少对学校的直接控制,变指令性学校管理为指导性学校管理,逐步向学校放权,使学校有更多的自主权。无论是从学校管理人员、教师的选聘到课程经营、教材开发,还是从学校行政管理到学校对外公共关系,都充分体现了学校管理的独立自主性。

2.学校管理人员的专业化

学校管理人员的专业化或职业化是提高学校管理水平和效能的重要基础,美国、英国、日本等国家的学校管理人员多数具有硕士以上学位,而且大多受过教育管理方面的专业训练,具有较高的专业化水平,因为美国、英国、日本等一些发达国家的学校管理人员专业培训已经实现了常态化。国际上一致的做法

---

①常凤亮,李厚祜.我国中小学管理制度的现状和弊端[J].教学研究,2007(1).

②程晋宽.全球视野下学校管理改革的基本趋势[J].教育科学研究,2010(5).

③[英]杰夫·惠迪,萨莉·鲍尔,大卫·哈尔平著.教育中的放权与择校:学校、政府和市场[M].马忠虎译.北京:教育科学出版社,2003:39.

是严格规定管理人员的任职资格,注重"学历、资历、专业培训",并对入选者采取"先培训,后任职"的做法。为确保学校管理人员的专业化,有的国家还规定,一般行政人员和教师,未经专业培训不得直接充任学校管理人员,更不能担任学校领导。[①]

3.学校管理的民主参与

学校是一个开放的社会系统,必须向家长和社会开放,促进社会的广泛参与;学校作为一个公共领域,与家庭、社会的联系是不可割断的,在学校教育越来越成为一项基本的公共利益的时候,学校管理的民主参与性也越来越显著,具体表现为:(1)学校管理加强了与社会的直接联系。学校的职能在扩大,市场化特征凸显,社会参与管理学校。美国提出"学校成为社区的中心",在人力和设施方面均为社区提供无偿或有偿服务,并接受社区的直接支持。英国则开始设立"社区学校",学校由社会办学、社会管理。学校引入市场机制,逐步淡化了"官学官办",代之以互补合作和有偿服务,学校越来越具有社会性、市场化的特征。学校与社会的这些直接联系,使社会对学校管理的影响不断加深。(2)学校管理越来越重视家长的参与作用。家长参与学校管理已成为美国、英国、日本等发达国家学校管理的一大特征。国外家长参与学校管理的保障措施主要有:通过立法,把家长参与学校管理的权利用法律固定下来,同时,设立全国性或地区性的家长组织。发达国家多数设有全国性的家长组织,有的国家称家长同盟,有的国家称家长代表委员会。家长在学校的行政决策中有着举足轻重的地位。因此,向家长报告学校的工作情况是美国中小学学校管理工作的一部分。(3)教师和学生参与管理是学校发展的重要动力。师生广泛地参与学校各项事务管理,充分体现了学校管理的民主化。[②]

五、反思与启示

2013年新版《教育法》颁布之后,俄罗斯政府更进一步确定教育三级管理的机制,在联邦中央宏观调控的基础上,加大地区和教育机构的自治力度,同时加强了社会的参与。管理权限与教育拨款责任挂钩,有利于调动地方中小学校的积极性。俄罗斯中小学校的内部管理也逐步加大家长、教师参与学校管理的比例。由此可以看出,俄罗斯教育管理向着更加民主、开放的方向发展。

---

①程晋宽.全球视野下学校管理改革的基本趋势[J].教育科学研究,2010(5).
②程晋宽.全球视野下学校管理改革的基本趋势[J].教育科学研究,2010(5).

　　新中国成立以来,我国的教育管理体制一直采取三级管理的方式,但存在国家管理过死、过细,分工管理上权责不够清楚,管理低效等问题。20 世纪 80 年代,教育管理权开始下放,国家规定,基础教育管理权属于地方,但大政方针由国家宏观调控,其余的政策、制度和日常管理、检查以及责任和权力都归地方所有。21 世纪初再次确定,基础教育管理体制为"地方负责、分级办学、分级管理"。教育管理权力的下放让地方政府能够因地制宜,制定本地区的教育政策,提高地区和学校的办学积极性。但这一政策的实施也存在人权和财权失控,教育经费不到位的现象。而在中小学校的内部管理中,也存在管理手段单一、管理方法落后的问题。中小学校中教师自治机构、学生自治机构以及家长委员会都没有发挥应有的作用,都是形同虚设。这些问题在中小学教育管理体制的建设过程中需要不断改进和克服。国外很多国家的基础教育管理体制都有其先进性和优越之处,像俄罗斯也采用三级教育管理的方式,即联邦中央的宏观调控,微观层面的自治,社会中立因素的参与。以上内容都值得我们思考。

第七章 教育质量如何监管

提高教育质量是新世纪世界教育总的价值取向,世界各国都把提高教育质量放在教育发展的首位。

——顾明远

引 言

教育质量的高低意味着教育和教育效果的优劣,中小学教育的质量更决定着国家的公民素质和国家未来的发展,因此,每个国家为提高中小学教育的教育质量,都应当构建起科学、严谨的质量监控和评价体系。

俄罗斯政府近几年越来越重视教育质量的监督和评价,在构建国家教育统一空间的同时,也逐渐构建起全民教育质量监督体系。2013 年,新版《教育法》诞生,该法案在"普通教育"一章中,俄罗斯政府将学生进行国家鉴定以及国家统一考试作为单独条款列出来,将国家鉴定和国家统一考试的适用对象、规则和程序进行详细规定。国家统一考试首次以法律形式确定下来。在"职业培训"一章中,俄罗斯政府将职业考试作为职业培训的一种考核评价形式单独列出。"教育系统的管理和教育活动的国家调节"一章在原来国家对教育活动的许可、认证和监督监察的基础上,添加了国家对教育法律执行情况的监察、职业社会组织对教育大纲和教育机构科研组织的认证等条款。这是《教育法》首次提到社会中立机构对教育质量的认证问题,这些条款既加强了教育质量的监管力度,同时也体现了教育管理中的开放性和民主性。新法案的出台也表明了俄罗斯政府提高教育质量,加强教育质量监督的决心。

一、中小学校教育质量监督的相关规定

《教育法》中对中小学教育质量的监督和检查主要包括两个方面:一方面是对教育机构的许可、鉴定和国家认证;另一方面就是教学方面的规定,即 9 年级

毕业的学生必须参加国家终结鉴定,11 年级毕业的学生必须进行国家统一考试。这两项考试是衡量学校教学质量的重要标志。

（一）中小学的许可、鉴定和国家认证

俄罗斯联邦教育科学检察署负责联邦境内中小学校的许可、鉴定和国家认证活动。除联邦直属学校之外,中小学的许可、鉴定及国家认证活动分别由地区和市属教育管理部门来负责监督完成。俄罗斯境内的中小学校只有经过国家的许可,才可以进行鉴定,鉴定之后才可以进行国家认证,这个程序必须遵守,不可越级。

1.许可

教育机构创办、开展教育活动,必须取得国家鉴定委员会颁发的许可证。许可证相当于营业执照,只有拥有许可证的中小学,才有资格开展教学活动,进行的教学活动才是合法的。国家教育机关责成鉴定委员会对学校的办学资格进行考核和审查。鉴定委员会由国家教育管理机关、地方自治机关及市属教育管理机关,以及社会各界代表组成。鉴定委员会就教育机构的基础设施、教学师资、教学方法、教学内容等多方面进行审核。审核的期限为 1 个月,合格后,由国家教育管理机关或联邦主体立法机构赋予相应权利的地方自治机关发放许可证。

2.鉴定

为保障教育质量,无论法律和组织形式如何,获得许可证的教育机构都要进行鉴定,教育机构每 5 年一次接受国家考评署的鉴定。考评署主要考察该教育机构的毕业生所接受的教学内容和教育质量是否符合国家教育标准,在有许可证的前提下,教育机构的毕业生连续 3 年内终结性考核成绩优良者不少于总人数的一半,教育机构才可以提出鉴定申请。新创办的教育机构的首次考评可以按照教育层次进行分段考评,也可以在首届毕业生产生之后提出申请。

首先,教育机构根据本地区的鉴定标准,对本校的教学工作水平进行总体自我评价,之后形成自评报告书,连同鉴定申请书一同上交。其次,鉴定委员会工作小组根据学校上交的自评材料,确定要评估的具体内容、形式和方法,直接进入学校实地测评,再收集各种相关信息,作为对学校进行鉴定的依据。最后,鉴定委员会小组就收集的信息进行分析、评价,得出鉴定报告,并提出学校进一步的整改意见。

进行鉴定的费用由教育机构支付。鉴定不合格的学校,将被取消实施相应等级水平的国家认证;该教育机构将被中止教育活动,至少要 12 个月后才允许学校重新申请鉴定,直至吊销其办学许可证,关闭学校。

3.国家认证

通过国家鉴定的教育机构,可以申请国家认证,国家认证主要是对普通学校办学的综合水平进行等级评定。认证委员会根据该教育机构的办学条件、实施教育大纲的水平、培养的学生质量等内容,确定教育机构办学的综合水平,证明学校的国家地位(种类、类型和等级),并给予该教育机构相应的等级认证。国家认证由教育管理机构组建的认证委员会实施。认证委员会的成员包括"俄罗斯联邦主体教育管理机关、地方自治机关和(或)地方教育管理机关的代表,必要时还包括对该校实施鉴定部门的代表"。通过认证委员会国家认证的教育机构获得国家认证书,同时获得相应的国家地位。学校也可以凭借该认证书获得联邦中央的拨款,该校的学生毕业时,也可以获得相应教育水平的国家样式毕业证书,上面印有俄罗斯联邦国徽。

如果获得国家认证的教育机构出现教育质量问题,或者进行与国家教育标准不相符的活动,那么国家考评署可以对其提出补偿要求。两年之内,被国家考评署提出过两次补偿要求的教育机构,将自动丧失国家认证书,如果该机构想再次获得国家认证,必须重新经历许可、鉴定和国家认证的程序。

(二)教学工作的监督检查

教学质量的检查主要体现在国家鉴定(终结考核)和国家统一考试两个方面。

1.9年级和11年级(12年级)的国家鉴定(终结考核)

俄罗斯联邦教育科学部规定,普通教育机构的9年级和11年级毕业生要接受国家鉴定(终结考核),鉴定的形式有笔试和口试两种。联邦主体教育管理机关组建的考试委员会负责11年级(12年级)的国家鉴定,市教育管理机关建立的考试委员会负责9年级的国家鉴定(终结考核)的任务。9年级毕业生参加的考试不少于4门,11年级毕业生参加的考试不少于5门。

通过了国家鉴定(终结考核)的学生,将被授予国定式样、证明相应普通教育程度的毕业证书(документ):9年级毕业生将被授予基础普通教育文凭(аттестат),11年级(12年级)毕业生则被颁以中等(完全)普通教育文凭。

2.国家统一考试

俄罗斯联邦政府2009年决定,联邦境内所有11年级(12年级)毕业生都将参加全国统一考试,该考试替代过去的中学毕业考试和大学入学考试。国家统一考试结果也成为衡量学校教育质量的重要评价指标。2013年新版《教育法》的诞生,将国家统一考试进一步法律化。

二、构建全俄教育质量评估体系

早在 20 世纪 90 年代初，俄罗斯就以国家法律的形式确定，国家须对学校教育进行监督，但由于 90 年代俄罗斯国内政治、经济的多种不稳定因素，虽有法律明文规定，但执行无力。近几年，随着政府开始着手发展教育，学校教育质量的监督体系也日渐完善，逐步构建起全俄教育质量评估体系。

最近十年内，教育现代化和教育质量问题成为全社会关注的中心，在《构想》颁布之后，政府在此方面迈出重要的一步，制定了普通教育评估系统构想以及评估模型，此为俄罗斯现代化教育政策的优先任务之一。加之之前高等教育质量监督体系的运行，全俄教育质量监督体系的构建条件已经成熟。

2008 年 2 月，俄罗斯颁布《全俄教育质量评估体系方案（第二版）》（以下简称《方案》），该方案为各地区和不同教育阶段的教育质量评估工作提供统一的思想方法依据。《方案》构建了一个教育系统外部评估和内部评估相结合的完整教育质量评估体系。其外部质量评估系统包括：国家评估、生产部门评估、社会评估、公民个人评估。国家评估主要通过国家不同层级的政府管理机构来实现，除了联邦教育质量评估体系外，在各联邦主体还有地区教育质量评估体系。生产部门评估主要是通过企业主、雇主联合会、工商局等生产部门对毕业生的教育质量和生产技能进行评估。社会评估主要包括社会对公民受教育水平、各地区公民教育的普及性以及教育对就业、国民生产总值、公民社会发展的影响进行评估。公民个人评估就是通过公民教育质量评估体系，公民对正在接受和已经获得的教育进行评价。该体系的内部评估有三种评估形式：自评、互评和单项评估。其中，自评包括学生自我评估、教师自我评估、教育机构自我评估、教育管理机关自我评估；互评包括对教育机构的评估、对学生个人成绩的评估、对教师的考核、对教育机关工作的评估；单项评估就是指教育管理机关、教育机构、教师和学生对教育大纲的评估。该系统具有信息诊断、鉴定分析和法律规范的功能。

目前，该体系正在实施阶段，俄罗斯的各地区都在积极建立区域教育质量评估体系，以此来保证本地区的教育质量。俄罗斯教育质量评估体系是按照"市场逻辑"建立起来的一种新体系。该体系具有评估机构相对独立、评估主体多元、鉴定评估具有强制性等特点。该体系的构建及运行也反映了《教育法》中确定的"教育自由和多元化""国家—社会性""教育管理的民主性"和"学校自主性"等基本原则。该体系在其运行中也暴露了评价标准单一、缺乏社会独立认证机关参与等问题，但该体系对俄罗斯教育质量的监督和保障作用毋庸置疑。

三、典型案例

(一)莫斯科市教育质量监督

莫斯科的教育质量监察活动主要包括四个方面:检查活动、认证和许可工作、监督、常规性检查。

检查活动主要包括:对社会职业监察活动给予组织、技术、信息、方法等方面的支持,引导莫斯科教育厅监督检查教育领域。社会职业监察活动的组织和检查程序主要表现为:教育领域遵守联邦法律的国家监察、检查是否符合教学过程中许可证所要求的条件和要求、国家监察教育质量、教育机构的国家认证。

认证和许可工作:所有类型和种类的教育机构都要进行国家认证(学前教育机构除外),这些教育机构按照联邦国家教育标准或者联邦国家教育要求实施教育大纲(实施学前教育大纲的除外)。教育机构进行国家认证的目的,就是证明教育机构的教育质量符合联邦国家教育标准和联邦国家教育要求。创建教育机构国家认证程序跟踪部门,以保障为教育机构认证程序跟踪提供组织、技术和信息支持。许可工作就是对教育实施条件是否符合法律要求进行监察,做出决定,办理并向教育机构、科研组织包括其分部发放进行教育活动的许可。

检查功能(监督)的主要职责为:为教育领域实现国家监察提供组织、方法和分析支持;监督教育领域遵守联邦法律的情况;检查学校是否遵守教育活动所需的许可要求和条件;监督教育质量(学生的健康、生命保障问题);尊重教育过程中参与者的权利;对教育机构的安全及其他活动进行追踪研究。

以下材料要提供给教育机构的领导们:一些监督检查教育活动的规范性基础文件清单;教育领域教育监察结果的分析材料;跟踪性研究的相关信息。

教育质量的常规性检查主要是检查学生和毕业生的教育质量。

(二)莫斯科第17学校的教育质量监督

莫斯科第17学校为莫斯科市国立财政拨款教育机构,该校2012年获得莫斯科市教育局颁发的进行教育活动的许可和学校认证证明,认定该校为国立普通教育机构。

1.莫斯科第17学校的教育质量独立评价

为实施莫斯科政府2011年3月22日颁布的决议《发展莫斯科普通教育》,莫斯科教育厅授权教育质量中心国家机构组织对提出申请的教育机构进行独立的教育质量评价。来自125个中等教育学校的4年级和7年级的12500名学生,以测试的形式参与了这次独立的知识评价。4年级的学生完成了2门测试:俄语和数学。7 年级的学生进行 3 门测试:俄语、代数和物理。测试的内容主要依据基础教育国家教育标准联邦成分(教育部 2004 年颁布)。为了分析成绩结果,教育质量中心选取了每个科目的总成绩,在此基础上分析统计特定测试来确定一个界线,这一界线能够反映学生掌握每个科目教材的应有水平(不低于 50%的人都能完成基础水平的题),将获得高于界线分数的学生的成绩,在班级进行排名。在完成试卷题目并获得同样分数的学生会拥有同样的排名。为了确定学校学生的成绩动态,可以利用达到界线学生的百分比和班级成绩指标。

班级成绩指标是班级学生测试的平均百分比与学生完成所有样本的百分比之间的比例。

下面是莫斯科第 17 学校 7 年级 2 班学生进行教育独立评价的结果。

代数:参与学生 21 人,达标率为 100%,班级教学成绩指标为 1.13;

物理:参与学生 20 人,达标率为 100%,班级教学成绩指标为 1.15;

俄语:参与学生 23 人,达标率为 91.3%,班级教学成绩指标为 1.09。

2.国家鉴定与国家统一考试

下表为该校 9 年级参加国家终结评定和国家统一考试的成绩,这两方面也是衡量学校教育质量的主要评价标准。

表 7-1 莫斯科第 17 学校 9 年级参加国家终结考核的成绩

科目	传统形式		利用独立知识评价体系来进行的考核	
	成功率	质量	成功率	质量
俄语(25 人)	100%	64.5%		
俄语(55 人)			100%	93%
数学(31 人)	100%	24%		
数学(49 人)			100%	92%
几何(1 人)	100%	0		
英语(17 人)	100%	40.3%		
英语(19 人)			100%	94%
化学(7 人)	100%	55.6%		
化学(2 人)			100%	100%
生物(4 人)	100%	66.7%		
生物(9 人)			100%	94.3%

续表

科目	传统形式		利用独立知识评价体系来进行的考核	
	成功率	质量	成功率	质量
社会知识（7人）	100%	80%		
社会知识（9人）			100%	78%
历史（3人）	100%	50%		
物理（6人）	100%	75%		
物理（29人）			100%	76%
地理（6人）	100%	60%		
地理（17人）			100%	100%
体育（2人）	100%	100%		
世界艺术文化（7人）	100%	100%		
信息学信息技术（8人）	100%	100%		

数据来源：ГИА－9 класс.результаты по школе.http://sch17uz.mskobr.ru/obrazovanie/eg/

表 7-2　莫斯科第 17 学校 11 年级 2011—2012 年参加国家统一考试的成绩

科目	阈值分数	最大值		最小值		平均分数		莫斯科平均分数	
		2011 年	2012 年	2011 年	2012 年	2011 年	2012 年	2011 年	2012 年
信息学	40	71	84	59	57	65	73	64.5	69.4
生物	36	78	84	46	76	62	80	59.3	59.8
文学	32	96	87	51	65	70	76		
历史	32	94	98	55	52	76	72	57.3	56.9
社会知识	39	86	95	52	53	71	73		
物理	36	90	90	50	39	72	53		
化学	36	77	74	77	74	77	74	61.1	60.5
地理	35	69	0	69	0	69	0		
英语	20	95	98	32	54	81	78	69	69.5
俄语	36	100	100	61	50	80	78	66.5	67.5
数学	24	87	87	41	32	63	59		

数据来源：ЕГЭ 2011－2012.http://sch17uz.mskobr.ru/obrazovanie/eg/.

3.教育质量评价分析

在 2011—2012 学年,2012 年 6 月 1～4 年级有 364 人参加评定,5～9 年级有 457 人参加评定,10～11 年级有 97 人参加评定。评定结果为 1～4 年级优秀和优良者占 43%;5～9 年级优秀和优良者占 27%,及格率为 98%;10～11 年级优秀和优良者占 30%,及格率为 98.6%。[1]

4.教学成果——考入大学的情况

2010 年,该校有 92% 的毕业生(47 人)进入莫斯科高等院校学习。

表 7-3　2009—2010 学年,莫斯科第 17 学校毕业生进入高等院校的情况

学校	考入的人数
莫斯科国立大学	4
莫斯科国立工业大学	2
莫斯科国立无线电技术、电子与自动化学院	3
莫斯科工程物理学院	2
莫斯科国立国际关系学院	1
莫斯科电子工程学院	1
俄罗斯友谊大学	4
莫斯科国立语言大学	1
莫斯科国立建筑大学	3
俄罗斯古博金国立石油天然气大学	1
莫斯科国立社会大学	1
莫斯科国立列宁师范大学	1
莫斯科市立心理师范大学	1
莫斯科国立钢铁合金学院	1
莫斯科动力学院	1
俄罗斯普列汉诺夫经济大学	2
莫斯科财经法律大学	1
莫斯科国立管理大学	1

---

[1] Итоги работы в системе ОСОКО с учетом ГИА и промежуточной аттестации в 10 классах〔EB/OL〕. http://sch17uz. mskobr. ru/obrazovanie/results/itogovyj_analiz_rezul_tatov_deyatel_nosti_gbou_sosh_17_v_2011—2012_gg/.

续表

学校	考入的人数
俄罗斯联邦国民经济学院	1
俄罗斯预算与国库管理学院	2
俄罗斯国立经贸大学	4
莫斯科季米里亚泽夫农业学院	1
莫斯科斯克里亚宾国立兽医与生物技术学院	1
莫斯科银行学院	1
俄罗斯高等经济研究大学	5
俄罗斯联邦安全局研究院	1
莫斯科第四师范学校	1
没有考入大学,直接参加工作的学生	3

数据来源:Поступление выпускников в Вузы.http://www.scl17.ru/joining.php.

四、扩展阅读

教育质量是教育的生命线,保障义务教育质量是国家的责任。国家除了采用拨付经费等方式对义务教育进行投入保障外,还必须通过质量监控对产出进行保障。建立国家义务教育质量监测体系是发达国家的通行做法,体现了国家对义务教育的责任;建立国家义务教育质量监测体系是推进课程改革、实施素质教育的关键环节;建立国家义务教育质量监测体系是规范教育行为、引领正确的社会舆论的迫切要求;建立国家义务教育质量监测体系是国民获得优质教育和公平的受教育权利的重要保障。[①]

(一)中小学教育质量监测的组织机构

各国进行中小学教育质量监测的组织模式主要有三种:一是组建专职机构或专门委员会,这些机构独立于教育行政部门,直接向国会或总理报告。[②] 如美国国家教育进展评估(NAEP)就是由国家评估管理委员会主导,教育部下辖的教育统计中心协助完成的。前者是民主、共和两党于 1988 年联合成立的组织,为 NAEP 制定政策、编订框架和测试规范,并直接对国会负责;后者负责执

---

①崔允漷.试论建立国家义务教育质量监测体系的价值[J].教育发展研究,2006(5).
②辛涛、李峰.基础教育质量监测的国际视野[J].人民教育,2007(Z2).

行。英国的教育质量评估由英格兰独立教育标准办公室(Office for Standards in Education,OFSTED)负责。OFSTED由英国皇家首席督学领导,主要任务是制定评估标准、根据教育大臣提出的要求进行督导评估,制定督导报告规章,公布督导报告,对督学的工作进行监督等,并对议会负责。具体的测试则由英国教育与技能部根据1998年《教育改革法》规定的质量标准进行。[①] 二是由政府机构以项目的形式委托大学或研究机构来进行。[②] 澳大利亚的教育部门就采用项目制委托澳大利亚教育研究委员会(The Australian Council for Educational Research,ACER)负责。韩国是由政府资助的韩国课程和评估协会(Korea Institute of Curriculum and Evaluation,KICE)于1999年开始进行评估。新西兰则由教育部委托Otago大学的教育评估研究单位(Educational Assessment Research Unit,EARU)进行。巴西的教育质量监测开展较早,巴西全国教育研究中心(National Institute for Educational Studies and Research,NIESR)于1995年就开始进行两年一次的全国基础教育考核,通过学生成绩和行为表现检测小学的教学质量。[③] 三是由教育部的相关职能部门,如教育督导部门直接负责。[④] 日本1989年就开始的学习能力调查是由文部科学省下辖的国立教育政策研究所(The National Institute for Educational Policy Research,NIEPR)负责设计和实施。香港考试及评核局则是从2003年起就受香港教育统筹局的委托开展针对香港学生的基本能力评估计划。

(二)中小学教育质量监测的主要内容

在评估涵盖的学科领域上,各国的做法也不尽相同:有的国家仅仅评估阅读和数学等核心学科,如澳大利亚教育研究委员会从1999年开始每年评估3年级、5年级、7年级学生的阅读与数学能力(Literacy & Numeracy National Assessment)。香港考试及评核局则对小学3年级、小学6年级和中学3年级学生的中文、英文和数学方面的能力进行评估;有的国家几乎涵盖了所有的课程,如美国NAEP评估4年级、8年级和12年级学生的学业水平,涵盖阅读、数学、科学、写作、美国历史、公民、地理和艺术,其中最主要的是阅读、数学和科学。有的国家在不同年份监测不同的学科,如日本的评估集中在学生的学习能力上,分年度考察小学6年级、初中2年级和高中1年级学生不同学科(语文、

①钱一呈.外国教育督导与评价制度研究[M].北京:中央广播电视大学出版社,2006.
②辛涛,李峰.基础教育质量监测的国际视野[J].人民教育,2007(Z2).
③贾玉梅.巴西教育改革策略:建立全国评价系统[J].基础教育参考,2004(12).
④辛涛,李峰.基础教育质量监测的国际视野[J].人民教育,2007(Z2).

社会、数学、理科、英语)的水平。新西兰每年都对 4 年级和 8 年级学生开展一次全国性的教育质量检查,4 年一个循环以涵盖课程中的大部分内容。也有国家在低年级监测核心学科,在高年级监测所有学科。如英国对 5～7 岁、7～11 岁、11～14 岁和 14～16 岁这 4 个所谓义务教育"关键阶段"的学生进行评估,评估的核心是学生的学业成绩。5～7 岁的学生只需要接受阅读、写作和数学的教师评估,7～11 岁、11～14 岁的学生则要参加这 3 个方面的国家考试,11～14 岁的学生还要接受历史、地理、外语、设计等多个方面的教师评估,14～16 岁的学生则需要参加国家组织的涉及更多学科的普通中等教育证书考试(General Certificate of Secondary Education,GCSE)。[①]

除了各国进行的中小学教育质量监测之外,国际大型的中小学教育质量比较项目令人瞩目,主要代表有由经济合作与发展组织发起的"国际学生评价项目"(PISA)和由国际教育成就评价协会组织的"数学与科学学习国际比较研究"(TIMSS)。PISA 项目所涉及的评价内容主要包括阅读、数学和科学方面的素养,了解他们是否具备了未来生活所需的知识、技能和终身学习的能力。PISA 测试力图超越学业成绩,反映更广泛范围的知识、技能和能力。相应的评估结果也没有及格与否的概念,只是体现学生能达到的水平。TIMSS 主要测试 4 年级和 8 年级学生的数学与科学成绩,每 4 年开展一次。和 PISA 相比,TIMSS 跟学校课程的联系更为密切,主要评价 4 年级、8 年级学生达到课程目标的情况。[②]

五、反思与启示

教育质量的监督和评价是保障教育质量最有力的手段之一。俄罗斯自 1992 年《教育法》颁布之日起,就在法案中明确教育标准,教育机构的认证、许可及学生学业成绩的国家鉴定。这些规定保障普通教育教学能够顺利进行,并不断监督和提高教育教学质量。随着社会的不断进步,俄罗斯公民对教育质量和教育权益的诉求越来越高,为不断提升教育质量,俄罗斯政府构建起全俄教育质量评估体系,尤其是增加了校外、社会对教育质量的客观评价,使普通教育质量处于教育管理部门、家长和社会等各方的监督之下,这一体系的构建对于

---

①辛涛,李峰,李凌艳.基础教育质量监测的国际比较[J].北京师范大学学报(社会科学版),2007(6).

②辛涛,李峰,李凌艳.基础教育质量监测的国际比较[J].北京师范大学学报(社会科学版),2007(6).

教育质量的提高有着至关重要的作用。除了监督部门的增多以外,教育质量的评价方式也更加多样化。国家统一考试是国家对普通教育质量评价的最重要方式,国家统一考试的科目设置、考试安排以及评卷的标准都充分体现了质量评估的科学性和人性化。这些方面都值得我国借鉴和学习。

新中国成立以来,我国在基础教育质量的监督和评估方面也采取了一些措施,比如教育督导制度和高考制度。这些措施对教育质量的监督起到一定的作用。但我国目前还没有建立起完整有效的基础教育质量监测和评价体系。在我国的基础教育质量监督评价工作中,存在缺少权责清楚的组织机构、管理监督的方法有待提高等问题,尤其是监督评价机制中缺少社会中立机构的参与,中小学校的自我评估缺乏自由、民主、平等的气氛。如何依据本国的实际情况,借鉴国外先进的教育质量监督评价体系,构建我国基础教育监督评价体系,这是一项艰巨而重要的任务,希望俄罗斯中小学教育质量监督评价机制能够给我们以启示。

在2013年全国教育工作会议上,教育部部长袁贵仁已经明确表示,要研究颁布实施具有中国特色、世界水平的质量评价标准和质量监测体系,加强督导,公开结果。相信随着我国教育质量评价标准和质量监测体系的实施,我国的基础教育质量会有较大提高。

第八章 中小学教育与 Internet

以教育信息化带动教育现代化，破解制约我国教育发展的难题，促进教育的创新与变革，是加快从教育大国向教育强国迈进的重大战略抉择。

——摘自《教育信息化十年发展规划（2011—2020 年）》

引 言

进入 21 世纪之后，科技迅猛发展带动信息技术的日新月异。信息技术的发展在很大程度上决定社会经济的状况、人们的生活质量和民族安全。教育信息化是实现教育现代化的必经之路，也是衡量一个国家教育水平的主要标准之一。教育领域的信息化成为国家教育发展的奠基石，成为加快提高教育质量、提高教育大众化水平的有力手段。在当今世界的教育领域中，开放教学体系的构建和发展，以及各国教育信息化的步伐都在不断加快，很多发达国家和发展中国家都在实施大规模的信息教育规划。

俄罗斯普通教育信息化的基础比较薄弱，在世界教育信息化的大形势下，俄罗斯政府顺应教育发展的时代需求，于 2001 年 8 月和 2002 年 1 月分别颁布《发展统一的教育信息环境（2001—2005 年）纲要》和"电子俄罗斯"联邦专项计划，规划教育信息化发展。之后，俄罗斯政府在"国民教育优先发展"计划、联邦国家纲要《教育与创新经济的发展：2009—2012 年推进现代教育模式》、国家创新计划"我们的新学校"等多个文件中，对基础教育信息化进行进一步的完善和指导。

一、教育信息化规划的颁布背景

世界教育信息化的进程如火如荼，俄罗斯作为世界教育大国，在此背景下，进入 21 世纪之后，俄罗斯政府也开始着手颁发教育信息化纲要，规划教育领域未来信息化的发展。

俄罗斯教育信息化起步比较晚,在 20 世纪 90 年代,俄罗斯学校的信息化状况只能被评价为不能令人满意,而普通教育学校的教育信息化状况尤其令人担忧。

俄罗斯普通教育学校的大部分计算机房是由 1985—1992 年所规定的第一代计算机构成的,它们无法引进 windows 95/98 标准操作体系,而后者是俄罗斯绝大多数个人电脑使用者所运用的。在随后的 7～8 年里,俄罗斯政府未能实现向学校集中供应电脑设备。俄罗斯是世界上唯一的其计算机数目正在缩减的国家(据 IEA 1999 年的研究资料)。一台具备现代异地连接点的计算机在俄罗斯需供 500 多名学生共用,而在许多欧洲国家则只有 10～15 名学生。俄罗斯只有不到 2% 的普通教育学校已联入互联网,1.5% 的普通教育学校拥有全球网登陆端。[①]

在俄罗斯建立教育信息统一空间的过程中,占有特殊地位的是农村学校,就读于此的学生大约为全国中小学生的三分之一。全国教育系统大约有 3.148 万所农村基础普通学校和 1.5 万所农村复式初等教育学校。在农村学校中,极其缺乏教学用书和教法书籍,缺乏演示教具以及实验设备,甚至按现行标准看,总共只有 5% 的农村学校于 2000 年底装备了电脑。许多农村学校由于网络的缺乏,致使没有可能保证学校通常最广泛、最简单的交际手段——电子邮件。[②]

当时,俄罗斯中小学校教育信息化技术并没有得到广泛的使用,其中受很多条件的制约。例如:中小学校的教学设备严重老化;因特网上缺乏俄语教育信息;很多教师没有掌握信息技术的技能;全国普通教育机构以及实施补充教育的机构实施教育信息技术所需的相应资金、人力和设备工程量很大,这都需要一定时间的积累。

二、教育信息化规划的主要内容

俄罗斯教育信息化规划的主要目的在于:在俄罗斯联邦建立和发展统一的教育信息环境以保证构建国家统一的教育空间;促进俄罗斯境内各地区的教育质量;挖掘、发展和有效利用国家科学和教育潜力;在信息教育技术发展的基础上,分批次地提高教育水平;为侨居在俄罗斯的外籍人员提供优质的教育服务等。

教育信息化规划的主要任务有两个,第一个任务是构建教育系统的信息统

---

① 肖甦,王义高.俄罗斯转型时期重要教育法规文献汇编[M].北京:人民教育出版社,2009:495.

② 肖甦,王义高.俄罗斯转型时期重要教育法规文献汇编[M].北京:人民教育出版社,2009:495.

一技术基础设施,其中包括:建立教育发展的联邦信息保障和科学方法保障体系;为教育机构提供计算技术手段、获取全球信息资源的手段、一般系统程序手段和应用程序手段及技术服务。

第二个任务是将新的信息技术和远程交际技术用于教学过程之中,主要体现在以下方面:在教学过程中自制和运用电子教材,利用电子信息技术进行教学。逐步培养师资队伍和技术人才,使之在教学过程中,熟练运用最新的信息技术,提高教育质量。

三、教育信息化规划的实施

教育信息化规划对俄罗斯中小学教育信息化进行部署,并且在财政上给予保障,使该规划得以有效实施。

(一)规划实施的阶段

《发展统一的教育信息环境(2001—2005年)纲要》的实施主要包括以下三个阶段。

第一阶段——2001年:为农村中小学提供程序设备保障,挑选应用性的程序保障为过渡时期的农村中小学使用,组织培养农村教师在教育领域使用信息技术进行工作。

第二阶段——2002—2003年:研究实施该纲要的战略和方法,组建教育发展的联邦信息保障和科学方法保障体系,为学校保证以信息化手段和获取教育信息资源的手段,制作现代电子教材并将其加以实验性验证,设计教学大纲、制定教学计划和提供教学材料,为师资干部、行政干部、工程技术干部开设业务进修和职业再培训的课程。

第三阶段——2004—2005年:做完面向中小学提供信息化手段的工作,组建技术服务体系,制作并发行电子教材,组织师资干部、行政干部、工程技术干部的业务进修和职业再培训,在远程工艺教学的基础上建立开放教学体系。[①]

"电子俄罗斯"联邦专项计划的实施为2002—2010年。其第一阶段为2002年;第二阶段为2003—2004年;第三阶段为2005—2010年。

(二)实施规划的财政保障

实施《发展统一的教育信息环境(2001—2005年)纲要》的资金保障是:2002—2005年总计560亿卢布,其中联邦中央拨付预算资金160亿卢布,联邦

---

①肖甦,王义高.俄罗斯转型时期重要教育法规文献汇编[M].北京:人民教育出版社,2009:496.

主体拨付预算资金 224 亿卢布,预算外资金 176 亿卢布。用于科研和实验设计工作的款项 2.25 亿卢布,其中联邦中央拨付预算资金 1.5 亿卢布,联邦主体拨付预算资金 4500 万卢布,预算外资金 3000 万卢布。用于投资的款项 14.5 亿卢布,其中联邦主体拨付预算资金 11 亿卢布,预算外资金 3.5 亿卢布。用于其他需要的款项 543.25 亿卢布,其中联邦中央拨付预算资金 158.5 亿卢布,联邦主体拨付预算资金 212.55 亿卢布,预算外资金 172.2 亿卢布。2001 年,该纲要的财政拨款靠下列途径实现:划给落实联邦教育发展纲要的资金 11.04 亿卢布,联邦主体拨付预算资金 10 亿卢布,预算外资金 1.2 亿卢布。

"电子俄罗斯"联邦专项计划的财政拨款 2002—2010 年总计 269.64213 亿卢布,其中联邦中央拨款为 203.69431 亿卢布,联邦主体拨款为 65.94782 亿卢布。联邦中央预算占 75.5%,联邦主体预算占 24.5%。[①]

四、教育信息化规划实施的绩效

教育信息化规划实施之后,学校信息技术建设的硬件配置主要由中央政府直接投资,在 2005 年底,已经完成了普通教育机构中的人机比例达到 80∶1。另外,中央政府还为中小学提供网络设备,让教师和学生能够利用网络信息资源。[②] 据最新统计数字表明,2000—2001 学年配有信息技术和计算机实验室的国立普通教育机构和市属普通教育机构达到 27787 个,占全俄普通教育机构总数的 74.5%,截至 2011—2012 学年,配有信息技术和计算机实验室的国立普通教育机构和市属普通教育机构达到 42302 个,占全俄普通教育机构总数的 83%。[③]

实现农村地区信息化,这是一项国家给予高度重视的工作。2001 年和 2002 年,俄罗斯在农村地区分别启动了《发展统一的教育信息环境(2001—2005 年)纲要》和"电子俄罗斯"联邦专项计划,全面支持农村和市镇学校,保证农村地区教学设施的优先信息化,完善农村地区的教育过程和物质技术基础。截至目前,20000 多个农村学校安置了卫星通信设备,并从 2004 年 3 月起每周接收电子教育节目。2004 年,俄罗斯教育部与外交部合作选择了十几个地区大规模接入因特网,计划到 2005 年底,使三分之二的学校能够接入因特网。而

---

①ФЦП《Электронная Россия (2002—2010 годы)》[EB/OL]. http://minsvyaz.ru/ru/activity/programs/6/#section-finance.

②章雪梅.俄罗斯基础教育信息化考察报告[J].中国电化教育,2009(3).

③Российский статистический ежегодник[EB/OL]. http://www.elstb.ru/other/files/RSE2012.pdf.

且,2004 年所有农村中学的图书馆安装了成套的计算机设备,使用 30 多种目前城市尚无的现代电子教育产品,其内容覆盖教学大纲的所有科目。①

五、地区信息化的实现——伊万诺沃州教育信息化

伊万诺沃州在教育信息化的过程中做了很多工作,该州创办了伊万诺沃州教育信息化和质量评估方法中心,该机构承担起该州教育信息化的重任。

(一)中心职责

该中心主要有以下职责:参与创建统一的信息教育空间;制定伊万诺沃州《伊万诺沃州普通教育信息化系列纲要》;制定 2011—2015 年《在实施国民教育创新计划"我们的新学校"的框架下,发展伊万诺沃地区教育系统的信息化纲要》;继续进行中小学校的因特网络设置工作;帮助中小学校和市政部门创建功能性网站,在各级教育阶段贯彻管理自动化纲要;开办教育信息化方面的国际会议、讨论会;对信息化的指标进行电子追踪。

从 2003 年开始,中心网站开始工作,教育工作者在网站上可以浏览到所有有关教育信息化的必要信息,确保中心 3 个网站的正常运行。

(二)教师的培训

该中心开办各种教师培训班,就教育质量评估问题、在教育领域利用信息技术问题、学校信息课程的讲授等问题进行专门培训。

培训专业人才的主要目的:让听众储备基础,以备在信息技术方面完善职业教学综合素质,积累理论知识和实践技能,这些知识和技能是在教育、学生学业成绩及非学业领域进行追踪研究所必需的;中心还开办一些补习班、讨论会和圆桌会议,专门讨论实践中出现的问题;编写和出版参考书;该中心还从事数据库的设计工作,这些数据库主要用于信息学课程、其他学校科目以及伊万诺沃州教师工作等方面。从 2009 年开始,教师培训工作就开始了,培训主要是为了推广这些软件。

(三)信息技术领域的学生工作

该中心每年都会举办伊万诺沃州软件设计大赛。从 2006 年开始,伊万诺沃州软件设计大赛成为 7 个地区的竞赛之一,这个竞赛的优胜者可以获得天才青年的奖金,这一举措得益于"国民优先发展计划"的实施。

伊万诺沃州教育信息化和质量评估方法中心创建了远程函授学校。该

①В. М. Филиппов. Докладна Коллегии Минстерствао бразования РФ25Февраля 2004г〔EB/OL〕.http://modern.ed.gov.ru/Themes/basic/2004-5-16/2004-9-18.

校 1996 年被冠以"青年程序员的函授学校"称号。从 2003 年开始,该校成为远程学校。1998 年该校倡导并实施的"创造与交流"项目获得索罗斯奖。2006 年,该项目在"发展实施函授教学的教育机构"国家基金评选中获得胜利。有关远程函授学校的活动信息在远程教学网站(http://portal.cioko.ru/)中可以查阅。

该中心还有为学生举办的信息技术和软件设计小组。从每年 10 月到第二年 5 月,学生们按照 12 个方向在小组中活动。小组的培训针对不同年龄段和不同学习阶段的学生。每年有 200 名伊万诺沃州的学生在信息技术小组活动。该中心还举办伊万诺沃州竞赛,推选最好的学校出版物。

(四)学生的远程教学

从 2012 年 1 月开始,伊万诺沃州学生的远程教学通过网络门户就可实现,该网站投放了很多教育资源,以备在基础和补充教育系统中组织教学过程。远程教学过程包括:学生自主活动与各种信息资源、教学资料灵活地结合,这些信息和资料都是根据这个教程专门设置的;有序地、系统地与导师、馆长以及课程教师进行互动;开办培训班,与该课程的参与者进行合作。远程教学内容见下图。

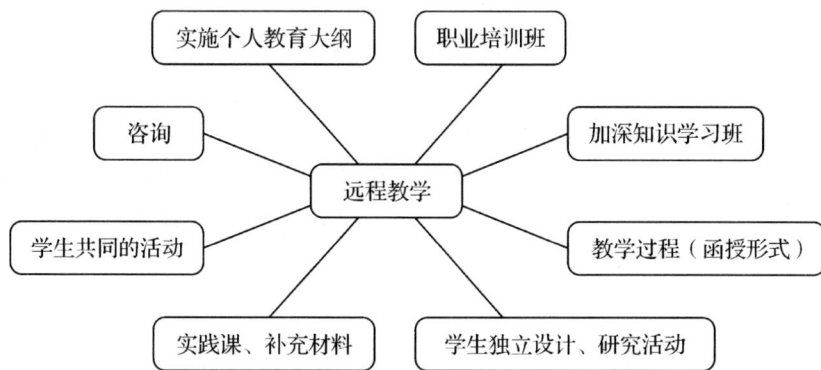

图 8-1

六、典型案例

中小学教育信息化的实施主要有两个途径,第一个是开设信息技术课程,第二个是在学校构建信息技术中心等机构。信息学课程是中小学的必修课程。

新西伯利亚第二中学是市属财政拨款的普通教育机构,位于新西伯利亚州首府,创建于 1981 年。该校在教育信息化的过程中,做了大量的工作,也收到颇丰的效果。

（一）《2009—2012年信息化纲要》的制订

为配合国家教育信息化纲要的实施,2009年新西伯利亚第二中学制订了该校《2009—2012年信息化纲要》。该纲要以《教育法》、2008年颁布的创建电子教学环境的实施方案、"电子俄罗斯"联邦专项计划等文件为基础。该纲要的主要任务为构建教育信息化的法律基础,利用现代信息技术为实现高质量的教育创造物质技术乃至信息条件,完善学校网站功能,满足广大学生对信息资源的现代要求。该纲要的实现主要有以下几个方面:教育活动的重点是培养新一代人,遵循信息社会的生活方式,满足其发展需求;安装学校的计算机设备和办公设备;使教育者掌握现代信息通信技术以及使用的方法;使用信息技术管理学校的发展。该纲要在实施中所进行的主要活动包括:教育过程信息化;管理过程信息化;物质信息技术的发展;信息技术应用领域技术人才的培养。

（二）远程学校的运营

创办远程学校,将数学、俄语、文学、英语等课程内容制成视频,家长和学生以及其他网友登录学校的相关网站就可以观看学习上述课程。在远程学校的网站中,除了能学习普通教育大纲规定的文化课之外,学校还设置了其他多项信息,可供浏览。例如学校各部门简介、任课教师简介以及开设的家长课堂、电子杂志的出版等。

（三）信息技术中心的创办与运行

信息技术中心的工作重心是在学校信息教育空间进一步统一发展的条件下,创建数字教育学校。信息技术中心的主要活动为:1.在教育过程中广泛利用信息技术,提高学生的学习质量和成效。2.学校管理程序自动化。3.提高教学过程的技术支持,发展学校的信息教育环境。

信息技术中心包括4个计算机动画教室、信息学教师方法论协会,提供技术服务和信息出版服务,出版音像制品等。信息学教师方法论协会的基本活动是在中学教授信息学课程,并且对教师进行培训。这里的主要活动由3位信息学教师负责,3位教师都具有高级技术职称。

信息出版服务的主要工作为:准备和编辑出版的材料,出具文凭,印刷文件和出版报纸。技术服务的主要任务是:保障学校计算机局域网络的正常工作,为计算机、外围设备和电视多媒体等提供技术支持。视频工作室的主要工作是制作一些专门的娱乐片和教育片。

（四）信息学课程的设立

2004年1月颁布的《普通教育国家标准之联邦成分》,对信息学与信息的课程标准进行规范。其中规定,在中小学开设信息学和信息课程,旨在普及电脑知识,从 3 年级开始作为教学模块设立,从 8 年级开始作为独立学科开设。在基础教育的基准教学计划当中,信息学与信息交际技术课程在 8 年级为每年 35 学时,每周 1 学时;9 年级为每年 70 学时,每周 2 学时。在中等教育基准教学计划(10~11 年级)中,信息学与信息交际技术作为基本课程为每年 35 学时;作为侧重性学习的课程,每年为 140 学时。

在新西伯利亚第二中学基础教育阶段(4~9 年级)2011—2012 学年教学计划中,4~8 年级的信息课程是每周 1 学时,9 年级是每周 2 学时。在初等教育阶段,根据教育标准联邦成分,除了开设俄语、外语、数学等课程外,还设置了一些地区和学校课程。其中学校的课程中,信息学课程在 2~4 年级每周开设 1 学时。

教育信息化是未来教育发展的主要趋势,在教育现代化和教育创新思想的引领下,俄罗斯在中小学教育信息化进程中不断推出新举措。2011 年年底,俄罗斯国家杜马已通过有关扩大使用电子教学及远程教育技术可能性的法律草案。该草案首次引入"电子教学""信息教育环境"等新概念。根据该草案的解释,电子教学是指部分或全部使用信息系统和包括互联网在内的信息通信网络实现教育计划的过程。远程教育是一种教育技术,其实现有赖于受教育者和教育工作者在信息通信技术的帮助下间接交流。

国家杜马教育委员会主席格里高利·巴雷新(Григорий Балыхин)认为,应该确立教育机构使用电子教学包括远程教育技术的权利以实现所有教学形式的教育计划。联邦标准框架内的该法律草案包括创造确保使用电子教学实施的条件要求。为全面实现学校电子教学,需要教育机构构建信息教育环境,保证受教育者在住所内能够接受教育。

巴雷新认为,《教育法》与《俄罗斯联邦高等和大学后职业教育》联邦法案的修订致力于完善教育系统中合法利用现代信息通信技术。巴雷新相信,该草案的通过有利于保障公民不受居住地区的局限接受继续教育的权利。

七、扩展阅读

互联网在法国中小学教育教学中应用普遍。通过校园网,学生能够轻松地在电子版的词典和百科全书中搜寻资料,编辑班级或学校的报纸杂志,同学之间交流学习体会,向教师求助以及实现学校间的相互交流,这极大地促进了学生学习的积极性与主动性。在各科教学中,互联网也发挥着越来越大的作用。

例如,在理科教学中,通过搜索网络上的相关图片与视频,弥补了直接观察的不足,实验结果也可以通过网络进行交流。

近年来,法国在高中 2 年级、3 年级开展了"有指导的个人作业"活动,目的在于给学生真正的个人学习的时间和空间。[①] 该活动的内容是在全国性的选题目录中选择一个主题,通过互联网获取相关资料,完成一件研究性的作品,作品可以以模型、辩论、文件、科学实验、网页等多种形式呈现,不同学科的教师在尊重学生自主学习的前提下,给学生以指导和帮助,并对学生及其对产品的陈述做最终评估。互联网成为这种研究性活动重要的技术支持。

法国教育部构建了名为"知识数字空间"的中小学信息网。该信息网汇集了大量基础知识,并允许以教育为目的免费与自由地使用这些资源,学生和教师从中摘取艺术作品、医学图像、报刊文章、电影片段、音乐等。

法国中小学利用信息与通信技术的另外一项创新是数字书包。数字书包首先是一种为学生和教师提供的数字"虚拟空间",是可以在校内和校外获得全部学习和教育资源的工具,是教育中应用信息与通信技术的重要形式。1991 年,在教育部的支持下,马赛的两所高中和一所初中为其 3 个班级的每个学生配置了手提电脑,并称之为"电子书包"。之后,又有一些学校构建了"电子书包",并可通过互联网在学生家中实现个人学习环境的连接。"电子书包"为学生提供了个性数字空间和移动数字空间,这一基于班级与学校的数字空间,由于是个性化的便可以拓展到学校时间和空间之外,可以在整个数字空间中进行交流。[②]

新加坡的中小学普遍地采用电脑科技教学法进行教学。早在 1999 年,新加坡教育部就开始推行"教育电子簿"试验计划,作为"信息技术教育计划"的一项重要内容。所谓"教育电子簿",又称"电子课业簿""电子书包",是一台应用于课堂教学的多媒体、便携式电子阅览器。其重量不足 800 克,外形与插卡式手持游戏机相仿,上面设有 3 个电子插卡槽,学生可以同时插入课本卡、作业卡及字典卡,可以通过其彩色屏幕翻看课本并完成作业。它还具备便携式电脑的一些功能,可以发送、接收电子邮件并浏览因特网。这一小小的教育电子簿,使课本从平面走向立体化,能够以动画的方式把复杂的要领显示出来。教师可以控制全班学生的教育电子簿,利用它来点名、改作业。由于教育电子簿如笔记本电脑一样,可以安装电池供电,所以学生可以在任何适宜学习的地方,随时随地使用教育电子簿进行学习、练习、完成作业。利用教育电子簿进行教学,不但

①王晓辉.法国教育信息化的基本战略与特点[J].外国教育研究,2004(5).
②王晓辉.法国教育信息化的基本战略与特点[J].外国教育研究,2004(5).

方便,而且极大地提高了教与学的效率。[①]

美国费城未来学校是一所公立中学,注重教育学生如何将技术应用于学习,无线网络无处不在。校园网建有管理平台、资源平台、教师备课平台、学生学习平台,不同的人具有不同的权限,依靠平台开展学校的各项教育、教学工作。[②] 学生人人都有笔记本电脑,每一位学生想要上网时,至少有一种工具能够支持他上网,整个校园就是一所数字化校园。

八、反思与启示

由于俄罗斯中小学教育信息化基础薄弱,在 21 世纪初俄罗斯政府就颁发了教育信息化联邦专项纲要,指导俄罗斯教育信息化的发展。首先,俄罗斯政府在教育信息化规划的目的和任务的设计上做到高瞻远瞩,符合当今世界教育信息化发展的趋向。其次,在规划的实施过程中,有资金作为保障,每个阶段的具体金额由哪个部门负担都有明确的规定。再次,在规划实施过程中,教育科学部责成部级委员会对实施的活动和相应效果进行科学管理和监督。因此,在实施信息化规划之后,俄罗斯中小学教育信息化程度有了明显的提高。可以看出,俄罗斯中小学教育信息化过程基本已经构成了良好运作的体制,这一体制的构建不仅需要政府重视、各教育管理部门和学校的贯彻,更需要社会各方面的鼎力支持,任何一种体制的构建都需要软环境的支持和烘托。这一方面值得我国思考和借鉴。

我国于 2001 年起在全国实施“校校通”工程,开始中小学教育信息化进程。2003 年开始,我国实施农村中小学远程教育工程。近几年,我国中小学教育信息化进程取得了一些成就:全国各中小学教育信息基本设施明显增加,数字教育资源得到填补和丰富,学生人均计算机拥有量得到显著提高,联网率也接近 100%。尤其是在农村中小学教育信息技术的运用方面,都取得了良好的效果。但在教师的信息技术培训方面有待进一步提高,创建相对安全的网络学习环境也是一个任重道远的问题。总之,在中小学教育信息化的过程中,要逐渐构建起教育信息化规划、规范和有效实施的体制,促进信息技术和教学手段的结合,在信息化环境中培养学生的学习能力,这样才能让中小学教育信息化可持续地发展。

---

①陈俊珂.发达国家中小学教育信息化的经验[J].教育评论,2005(6).
②张敬涛,丁新.美国、香港中小学数字化校园与支持服务体系考察报告[J].中国电化教育,2012(2).

第九章 家长学校与家长委员会

> 没有时间教育儿子——就意味着没有时间做人。
>
> ——苏霍姆林斯基

引 言

在现代学校教育中,应充分重视家长的作用。一方面,家长有权利参与学校的管理;另一方面,家长的素质决定家庭教育的水平,当然家庭教育也是学校教育中的重要基础。因此,现在很多中小学校都创建了家长学校。家长学校创建的目的主要有两个:第一,将学校的章程制度乃至日常教育教学活动告知家长,家长通过一定的途径参与学校教育管理;第二,学校通过开设家长学校和家长课堂等途径对家长进行教育,教会他们如何做好家长,正确教育孩子,并通过这些途径参与到家庭教育当中。

俄罗斯中小学校创办家长学校和家长委员会从苏联时期起就有着优良的传统。当年有名的帕夫雷什中学就创建了家长学校,它为后来俄罗斯中小学校创办家长学校奠定了基础。而《教育法》的颁布赋予了家长参与学校管理的权利,进而为家长学校和家长委员会的创办提供了法律保障。

一、苏联时期的家长学校

苏霍姆林斯基是苏联著名的教育家,他在自己领导的学校——帕夫雷什中学创建了家长学校,取得了很好的效果,当时很多的苏联学校都效仿过。

苏霍姆林斯基在做家长工作的过程中发现,仅仅通过家访和开家长会的形式来和家长沟通,解决孩子的教育问题,远远不够。学校和家长都认为有必要创建一个专门的机构来提高家长的教育水平,以便更好地教育孩子。当时,在帕夫雷什中学创办了三种类型的家庭学校:第一种是为即将做父母的年轻夫妇开办;第二种是为即将入学的学生的家长开办;第三种是按照年级分班,为各年级的学生家长开办。这些家长学校要求父母双方同时参加学习,安排固定时间,每次学习时间为1～1.5个小时。每次学习的内容都由校长和优秀教师决定,主要讲授家庭问题的重要性、教育孩子的技巧和方法,以及如何与孩子沟通,达到提高家长们教育孩子的理论水平和实践能力的目的。

(一)给家长提供理论基础和教育资料

在家长学校中,学校给家长讲授教育孩子的基本理论知识,同时,给家长准备了丰富的资料,以供家长在教育孩子的实践中参考。比如,学校为家长准备了数百个问题的答案,这些问题大都是学生感兴趣的,以此来激发孩子的求知欲,满足学生的学习兴趣。

(二)给家长教育实践机会

只有理论基础是远远不够的,还需要有教育孩子的实践经验。对很多即将成为父母的年轻夫妇来说,他们没有丝毫教育孩子的经验。因此,家长学校为这些人提供教育实践机会。让他们与刚入学的孩子交流、接触,一起进行活动,让他们尽快地了解低年级儿童的学习特点和成长特点。

(三)与家长密切配合,学校和家长教育形成合力

学校是家庭教育的指挥棒,学校教育的效果也与家庭教育密切相关。家长学校开办之后,家长更加清晰地了解学校的教育目的和教育任务,更加信赖学校教育,在家庭教育中更好地配合教师,贯彻学校教育。学校和家长教育形成合力,对于孩子的教育会有更好的效果。

家长学校不但给家长讲授教育知识,而且要对家长所学内容进行检查考试,对没有尽到责任的家长进行重点培训。

二、家长委员会设立的法律依据

1992年《教育法》颁布,规定俄罗斯教育管理原则为国家民主管理原则,教师、学生和学生家长都有权利参与学校教育活动的管理。2000年俄罗斯政府批准的《俄罗斯联邦国民教育要义》规定应"扩大社会对教育管理的参与",国家应为"教育职业团体参与制定联邦级和地区级的教育政策"提供保障。2001年年底俄罗斯联邦政府通过了《构想》,其最后一部分以"在划分教育政策主体之间的责任关系的基础上加强对教育发展的管理"为题,论述了俄罗斯教育现代化进程除应保障教育系统的开放性外,还应实现教育行政管理模式由"家长制"向"责任互担"模式的转变,应强化所有教育政策主体在教育领域中的作用及其

相互促进关系。这个过程既应当由相应的法规文据来保证，也应由社会积极参与发展教育的切实机制来保证。

中小学校的管理形式是在一长制和自我管理原则相结合的基础上建立的，可以是学校委员会、监督委员会、学校大会或教师委员会，由对教育管理有兴趣的人士（学校工作人员、家长、社会代表）参与管理。学校的管理体系中一般都设有家长委员会，并由校长直接领导。家长委员会是学生家长实施权利的主要途径。

三、社会组织——家长委员会

除了学校创办了家长委员会之外，社会上也创办了非营利的机构——家长委员会。家长委员会是一种社会机构，主要是根据家长和教师的自愿，在2000年以非商业、非营利性质的组织形式创办。家长委员会的创建及其活动的开展，主要是因为家长很难独立去应对负面的影响，很难独立地保护家庭的利益、孩子的权利，甚至更主要的原因还在于每个家长都有责任关心自己的孩子，都有责任去做可能对孩子有益的一切事情。该组织的目的包括：保持和稳固家庭精神道德基础，复兴最好的家庭传统；促进孩子和家长维护自己在教育领域、大众媒体、卫生、广告领域的权利，保障学生和家长的信息知情权；保障俄罗斯宪法所保障的个人权利和个人自由；促进家长自治组织建设，促进保护家庭和儿童的家长社会活动的展开。

家长委员会与其他社会组织一样，活动自由。家长委员会最重要的一个任务就是与国立机构和非国立机构、与权威机构和行政机构就创建公民协会方面进行合作。该组织还呼吁全社会重视家庭和儿童领域的重要问题，并在教学、社会科学、法理学、医学和心理学等领域引入专家进行合作。家长委员会还列举了很多有普遍意义的、保护家庭和孩子的法律诉讼程序，回复家长的咨询，对公共利益的行动提供法律支持；为家长出版很多书，为家长提供参考书以及信息通报，参与法律法规的制定工作，对教科书进行鉴定；开办讨论会和国际研讨会，参与不同大小的活动，与国内外友好组织保持联系和合作。

社会组织家长委员会还创办了网站，在网站上设立了"学校与家庭""法律法规""法律咨询""家长活动"等多个栏目，对家长感兴趣的教育问题和权利保护问题进行详细讲解，并设有管理员，负责与家长和学生进行互动交流。这一社会机构普及面广，涉及的问题多，有利于补充学校创办的家长委员会的不足。所有的家长都是该组织工作的主要支撑。

四、市属教育管理部门创办家长学校

家长学校的创办者不仅仅是各中小学,很多市属教育管理部门也纷纷开办家长学校,共同分担中小学生的教育问题。

莫斯科市教育局创办咨询中心,专门开设"家长学校"。在家长学校中,根据专家的专门要求和孩子所拥有的条件,中心专家会与家庭合作、共同商议,保障孩子的发展和教育,让孩子适应社会、融入社会。家长学校在家庭内部的互助方面给予家长指导,在家庭教育、组织孩子活动中构建相互信任的态度。家长学校的活动主要有上课、会见、座谈、中心工作人员给家长们提供个别咨询,开展家长培训活动、节日活动,开办家长技能班等。

下诺夫哥罗德州沃洛达尔斯克市教育局也开办家长学校。家长学校让有经验的和未来的父母获得全方面帮助,家长学校的课程安排在每周四 14 点至 17 点,所有想听课的家长都可以来听课。家长学校让听课的家长学会很多,在与孩子有关的各种生活场景中,家长学会应对孩子,解决发生的一些问题,并能够与孩子建立起相互信任的关系。家长学校的课程结束之后,每个听课的家长都会得到相应的教学资料,出席课堂的听课证书,这个证书可以成为日后做监护的重要参考文件。

五、典型案例

莫斯科国立第一中学为莫斯科国家财政拨款的普通中等教育机构,学校有小学部和中学部。该校位于莫斯科国立大学不远的地方,周围有很多文化中心,是剧院、图书馆和电影院的集聚地。学校创建于 1956 年,1977 年学校内创建了战争荣誉博物馆,目前该馆仍对学生开放。

(一)学校网站的"致家长"专栏

学校的网站上专门开设了"致家长"专栏。在这个栏目里,包括以下几个方面的内容。

1.入学和开除的程序。介绍学校招收学生和开除学生的相关规定,并详细规定了 1 年级和 10 年级的入学条件。

2.教科书目。校园网上及时挂出每个学期每个年级所使用的教科书。

3.有偿补充教育服务。在这个栏目中详细规定了学校对学前儿童、小学儿童的有偿补充教育规范,提供有偿教育服务的各种条例以及需要签署的合同样本。

4.国家总结性鉴定和国家统一考试。这个栏目公布了学校每年国家总结性鉴定和国家统一考试的相关资料,包括国家总结性鉴定的基本注意事项、国家的相关规定,以及9年级各个班级的总结性鉴定成绩;包括国家统一考试的规则和程序、展示资料、法律文件、考试的提前安排以及咨询和投诉问题等,并且及时地公布11年级的国家统一考试成绩。

5.学校发展。这个栏目是介绍学校的发展情况的,分别以图片的形式介绍了学校的发展历程以及学校取得的成就。

6.班级。在这个栏目中,随便点击某个班级,都会自动弹出这个班级的页面,介绍这个班级的具体情况,如班主任的情况以及班主任的寄语等。

这些内容的公开,可以让广大家长更好地了解学校的教育教学活动,更好地参与学校的具体管理事务,同时,家长也可以有的放矢地与学校及教师沟通。

(二)家长学校

该校也开办家长学校。在家长学校里,学校给家长提出建议,这些建议包括:指导家长如何培养孩子,告诉家长应该把孩子培养成什么样的人,如何对待孩子,应该用什么态度对待孩子,怎样才能创造性地促进孩子的发展。

这里的家长学校还可以帮助家长分析孩子不可控制的原因。为了让孩子更好、更快地适应学校生活,家长学校对1年级学生及其家长进行学前心理教育。家长学校还经常为家长提供教育孩子的指导办法。为了让孩子的成长有一个良好的环境,学校还帮助家长分析了学校和家庭之间的关系。如教师如何处理好和家长的关系?教师和家庭之间建立什么样的关系,才能够培养好孩子,让其在身心各方面得到完善?教师不要因为学生的一点缺点就把家长叫到学校,家长应该更耐心地了解孩子心里、头脑里甚至是日记里的东西,让孩子愿意更多地与父母有精神层次的交流。家长学校还指出,家庭的氛围对于孩子个性的成长有着至关重要的作用。

家长学校还特意为低年级的学生父母讲授一些课程,教会家长指导低年级学生掌握学习方法,例如,在2年级以书写方法、愉快阅读、有效记忆的学习方法、阅读技巧等专题介绍为主。

(三)家长委员会

家长委员会是学校的自治机构之一,学校的家长委员会由校长直接管理。其创建的目的主要在于学校和家庭共同协作,促进学生接受初等教育、基础教育和中等教育,促进学生社会化,使之成为一个具有高尚道德品质和良好素质、个性的公民。学校家长委员会依据《俄罗斯联邦宪法》和《教育法》开展活动,同时也要遵循其他联邦法律和地区法律以及学校章程和《学校家长委员会条例》。为了确保对学生施加统一的教育影响,提高教育成效,巩固家庭、学校、社会组织之间的关系,家长委员会利用家长潜在的社会资源帮助学校保护学生和教师的法律权利,组织家长学习和了解其权利和义务,以及家庭对学生进行全面教育的意义,巩固学校的物质基础,完善实施教育过程的条件,保护学生的生活健康。

学校家长委员会的工作内容:协调和管理班级家长委员会;在学生和家长中,就其权利和义务问题进行解答;帮助学校行政部门组织课外活动;在学生、教师和教职工作人员中全面提高威信;吸引家长积极参与学校活动,按照学生的居住地分别对学生进行教育,促进学生自我管理的发展以及与其功能相适应的其他工作。

学校家长委员会的权利:在其职权范围内,为学校行政部门提供建议;对职权范围的各组织机构的问题,有权进行解释;听取和收集来自教育机构领导、其他学校自治机构的信息;参与部门法律的讨论工作;邀请学生家长商讨班级家长委员会的决定;在家庭教育中偏离的家长,委员会有权利进行公开的社会谴责;奖励为委员会做出积极贡献的学生家长,帮助其实施社会活动;确定普通学校家长会议召开的必要性;在其职权范围内相适应的其他权利。

每年开学初,在该校的班级家长会议上,都会选举学校家长委员会的代表。学校家长委员会从中选举主席和秘书,校长和其他学校自治机构的代表可以出席委员会的工作会议。学校家长委员会的代表可以出席教师委员会、其他自治组织的个别会议。委员会的工作按照计划实施,但计划要征得校长同意。学校家长委员会的主席及其他成员在家长共同会议上一年至少做两次工作报告。在会议成员出席超过一半的时候,家长委员会有权以多数票赞成做出决定。学校家长委员会会议按照协议定期召开,在委员会会议的纪要中确定讨论问题的程序,以及委员会成员的建议和意见。纪要由秘书书写整理,秘书和主席要进行签字。家长委员会会议纪要的编码在刚开学时确定。家长委员会会议纪要转交学校保存五年。家长委员会主席及其他成员履行职务所赋予的责任。家长委员会主席的责任主要包括:完成学期工作计划;执行委员会和其他自治机构的决议;在家庭教育方面确定学校领导和学生家长之间的合作关系。

在工作中,家长委员会与学校自治机构及校长就学生之间的权利冲突问题、轻视和遗弃问题相互交换意见,与城市其他组织、机构、企业等就其职权范围内的问题进行交流。

六、拓展阅读

家校合作是 20 世纪 80 年代特别是进入 21 世纪以来世界许多国家在进行教育改革和积极提高教育质量过程中十分关注和强调的一个教育话题。家校合作,是现代学校制度建设的需要,是现代社会教育民主的内在要求。我国《国家中长期教育改革和发展规划纲要（2010—2020 年）》明确提出要"建立中小学家长委员会"。① 2012 年 3 月,教育部颁发的《教育部关于建立中小学幼儿园家长委员会的指导意见》(以下简称《指导意见》)进一步明确规定了家长委员会的基本职责以及如何发挥其作用等内容。这些规定彰显了家校合作的重要性。美国、加拿大、日本等国早在 20 世纪 90 代就已经开始了深度的家校合作。我国目前即使是在北京、上海等教育发达地区,无论是在家校合作的内容与形式上,还是在家长参与学校教育的广度与深度上,家校合作皆处于较低层次和较低水平。

在国外,大多数研究者认为"家校合作"是一种双向活动,是引导家长参与到学校教育中来,与教育工作者相互了解、相互配合、相互支持的过程。西方学者普遍认为,家校合作的过程就是"家长参与学校教育"的过程,也就是家长通过法定机构、途径,在学校管理事务中享有权利并承担相应义务,或对学校政策、学校工作发生影响的活动过程。② 那么,西方学校与家庭在哪些方面加强合作呢? 在家校合作中,家长和学校是通过哪些形式合作的呢?

(一)家校合作的内容

家长教育培训是家校合作的主要内容之一。家长教育培训一般采用"工作坊"(work shop)和"研讨班"(seminar)等培训形式来对家长进行教育培训。培训内容包括:如何培养孩子良好的学习、生活习惯,如何与孩子进行交流,以及如何辅导孩子学习有关的知识和技能等。③

家长参与学校教育是家校合作的又一重要内容。美国著名的家校合作研究机构——"家庭、学校及社区合作伙伴中心"主持人、霍普金斯大学教授乔伊斯·爱泼斯坦认为家校合作主要有六大领域:家长教育;家校交流;在家学习,即帮助家长在家学习;家长志愿者,即家长无偿参与学校义务工作;参与决策;

---

①国家中长期教育改革和发展规划纲要(2010—2020 年)[EB/OL].http://www.gov.cn/jrzg/2010-07/29/content_1667143.htm.

②邹强.国外家校合作问题研究及其启示[J].教学与管理,2011(10).

③周月朗.近年来美国家校合作的研究与实践[J].湖南师范大学教育科学学报,2006(4).

吸纳社区。[①] 根据这六种类型,可以从两方面对家校合作的内容进行分类。从校方讲主要有家长教育、家校交流、请家长参与决策、组建家长委员会等;从家长方面讲主要是做志愿者为学校筹资、捐款捐物、配合教师的教学与教育工作、义务服务以及主动参与决策、组织家长委员会的活动等。可见,美国家校合作内容广泛、形式多样。由于文化传统、管理体制、教育环境、管理民主化程度的差异,世界各国的家长在参与学校管理上呈现出不同态势。如美国、英国、澳大利亚等国,中小学家长依据各自国家的教育法规几乎参与到了学校管理的各个领域,如人事、财务、课程及内容设置、工作评价、改革计划认可、制定政策等。但以色列、日本等国,家长在学校管理方面并没有实质性参与,如日本,不仅规定甚至还明令禁止家长与教师协会(Parent-Teacher Association,PTA)对学校人事、其他管理事务进行"干涉",以及对教育的"不当支配"。[②]

(二)家校的合作形式

在美国,家长参与学校教育的基本模式有两大类:一类是家本参与(home-based involvement),即为了学生的发展,家长基于家庭的实际而在家庭中围绕着与学校相关的活动与孩子进行的双向互动活动,在活动中家长一般是作为支持者、学习者而发挥作用,如对孩子的教育进行的直接资源投资;另一类是校本参与(school-based involvement),即家长为了学生的发展基于学校的实际而在学校中参与的一系列活动,主要是指家长参与学校决策以及学校管理的活动。[③] 其中,校本参与是家长参与学校教育的核心实践,也是家庭和学校之间进行沟通和交流的主要途径。校本参与的主要方式有:(1)家长对家庭和学校之间信息传递活动的参与。方式包括家访、家长会、开放日、学生作业展览、家庭学校手册、成绩报告卡、学校信息卡、学校家长公约、非正式的学校家庭聚会、家长资料中心等。(2)家长对学生在校学习和生活的直接参与。参与方式有家长志愿者帮助学校开展活动(包括对课堂教学相关活动的参与、对学校日常生活的参与)、为维护学生学习和合法人身权益而进行的参与活动(包括为其子女选择就读学校、为其子女选择相关的课程、要求学校保护子女在学校的宗教信仰自由、查阅学生在校的一切档案资料、对学校给予学生的纪律处分进行申诉、向学校追究法律责任和经济赔偿等)。(3)家长对学校管理活动的参与。方式包括家长通过地方学校理事会(或地方学区教育委员会)、家长与教师协会等来参与学校管理。

---

①陈鹃.美国家校合作的特色及对我国的启示[J].教学与管理,2010(18).

②邹强.国外家校合作问题研究及其启示[J].教学与管理,2011(10).

③贾莉莉.美国家长怎样参与学校教育[J].上海教育科研,2007(3).

在英国,根据家长参与学校教育的层次分别采取不同方式:(1)低层次参与,合作方式有家长访问学校、参加家长会、开放日、学生作业展览、家长联系簿、家长小报、家庭通信等;(2)高层次参与,合作方式有经常性的家访、家长参与课堂教学和课外活动、帮助制作教具、为学校募集资金等;(3)正式组织上的参与,如家长咨询委员会等。此外,还有近年来的一种新形式——"学习支持助手"(Learning Supporting Assistant),即招聘受过专门培训的学生家长协助教师课堂教学工作。[①]

七、反思与启示

从俄罗斯中小学校的家长委员会和家长学校的构建及运行情况可以看出,家长学校和家长委员会不但能够提高家长的素质,成为家长教育孩子的好帮手,而且充分体现了国家—社会共管方针的基本性质。这值得我们学习。

目前,我国建立家长学校和家长委员会的中小学甚少,很多中小学通过家访和家长会的方式与家长沟通,达到共同教育孩子的目的。但这种效果不尽如人意。在我国的中小学校中,每个班级的定额学生很多,班主任没有精力与每个学生的家长保持密切的联系和沟通。很多家长缺乏定时与教师沟通的意识,也有很多家长缺乏教育素养,教育孩子的方法不当。这些问题都相应地削弱了学校教育的力度。另外,我国中小学的管理主要受上层行政管理机构的领导,极少有家长的意见可以左右学校的决定,学生家长参与学校的管理,基本名不副实。社会也有些组织承担这样的社会责任,但力量薄弱,而且没有行政力量的强制,效果可想而知。因此,在我国中小学中建立家长学校和家长委员会的工作还任重道远。

当然,可喜的是 2012 年 3 月教育部颁发了《指导意见》,该文件要求公立、私立的中小学和幼儿园都要在自愿、民主的程序上组建家长委员会,但没有做出硬性的规定,只要求有条件的学校创建。该文件指出,家长可以通过家长委员会向学校提出有关学校管理的建议,参与制订学校教学计划和重大决策;学校也可以通过家长委员会向家长通报学校的工作情况。这是我国第一次以行政命令式的文件规定中小学校建立家长委员会,该委员会将成为家长和学校之间沟通的桥梁。这一规定也将促进我国中小学校管理的民主化和公开化进程。

---

①王艳玲.英国家校合作的新形式——家长担任"教学助手"现象述评[J].比较教育研究,2004(7).

第十章 教育标准与课程

各阶段教育都要遵循学生身心发展规律,合理设置课程和课程标准,要让学生有更多时间锻炼身体、参加社会活动、发展个人兴趣爱好,齐心协力减轻学生课业过重负担、额外负担和学习压力。

——袁贵仁

引 言

教育标准是教育教学内容的基本要求和标准,是教学计划、课程设置、教科书编写的重要依据。课程是实现教学目标的重要手段,是教学内容的集合。教学的目标首先通过教育标准来确定基本方向和基础内容,然后通过具体课程得以实施。因此,学校的教育教学活动首先依靠教育标准来领航,再通过课程的实施来完善。只有科学的教育标准和课程,才能取得更好的教育教学成果。

苏联时期,各级教育教学评估没有统一的标准,这样给教育质量的评价及比较带来不便。《教育法》的颁布首次确定了普通教育国家教育标准,普通教育国家教育标准经历了几次修改,目前确定普通教育国家教育标准包括联邦成分、地区成分和教育机构成分三种成分。这一规定不仅为教育教学工作提供了指导性方向,同时为教育监督和评价提供了统一的标准。在国家教育标准的指导下,教育科学部进一步颁发了《俄罗斯初等教育、基础教育、中等(完全)普通教育示范教育大纲》《实施普通教育大纲的俄罗斯联邦教育机构的联邦基准教学计划和示范教学计划》,进一步规范中小学校的教学计划和课程等教学工作。

一、《教育法》对普通教育国家教育标准的规定

1992 年《教育法》颁布,在该法中,俄罗斯第一次确立包含联邦成分、民族成分和区域成分的国家教育标准。《教育法》规定教育标准是客观评价毕业生

教育水平和技能的依据,与受教育的形式无关,每 10 年修订一次。国家教育标准的制定改变了过去全国统一教育计划和教育大纲的僵硬的课程管理模式,向多元化和个性化的课程模式迈进。

2013 年新版《教育法》颁布,俄罗斯联邦制定的普通教育国家教育标准包括联邦成分、地区成分、教育机构成分三个组成部分。俄罗斯联邦通过中央的国家权力机关和管理机关,在它们的权限范围内制定国家教育标准中的联邦部分。该部分规定了基础教育大纲中必修内容的最低限度、学生学习负担量的最高限度及毕业生培养水平的起码要求。国家教育标准的制定、批准和实施办法由俄罗斯联邦政府确定。国家教育标准联邦成分的制定为教育质量评估提供统一标准,地区成分和教育机构成分的确立,又为地区和民族教育提供了多样化的教育内容。

二、《普通教育国家教育标准之联邦成分》及相关规定

俄罗斯教育部于 2004 年 1 月公布《普通教育国家教育标准之联邦成分》,该文件确定普通教育各基础教育大纲最低限度的必修内容、学生最高限度的学习负担量、教育机构毕业生的培养水平,以及确定对教育过程之保障的基本要求。

普通教育国家教育标准包括三个层面的成分:联邦成分——它由俄罗斯联邦确定;地区(民族—地区)成分——它由俄罗斯联邦主体确定;教育机构成分——它由教育机构自主确定。

初等普通教育是普通教育的第一阶段,主要致力于形成通用性的学习技能和技巧。普通教育国家教育标准对学生应具体达到的程度进行了规定。基础普通教育是普通教育的第二阶段,该阶段的教育致力于提高学生的学习动机,最大限度地实现学生的才华、潜能、需要和兴趣。中等(完全)普通教育是整个普通教育的第三阶段,即结束阶段。此阶段致力于最大限度地揭示个体的才能、个人的天赋,并在这个基础上形成职业方面、社会方面有胜任能力的、稳定的个性——善于进行职业选择和社会选择的、能自担责任的、自觉且有能力捍卫自己的公民立场和公民权利的个性。

三、普通教育大纲和基准、示范教学计划

与此同时,俄罗斯教育部于 2004 年 1 月公布《实施普通教育大纲的俄罗斯联邦教育机构的联邦基准教学计划和示范教学计划》,该计划适用于初等普通

教育、基础普通教育、中等(完全)普通教育。

初等普通教育、基础普通教育:1年级的联邦基准教学计划为33周,2~4年级的联邦基准教学计划为不少于34周。1年级每节课时长为35分钟,2~4年级每节课时长为35~45分钟。5~9年级的基础普通教育的联邦基准教学计划是一学年35周,学年的长度可按教育管理机关和教育机构的决定在34~37周之间变动,每节课时长为45分钟。在联邦基准教学计划中规定联邦成分、地区(民族—地区)成分、教育机构成分之间的比例关系为联邦成分不少于用以掌握普通教育基本教育大纲的时间总定额的75%;地区(民族—地区)成分不少于总定额的10%;教育机构成分不少于总定额的10%。

中等(完全)普通教育:10~11年级的联邦基准教学计划建构在普通教育国家教育标准的两层级的联邦成分基础上。教育机构的学生可以根据自己的兴趣及特长选择基本层级的教学科目和侧重性专业教学科目的不同搭配。教学计划中划归联邦成分各教学科目的教学时间总和,在两学年内不应超过2100课时。

俄罗斯教育部于2004年1月公布《俄罗斯初等教育、基础教育、中等(完全)普通教育示范教育大纲》。该示范教育大纲是按照联邦基本教学计划的各门科目并根据普通教育国家教育标准的联邦成分予以建构的。示范教育大纲的建构遵循适应天性的原则,衔接性和前瞻性原则,理论知识与实际运用的活动相结合的原则,交际原则,教学、发展、教育整合化原则。该示范教育大纲包括:说明性前言、基本内容、对毕业学生的培养水平要求三个部分。

四、普通教育国家教育标准中的课程

俄罗斯普通教育国家教育标准中确定了初等普通教育阶段的必修课程为:俄语、文学阅读、外语、数学、周围世界、造型艺术、音乐、工艺技术和体育。基础普通教育阶段的必修课程为:俄语、外语、文学、数学、信息学与信息交际技术、历史、地理、社会知识、物理、生物、化学、博物学、艺术、工艺技术、生命安全和体育。中等(完全)普通教育阶段的必修课程为:俄语、文学、外语、数学、信息学与信息交际技术、历史、地理、社会知识、经济、法律、物理、生物、化学、自然知识、世界艺术文化、工艺技术、生命安全和体育。[①]

---

①肖甦,王义高.俄罗斯转型时期重要教育法规文献汇编[M].北京:人民教育出版社,2009:604.

表 10-1　俄罗斯联邦教育机构的示范教学计划(年计划)

初等普通教育

教学科目	课时数/年				合计
	1 年级	2 年级	3 年级	4 年级	
俄语	165	170	170	170	675
文学阅读	132	136	102	102	472
外语		68	68	68	204
数学	132	136	136	136	540
周围世界(人,自然,社会)	66	68	68	68	270
艺术(音乐与造型艺术)①	66	68	68	68	270
工艺技术(劳动)②	33	34	68	68	203
体育	66	68	68	68	270
总计	660	748	748	748	2904

资料来源:肖甦,王义高.俄罗斯转型时期重要教育法规文献汇编[M].北京:人民教育出版社,2009.

表 10-2　俄罗斯联邦教育机构的示范教学计划(年计划)

基础普通教育

教学科目	课时数/年					合计
	5 年级	6 年级	7 年级	8 年级	9 年级	
俄语	210	210	140	105	70	735
文学	70	70	70	70	105	385
外语	105	105	105	105	105	525
数学	175	175	175	175	175	875
信息学与信息交际技术				35	70	105
历史	70	70	70	70	70	350
社会知识(含经济学和法律学)		35	35	35	35	140

①划归 1~2 年级讲授"艺术(造型艺术)"科目(每学年分别为 33 课时和 34 课时)及"工艺技术(劳动)"科目(每学年分别为 33 课时和 34 课时)的总课时,可依教育机构的决定用来讲授整合性科目"造型艺术与美工·劳动"(每学年分别为 66 课时和 68 课时)。——译者

②"信息学与信息交际技术"这门科目作为"工艺技术(劳动)"科目框架内的教学模块在 3~4 年级予以学习。——译者

续表

教学科目	课时数/年					合计
	5 年级	6 年级	7 年级	8 年级	9 年级	
地理		35	70	70	70	245
博物学	70					70
物理			70	70	70	210
化学				70	70	140
生物		35	70	70	70	245
艺术(音乐与造型艺术)	70	70	70	35	35	280
工艺技术①	70	70	70	35		245
生命安全				35		35
体育	70	70	70	70	70	350
总计	910	945	1015	1050	1015	4935

资料来源:肖甦,王义高.俄罗斯转型时期重要教育法规文献汇编[M].北京:人民教育出版社,2009.

表 10-3　中等(完全)普通教育基准教学计划

	联　邦　成　分	
	基本层级上的必修教学科目	
	教学科目名称	两学年内的课时数②
不 变 部 分	基本层级	基本层级
	俄语	70(1/1)
	文学	210(3/3)
	外语	210(3/3)
	数学	280(4/4)
	历史	140(2/2)
	社会知识(经济学和法律学)	140(2/2)
	自然知识	210(3/3)
	体育	140(2/2)

①9 年级的"工艺技术"科目的课时挪入教育机构成分,用以组织学生进行侧重性专业教学之前的准备性训练。

②以下各栏括弧内分别为 10 年级和 11 年级每周课时的设计额(非标定额)。

续表

联 邦 成 分		
基本层级或侧重层级上凭选择的教学科目		
教学科目名称	两学年内的课时数	
	基本层级	侧重层级
俄语	—	210(3/3)
文学	—	350(5/5)
外语	—	420(6/6)
数学	—	420(6/6)
历史	—	280(4/4)
体育	—	280(4/4)
社会知识	70(1/1)	210(3/3)
经济	35(0.5/0.5)	140(2/2)
法律	35(0.5/0.5)	140(2/2)
地理	70(1/1)	210(3/3)
物理	140(2/2)	350(5/5)
化学	70(1/1)	210(3/3)
生物	70(1/1)	210(3/3)
信息学与信息交际技术	70(1/1)	280(4/4)
艺术(世界艺术文化)	70(1/1)	210(3/3)
工艺技术	70(1/1)	280(4/40)
生命安全	35(1/—)	140(2/2)
合计	不超过2100①(不超过30/不超过30)	
地区(民族—地区)成分		
合计	140(2/2)	
教育机构成分		
合计	不少于280(不少于4/不少于4)	
总计	2520以内(36/36)	

(左侧竖排：可 变 部 分)

资料来源:肖甦,王义高.俄罗斯转型时期重要教育法规文献汇编[M].北京:人民教育出版社,2009.

---

①俄罗斯中等(完全)普通教育阶段(相当于中国高中)教学计划中划归联邦成分各教学科目(基本层级上的必修教学科目＋侧重性专业教学科目＋选修的基本层级上的教学科目)的教学时间的总和,于两学年内不应超过2100课时。如果联邦成分编完之后还剩余课时资源(2100课时以内),这些课时则转化为教育机构成分,并将地区(民族—地区)成分(两学年内总计140课时)纳入教学计划,最后以形成教育机构成分(两学年内总计不少于280课时)来结束教学计划的编排工作。

五、典型案例

807中学是莫斯科市国立财政拨款的普通教育机构,包括小学部和中学部。该校遵循国家教育标准联邦成分设置课程,所有课程包括国家教育标准课程、地区课程和教育机构课程。下面是该校1年级至11年级的教学计划和课程表,可以看到该校在小学阶段和中学阶段的教学任务和课程设置。

表 10-4　2012—2013 学年教学计划 1～2 年级课程设置

教育成分		班级					
教育领域的基础课程	列入课程表的科目	一(1)	一(2)	一(3)	二(1)	二(2)	二(3)
语文(语言和文学)	俄语	4	4	4	5	5	5
	文学阅读	4	4	4	3	3	3
	英语				2	2	2
数学	数学	4	4	4	4	4	4
周围世界	周围世界	2	2	2	2	2	2
体育	体育	2	2	2	2	2	2
	身体素质	1	1	1	1	1	1
艺术、工艺	艺术、工艺	2	2	2	2	2	2
	音乐	1	1	1	1	1	1
基础部分		20	20	20	22	22	22
依据学生的选择进行个性化的团体课							
有趣的英语		1	1	1		1	1
课外阅读					1	1	1
俄语、信息学与信息交际技术		1	1	1	1	1	1
数学、信息学与信息交际技术		1	1	1	1	1	1
设计活动					1	1	1
游览活动		1	1	1	1	1	1
俄语					1		
数学					1	1	1
教育机构成分		3	3	3	7	7	7
最低学生课堂承担量(一周5天)		20	20	20	22	22	22
建议一天家庭作业的最大量(一周5天)		—	—	—	1.5	1.5	1.5

注:本表中所有数字均表示周学时。

数据来源:Учебный план ГБОУ СОШ №807на 2012-2013 учебный год начальное образование 1-2 классы.http://www.pandia.ru/text/78/088/4840.php.

表 10-5 2012—2013 学年教学计划 3～4 年级课程设置

教育成分		班级			
基础计划	教学科目	三(1)	三(2)	四(1)	四(2)
语文	俄语	5	5	5	5
	文学阅读	3	3	3	3
	英语	2	2	2	2
数学与信息学	数学	4	4	4	4
周围世界	周围世界	2	2	2	2
体育	体育	2	2	3	3
	身体素质	1	1		
艺术、工艺	绘画艺术工艺	2	2	2	2
音乐	音乐	1	1	1	1
基础部分		22	22	22	22
学生选择的课程					
社会人文方向					
课外阅读		1	1	1	1
游戏和任务信息学		1	1	1	1
学生选择的个性团体课程					
俄语		1	1	1	1
数学		1	1		1
英语				2	
设计活动		1	1	1	1
游览活动		1	1	1	1
家庭任务咨询					
数学		1	1		1
教育机构成分		7	7	7	7
建议一天家庭作业的最大量(一周5天)		1.5	1.5	2	2

注:本表中所有数字均表示周学时。

数据来源:Учебный план ГБОУ СОШ №807на 2012-2013 учебный год начальное образование 3-4 классы.http://www.pandia.ru/text/78/088/4840.php.

表 10-6 2012—2013学年第一学期课程表
1～4 年级(小学教育阶段)①

		一(1)	一(2)	二(1)	二(2)	三(1)	三(2)	四(1)	四(2)
周一	1	音乐	体育	俄语	俄语	英语	俄语	数学	俄语
	2	俄语	数学	英语	周围世界	体育	英语	生命安全	数学
	3	体育	阅读	数学	数学	数学	体育	俄语	生命安全
	4	阅读	周围世界	音乐	生命安全	俄语	周围世界	英语	阅读
	5			体育	音乐	生命安全	生命安全	体育	班会
	6								信息
周二	1	数学	俄语	俄语	俄语	俄语	俄语	宗教文化与世俗道德基础	宗教文化与世俗道德基础
	2	俄语	数学	生命安全	体育	数学	数学	俄语	俄语
	3	阅读	周围世界	数学	数学	周围世界	周围世界	英语	体育
	4	生命安全	体育	阅读	阅读	阅读	阅读	周围世界	周围世界
	5						体育	音乐	劳动
周三	1	数学	俄语	俄语	英语	劳动	俄语	俄语	音乐
	2	周围世界	阅读	周围世界	数学	音乐	数学	阅读	英语
	3	俄语	数学	劳动	俄语	俄语	劳动	体育	数学
	4	阅读	生命安全	数学	周围世界	体育	音乐	数学	俄语
	5		英语	班会	班会	阅读	班会	英语	阅读
	6							信息	
周四	1	阅读/信息	体育	俄语	俄语	俄语	俄语	数学	英语
	2	数学	俄语	阅读	体育	体育	英语	俄语	数学
	3	周围世界	阅读	英语	数学	数学	数学	体育	俄语
	4	体育	劳动	周围世界	阅读	阅读	阅读	阅读	体育
	5	班会		体育				班会	
	6							信息	
周五	1	俄语	数学/信息	体育	俄语	英语	俄语	劳动	阅读
	2	数学	音乐	数学	阅读	数学	数学	周围世界	体育
	3	劳动	俄语	俄语	体育	俄语	体育	阅读	数学
	4	体育	阅读	阅读	劳动	周围世界	阅读	数学	周围世界
	5	英语	班会			英语	班会		
	6					信息			

数据来源:Расписание уроков начальной школы № 807 на 1 триместр 2012/2013 учебного года807.http://sch807.mskzapad.ru/.

---

①本表中的"信息"均为"信息学与信息交际技术"的略写。

表 10-7　2012—2013 学年教学计划

普通教育基础(5～9 年级)

教学科目	班级										
	五(1)	五(2)	六(1)	六(2)	六(3)	七(1)	七(2)	八(1)	八(2)	九(1)	九(2)
俄语	6	6	6	6	6	4	4	3	3	2	2
文学	2	2	2	2	2	2	2	2	2	3	3
外语(英语)	4	3	4	3	3	4	3	4	3	4	3
外语(德语)	2		2			2		2		2	
数学(代数)	6	6	5	5	5	4	4	4	4	4	4
地理						2	2	2	2	2	2
信息学与信息交际技术	1	1	1	1	1	1	1	1	1	2	2
历史	2	2	2	2	2	2	2	2	2	2	2
社会科学(包括经济与法律)			1	1	1	1	1	1	1	1	1
地理			2	2	2	2	2	2	2	2	2
自然	2	2									
物理						2	2	2	2	3	3
化学								2	2	2	2
生物			2	2	2	2	2	2	2	2	2
艺术(音乐)	1	1	1	1	1	1	1				
艺术(绘画)	1	1	1	1	1	1	1	1	1	1	1
工艺	1	1	1	1	1	1	1	1			
生命安全								1	1		
体育	3	3	3	3	3	3	3	3	3	3	3
周课时量	29/27	28	31/29	30	30	32/30	31	33/31	32	33/31	32
教育机构成分	2	5	1	4	4	2	5	2	5	2	5

注:本表中所有数字均表示周学时。

数据来源:Образовательная программа. http://sch807.mskzapad.ru/activity/educational _program/.

表 10-8　10 年级学生 2012—2014 学年中等(完全)教育阶段教学计划(侧重物理—数学专业)

教学科目	周学时数		
	2012—2013 学年	2013—2014 学年	两年内周学时
俄语	2	1	3
文学	3	3	6
英语	3	3	6
信息学与信息交际技术	1	1	2
历史	2	2	4
社会知识	2	2	4
地理	2	0	2
莫斯科生态与可持续发展	1	1	2
生物	1	1	2
化学	2	2	4
体育	3	3	6
艺术	1	1	2
生命安全	1	1	2
侧重教学科目			
代数	4	4	8
几何	2	2	4
物理	5	5	10
周课时量	35	32	
教育机构成分的总学时	8		

数据来源:Образовательная программа. http://sch807.mskzapad.ru/activity/educational
_program/.

表 10-9　10 年级学生 2012—2014 学生中等（完全）教育阶段教学计划（侧重社会—人文专业）

教学科目	周学时数		
	2012—2013 学年	2013—2014 学年	两年内周学时
文学	3	3	6
代数	3	3	6
几何	2	2	4
历史	2	2	4
英语	3	3	6
生物	1	1	2
化学	2	2	4
物理	2	2	4
地理	2	0	2
莫斯科生态与持续发展	1	1	2
艺术	1	1	2
信息学与信息交际技术	1	1	2
体育	3	3	6
生命安全	1	1	2
侧重教学科目			
俄语	3	3	6
社会科学	3	3	6
法律	2	2	4
周课时量	35	33	
教育机构成分的总学时	7		

数据来源：Образовательная программа. http://sch807.mskzapad.ru/activity/educational _program/.

表 10-10　5～6 年级 2012—2013 学年课程表（基础教育阶段）

		五(1)	五(2)	六(1)	六(2)
周一	1	体育	俄语	生物	社会知识
	2	数学	体育	音乐	历史
	3	俄语	音乐	数学	数学
	4	文学	数学	历史	俄语
	5	英语	历史	俄语	文学
	6	历史	文学	英语	英语
		五(1)	五(2)	六(1)	六(2)
周二	1	生命安全	体育	体育	生命安全
	2	数学	俄语	生命安全	体育
	3	俄语	工艺	俄语	数学
	4	体育	数学	英语	英语
	5	俄语	英语	文学	俄语
	6	音乐			数学	文学
		五(1)	五(2)	六(1)	六(2)
周三	1	数学	数学	英语/德语	地理
	2	自然	俄语	地理	生物
	3	英语	自然	文学	音乐
	4	工艺/信息学与信息交际技术	英语	数学	俄语
	5	工艺/信息学与信息交际技术	历史	俄语	英语
	6	历史	数学	文学	体育

续表

周四		五（1）	五（2）	六（1）	六（2）
	1	俄语	数学	数学	俄语
	2	自然	生命安全	工艺/信息学与信息交际技术	生物
	3	英语/德语	自然	工艺/信息学与信息交际技术	数学
	4	英语/德语	文学	生物	工艺/信息学与信息交际技术
	5	体育	俄语	俄语	工艺/信息学与信息交际技术
	6			英语	地理
周五		五（1）	五（2）	六（1）	六（2）
	1	英语/德语	俄语	俄语	体育
	2	英语/德语	信息学与信息交际技术	社会知识	俄语
	3	俄语	俄语	英语/德语	数学
	4	数学	数学	英语/德语	社会知识
	5	文学	体育	历史	文学
	6		英语		数学
周六		五（1）	五（2）	六（1）	六（2）
	1	数学		俄语	
	2	数学		数学	
	3	俄语		地理	
	4			体育	
	5				
	6				

数据来源：Pасписание уроков. http://sch807.mskzapad.ru/activity/educational_program/.

表 10-11　7～8 年级 2012—2013 学年课程表(基础教育阶段)

周一		七(1)	七(2)	八(1)	八(2)
	1	代数	代数	生命安全	体育
	2	生物	体育	文学	文学
	3	俄语	物理	英语	物理
	4	英语	工艺/信息学与信息交际技术	物理	生物
	5	几何	工艺/信息学与信息交际技术	代数	英语
	6	体育	音乐		代数
	7		文学		
周二		七(1)	七(2)	八(1)	八(2)
	1	俄语	俄语	英语	英语
	2	英语/德语	代数	代数	化学
	3	生物	英语	化学	俄语
	4	社会	历史	俄语	代数
	5	代数	几何	体育	艺术
	6	历史	生物		历史
	7				
周三		七(1)	七(2)	八(1)	八(2)
	1	文学	体育	历史	俄语
	2	几何	代数	化学	历史
	3	英语/德语	文学	生物	地理
	4	体育	历史	英语	化学
	5	音乐	几何	社会知识	体育
	6		社会知识	工艺	代数
	7		地理		几何

续表

		七(1)	七(2)	八(1)	八(2)
周四	1	体育	生命安全	信息学与信息交际技术/英语	英语
	2	英语/德语	俄语	俄语	社会知识
	3	生命安全	地理	信息学与信息交际技术/英语	俄语
	4	俄语	物理	文学	代数
	5	英语/德语	体育	几何	生物
	6	物理	文学	代数	工艺
	7	地理	英语	德语	
		七(1)	七(2)	八(1)	八(2)
周五	1	代数	英语	地理	生命安全
	2	英语	代数	生物	地理
	3	俄语	生物	物理	体育
	4	工艺/信息学与信息交际技术	俄语	几何	物理
	5	工艺/信息学与信息交际技术		德语	代数
	6	历史		体育	文学
	7				信息学与信息交际技术
		七(1)	七(2)	八(1)	八(2)
周六	1	地理		几何	
	2	文学		体育	
	3	物理		历史	
	4	代数		地理	
	5			俄语	
	6				
	7				

数据来源:Расписание уроков.http://sch807.mskzapad.ru/activity/educational_program/.

表 10-12 9～11 年级 2012—2013 学年课程表（完全教育阶段）

		九（1）	九（2）	10 年级（侧重社会—人文专业）	10 年级（侧重物理—数学专业）	十一（1）
周一	1	化学	物理	俄语	代数	英语/信息学与信息交际技术
	2	英语/信息学与信息交际技术	化学	代数	物理	俄语
	3	信息/英语	体育	历史		代数
	4	体育	信息学与信息交际技术	几何		化学
	5	物理	英语	化学		生物
	6	代数	文学	文学		物理
	7					体育
		九（1）	九（2）	10 年级（侧重社会—人文专业）	10 年级（侧重物理—数学专业）	十一（1）
周二	1	信息学与信息交际技术/英语	几何	俄语	物理	代数
	2	俄语	生物	物理	外语	英语
	3	艺术	历史	社会知识	代数	代数
	4	德语	物理	生物		文学
	5	历史	代数	法律	物理	生物
	6	几何	俄语	英语		物理
	7	物理	体育	文学		历史
		九（1）	九（2）	10 年级（侧重社会—人文专业）	10 年级（侧重物理—数学专业）	十一（1）
周三	1	化学	生物	代数	社会知识	生命安全
	2	德语	文学	社会知识	代数	体育
	3	代数	历史	化学		俄语
	4	文学	化学	历史		代数
	5	几何	代数	地理		化学
	6	英语				地理
	7					

续表

		九(1)	九(2)	10年级(侧重社会—人文专业)	10年级(侧重物理—数学专业)	十一(1)
周四	1	物理	俄语	生态		历史
	2	文学	地理	英语		英语/信息学与信息交际技术
	3	社会知识	代数	法律	物理	文学
	4	体育	艺术	地理		社会知识
	5	英语	社会知识	信息		物理
	6	生物	英语	体育		俄语
	7		物理	体育		
		九(1)	九(2)	10年级(侧重社会—人文专业)	10年级(侧重物理—数学专业)	十一(1)
周五	1	生物	信息	代数	社会知识	
	2	代数	几何	英语		世界文化
	3	地理	英语	社会知识	代数	代数
	4	英语/信息学与信息交际技术	文学	生命安全		体育
	5	俄语	地理	体育		信息学与信息交际技术/英语
	6	几何	世界文化	英语/信息		
	7		体育			
		九(1)	九(2)	10年级(侧重社会—人文专业)	10年级(侧重物理—数学专业)	十一(1)
周六	1	体育		俄语	物理	
	2	几何		物理	俄语	历史
	3	代数	几何	俄语		
	4	文学	文学	社会知识		
	5	历史	几何			
	6	代数				

数据来源：Расписание уроков.http://sch807.mskzapad.ru/activity/educational_program/.

六、拓展阅读

教育标准是个宏观概念,一般包括教育质量标准、课程标准和评价标准。教育质量标准具有导向功能,课程标准和评价标准都以教育质量标准为目标。课程标准是教育质量标准在内容上的具体表现,是规范和衡量课程计划、内容和学习经验的标准和尺度。而评价标准是在教育质量标准的指导下建立的,它反映了实际教育当中学生达到的学业表现水平。[①] 在教育标准中,教育质量标准是核心,教育质量标准的制定和实施关系到教育质量的提升。目前世界各国都在努力构建完善的国家教育质量标准体系,确保本国的教育质量。

(一)国际教育质量标准及其监测框架的基本类型

国际上的教育标准主要涉及学术内容标准和教育质量标准。学术内容标准(如课程)明确学生应该知道什么、能够做什么。教育质量标准或绩效标准明确规定不同阶段学生的学习内容应该达到怎样的程度。国际教育质量标准及其监测框架大致有以下几种基本类型。

1.以成就标准导向定义的教育质量框架

成就标准导向,即以"教育投入—教育过程—教育产出"的方法来定义教育质量。2004年9月,联合国教科文组织第47届国际教育大会,用这种体系框架,从投入、过程和产出(结果)三方面来评估教育质量。

2.以学业成就测评为主的大型教育质量标准比较体系

经济合作与发展组织(简称OECD)的PISA、国际教育成就评价协会(简称IEA)的国际数学与科学学业发展趋势研究项目(简称TIMSS)和国际阅读能力发展研究(简称PIRLS),主要检测学生的学业成就。OECD的国际教学与学习调查(简称TALIS)主要通过学生学业发展指数监测教师教学质量。教科文组织的全民教育质量监测和OECD的教育指标框架,是对教育质量进行的一种比较全面的监测。

3.以结果为导向的教育质量标准

该标准注重考核所培养的人是否符合国家社会经济发展的需要,是否具有适应社会的知识、能力、价值观,学校教育是否为学生的顺利升学和就业做好准备。如美国高考举办机构之一的ACT(American College Test,即美国大学入学考试),明确表明其使命在于"帮助人们在教育和职业领域取得成功"。

---

① 辛涛,姜宇.在国际视域下定义教育质量标准[J].人民教育,2012(12).

4.过程与结果并重的教育质量标准框架

欧盟的教育质量监测指标是过程与结果并重的框架。欧盟的教育质量监测涉及 4 个领域,包括 16 项指标:(1)学习成就领域,包括数学、阅读、科学成绩、外语学习、学会学习、公民教育等 7 个指标;(2)教育成功和过渡领域,包括辍学率、高中教育完成率和高等教育参与率 3 个指标;(3)教育监测领域,包括学校教育评价和父母参与 2 个指标;(4)教育资源和结构领域,包括生均教育支出、每台计算机供使用的学生人数、学前教育参与率、教师教育和培训 4 个指标。[①]

(二)发达国家的基础教育课程标准

1.美国的基础教育课程标准

美国的教育行政体制是地方分权制。其基础教育的课程标准分为联邦中央课程标准、州课程标准和地方课程标准。首先由全国权威性的学术团体或研究机构制定出全国各学科的课程标准。联邦课程标准在宏观上确定各课程的基本目标和要求,具有较强的指导性和参考性。各州再根据各地区的具体特点,制定质量更高、更详细的州课程标准。地方课程标准体现地方政府对教育的一些具体要求,并弥补以上两个层级课程标准的不足。学区和学校在课程政策的制订、课时的安排以及教材的使用上,都具有较强的自主性。无论是全国性的标准还是州级标准都力图从多个角度对课程标准进行规范。根据对已颁布的课程标准文件的分析,标准的类型主要有 4 种,即课程标准(curriculum standards)、内容标准(content standards)、表现标准(performance standards)以及终身学习标准(lifelong learning standards)。这些标准类型注重标准的多维性、可测性、层次性和表述的精确性,以便为全国测量学生的知识和技能提供科学的依据。[②]

2.英国的基础教育课程标准

英国学业质量标准渗透了《国家课程》。2007 年版的《国家课程》中,每一个学科都开宗明义地阐明,英国基础教育课程的目的在于使所有学生成为"成功的学习者""自信的个体"和"负责任的公民",其下又可以分为课程标准和成就目标,前者描述了该学科的核心概念、核心过程、内容范围、课程机会;后者则规定了学生在该领域的学业成就标准以及跨年级跨年龄段连续的表现水平标准。"成就目标"的规定与我们定义的教育质量标准较为相似。首先,按照核心

①苏红.国际基础教育质量标准:趋势、类型及对我们的启示[J].中小学管理,2011(12).
②许明,胡晓莺.美国基础教育课程标准述评[J].教育研究,2002(3).

能力和内容领域,确定每个学科的不同的成就目标。其中除了英语学科外,每个学科的成就目标都有一个方法性目标。其次,对于每个成就目标,该标准跨越不同的年龄阶段,将个体从小学 1 年级到 11 年级的成就发展水平划分为依次递进的 9 个水平(其中第 9 个水平为优秀水平),这些表现水平大致对应不同学段学生能力表现的预期水平,但是个体可以跨越不同的关键阶段而达到超越或低于对应年级的表现水平。[①]

七、反思与启示

俄罗斯普通教育标准的确立为中小学教育教学工作明确了努力方向,同时为教育质量的监督提供了统一的标准,打破了苏联时期教育质量的监督没有标准的弊端,为俄罗斯国家教育统一空间的确立奠定了基础。普通教育标准联邦部分在教育标准中所占比例比较大,保障了国家普通教育教学的统一性。地区和教育机构部分,增加了中小学课程的地方特色和校本文化的渗入,同时也赋予地区和教育机构在教学上一定的自主权。三级教育标准也表现了俄罗斯普通教育三级管理的特点:即在联邦宏观调控下,地区和学校的自治。

新中国成立之后,我国经历了多次的课程改革。21 世纪,我国基础教育开始新一轮的课程改革,将过去沿用的"教学大纲"一词改为"课程标准"。新一轮课程改革在课程功能、课程内容、课程结构、课程实施、课程标准和课程管理上进行全方位的改革,改变过去课程与教学割裂、学校被统过死、不能因地制宜地实施教学等弊端。新课程标准成为教材编写和审定的准绳,也是课程实施和评价的依据。新课程标准的编写改变了过去对教学要求笼统单一的问题,确定每个学科的性质和基本理念,从学生的身心发展特点和认知水平出发,结合教师专业化发展的特点,规定每个学科所应达到的具体目标和实施途径。新课程标准实施之后,社会各类争议不少,很多综合学科在我国各地区的实际操作性不强,经济发达地区和偏远落后地区之间的教育发展严重不均衡,很难进行统一要求。很多中小学主抓应试教育,忽视素质教育,以致新课标只成为应付上级检查的招牌。这些在教育实践中出现的问题,也引起教育专家和管理部门的重视。课程标准的制定除了其本身的科学性之外,与教育实践和社会现实的适切性问题更应该是首先考虑的因素。

[①]辛涛,姜宇.在国际视域下定义教育质量标准[J].人民教育,2012(12).

第十一章 教师的培养与培训

在教师手里操着幼年人的命运，便操着民族和人类的命运。

——陶行知

引 言

教师肩负着教书育人、培养国家未来主人和提高民族素质的重要使命。教师探索人类的灵魂，是人类灵魂的工程师，促进人类的完善自身，传承人类文明，促进社会向前发展。世界上每个国家都很重视教育、重视教师，特别是中小学教师，他们对国家的基础教育的发展起着至关重要的作用，对国家的未来负有历史使命。

在俄罗斯有着尊重教师的优良传统，俄罗斯人认为国家所取得的一切成果都依靠教育系统和教师来保障。没有学校，没有教师，就不能培养出国家的建设者和接班人。俄罗斯联邦诞生之后，俄罗斯政府在很多政策文件中，明确赋予了教师很高的社会地位和工资待遇，并对教师的职业再培训和考核进行规范，提高教师专业素养，进而使公民接受高质量的教育。

一、连续师范教育体系的构建

苏联解体之后，特别是进入 21 世纪之后，俄罗斯逐渐打造了连续师范教育体系。新时期的师范教育呈现了多种形式、多级水平，具有多功能、开放性的特色。

2001 年俄罗斯教育部颁发《俄罗斯 2001—2010 年连续师范教育体系发展纲要》，该纲要确立了师范教育这一作为俄罗斯联邦教育领域优先而成体系的发展战略。

该纲要所打造的连续师范教育体系意味着：中等教育、高等教育、大学后师范教育之相互衔接的职业教育大纲的总和；彼此相互协作的中等教育、高等教育、大学后师范教育之机构和组织的网络；师范教育的联邦和地区管理体系。

目前连续师范教育体系联合着 670 多所教育机构：346 所师范高专和中专学校（183 所高专和 163 所中专），它们由各联邦主体的预算给予财政拨款；55 所职业师范和工程师范高专和中技学校；175 所国立高等学校（81 所师范学院和师范大学，其中包括由联邦主体预算拨款的 2 所高等职业师范学校和 5 所高等学校。另有 3 所语言大学，61 所国立［古典］综合大学和 30 所分属各部门的高等学校）；94 所教育工作者业务进修和职业再培训机构（1 所教育工作者业务进修和职业再培训研究院，3 所俄罗斯教育部初等职业教育专家业务进修学院，90 所业务进修学院）。[①]

俄罗斯近几年的师范教育培养方向以及专业发展方面也有所完善。首先，政府拓宽了中等职业教育专业分类目录，新添加了 9 个专业，包括补充教育之教育学、特殊学前教育、特殊矫正教育等。其次，政府重新审核高等职业教育中师范教育的部门培养方向和专业目录，尤其是扩大了教育学士培养专业方向，相应扩充了教育科学领域内硕士的教学大纲种类。

在教育内容方面，俄罗斯政府第一次制定并批准实施中等职业师范教育国家教育标准，重新确定高等师范教育专业第二代国家教育标准。这些师范教育国家教育标准的制定和实施符合当前师范教育发展趋势，也符合社会经济文化发展的需要。

二、教师在职培训和教师技能考核

教师在职培训即补充师范教育，主要机构有教师技能培训学院及进修学院、地方教育发展中心、教师技能大学、教学—科研—师范综合体等，目前全俄有 90 所补充教育教学机构及其 12 个分校、13 个国际和地方师范教育中心承担教师的继续教育和业务技能提高工作。此外，在师范院校和教师进修学院约有上百个专门面向具有高等教育学历的学员实施各种师范专业的再培训。所有的师范教育机构都开设专业定向的专训班和选修课程班。[②]

---

①肖甦，王义高.转型期俄罗斯重要教育法规汇编［M］.人民教育出版社，2009：473.
②姜占民，卢春月.俄罗斯高校教师继续教育综述［J］.吉林省教育学院学报，2005(3).

普通教育机构每年定期组织教师接受职业培训,师范大学、综合大学教育系等也经常组织前沿教育科学知识讲座,并进行讨论、问题答疑等活动,促使广大教师尽快掌握目前最先进的教育科学研究成果以及教学方法。

俄罗斯普通教育机构的教师除了要进行定期在职培训外,在校还要进行教师教育技能考核。很多学校设立了教师教育技能评价体系,主要评价教师的教育技能水平、教师学术技能水平和科研活动等。这种评价方式也可以用于教育活动的自我评价、人员鉴定和教研室评定等。

对教师工作业绩的考核主要包括两个方面,一个方面是通过座谈、汇报以及教学法、研究报告等形式对教师教育活动结果的考核;另一个方面是通过学生对教师的评价、教师管理班级的情况、学生的学业成绩和家长意见反馈等形式,由专家对教师的工作效率给出考核结果。这些考核结果将与教师的激励工资挂钩。

三、中小学教师福利待遇

《教育法》对教育机构的从教人员的福利待遇、权利和义务等做出了明确规定:教育机构的从教人员有权参与国家教育事务和学校的教育管理,按照教学大纲可以自行选择教学方法、教学器具和教学资料。

《教育法》还规定:教育机构的从教人员到退休年龄时领取退休金;在农村地区、工人村(城镇型村落)享有带有供暖和照明设施的免费住宅;优先获得住宅。教育机构从教人员每10年连续教学工作之后有权享有一次为期1年以内的长假。长假的制度和享有长假的条件由创办者和教育机构章程规定。教育机构的从教人员每月获得金额为100卢布的现金补偿,用以购买图书。

普通教育机构条例中也明确规定,教育机构中的从教人员有权参与教育机构章程的制订以及参与该机构的管理,有权接受培训和进修,有权享受地方上为普通教育机构从教人员提供的补充优待。

四、教师自治组织

教师还在自愿的基础上组成各种社会组织。一方面,成立这种职业性的社会组织可以保护教师的合法权利;另一方面,这些社会组织也成为教师交流工作经验和传递新教学方法的重要基地。

(一)莫斯科市青年教师协会

1999年,莫斯科市创办了地区联合会以及市青年教师协会。这一社会组织的出现,旨在帮助那些刚刚走出大学校门的青年人才或者年轻教师们能够感受到自己是莫斯科青年教师协会中有价值的组成部分。

众所周知,独立职业生涯的初期是教师生命中最复杂的时刻之一,如何与学生相处? 如何与同事相处? 如何面对学生家长? 如何与学校行政干部建立良好的合作关系? 如何努力完善自己的教师技能? 当自己获得的理论知识与实践发生冲突的时候,如何纠正错误克服不足? 当然还有很多其他的问题。在青年教师协会里,青年教师们都可以找到上述问题的答案。

在莫斯科市青年教师协会中,大家互相帮助,认识很多同行朋友,共同进行创作和学习。无论青年教师是在家乡地区还是在莫斯科市区,青年教师协会都会为他们提供帮助。莫斯科市青年教师协会会协调一些市、区的项目活动,开办讨论会和培训,以及参加一些国际会议,讨论现代教育政策中的现实问题,帮助青年教师们为职业竞赛做好准备。该协会成为青年教师入职初期的好帮手,并且对教师队伍的稳定具有一定的促进作用。

(二)地区社会组织——信息学与信息交际技术教师协会

地区社会组织信息学与信息交际技术教师协会在自愿的基础上实施会员制,该协会是非营利性的、独立自治的社会组织,是由一些基于共同的职业利益而聚集在一起的公民所发起创办的,旨在实现其章程所确定的共同目的和任务。

该协会的主要任务包括:联合信息学与信息交际技术的教师们,为他们创造条件交流其职业经验和职业信息;积极参与信息学与信息交际技术领域的教育政策问题的讨论,规定其实施的途径;确保与普通教育领域中其他科目教师联合会的联系和交流,讨论一些显著性及普遍性的问题,共同商定讨论过的联合决议;邀请各大学教师和信息技术产业专家对中小学信息学与信息交际技术教师进行系统指导。

2012 年 5 月 15 日,信息学与信息交际技术教师协会举办代表大会,志愿者们在各自的所在地创建了协会的分会。目前,信息学与信息交际技术教师协会共有 7 个地区的分会:伏尔加格勒分会、沃罗涅什分会、叶卡捷琳堡分会、莫斯科分会、莫斯科州分会、萨拉托夫分会和特维尔分会。

该协会经常组织一些大型的各区域之间的会议和活动,影响范围比较广,受惠教师也非常普遍。该协会于 2012 年 1 月召开信息学国际会议,聘请国际信息技术和信息学方面的专家做专题报告,并与参加会议的教师互动,解答教师们在实践工作中遇到的一些问题;5 月开办讨论会"发展学生思维的新方法",参与的教师共同讨论教学中遇到的问题,并就发展学生思维的方法进行专题讨论;11月创办"信息学教师夏季班",为信息学教师讲授当今信息学与信息交际技术方面最前沿的信息,介绍教学中的最新方法,并邀请优秀教师进行现场示范教学。

五、中小学校师资问题

连续师范教育体系以及在职培训,为俄罗斯中小学校培养了大批优秀教师,但目前俄罗斯的中小学师资也存在很多问题。

1.师范毕业生供大于求

俄罗斯 2011 年有约 13.3 万名师范专业毕业生拿到毕业证书走向社会,在校的师范专业生人数已超过 50 万名。而据官方统计,教师岗位空缺却没有那样多,但在一些偏远地区教师数量往往不够。

2.师范毕业生不愿选择教师职业

据某就业网站社会学家问卷研究,俄罗斯半数以上有教师资格的年轻人不愿从事教育行业,甚至在入学之初就没有打算将来成为教师。他们的理想职业可能是管理人员、营业员、秘书等等,但不是教师。在这次调查中仅有 44.5% 的毕业生选择成为教师。国立院校的学生选择教师行业的人数稍多,有 45.5%;在非国立大学中这个数字仅有 40.8%。[①]

3.师资结构不平衡

中小学校中某些科目的教师过多,而有些科目的教师过少。例如,中小学目前比较需要俄语、文学、体育和物理教师,但这些师范毕业生却无法满足中小学校对这些教师的需求。

六、典型案例

莫斯科 924 中学为国家财政拨款的国立中等普通教育机构,该校于 1973 年建成,学校具有实施教育活动的国家许可。1998 年该校获批具有高级班的办学资格,2004 年获得"加深学习英语"的学校资格,2006 年学校开始实施侧重性教学,2011 年学校具有国家财政教育拨款机构的资质。学校有若干城市实验基地。

莫斯科 924 中学的师资队伍建设情况如下:该校目前有 63 名教师,其中中学学科教师有 37 人,小学教师 12 人;补充教育教师 3 人,心理教师 3 人,语言

---

① 伏尔加格勒基础教育网:http://www.vedu.ru.

矫正师 1 人;没有技能资格的教师 9 人,有二级技能资格的教师 11 人,有一级技能资格的教师 7 人,有高级技能资格的教师 36 人;历史副博士 1 人,理学副博士 1 人,心理学副博士 1 人;理学博士 1 人。学校的所有教师均有教授科目的相应学历,其中 5 名教师具有荣誉教师的称号,2 名教师为优秀人民教育工作者,4 名教师获得"协同"奖章。

莫斯科 924 中学 2011—2012 学年在教师的技能培训方面做了很多工作,取得了良好效果。学校创造各种条件对这些教师进行了持续性的技能培训,制订考核教师职业技能的新程序和新方法,改进辅导的机制,让教师都能够具有现代教育技术的能力。教师积极参与各种提高职业技能的实验,发挥自身的职业潜力。学校行政干部、教师教学方法协会的主席以及广大教师经常到班级中听课,指导教师教学,提高教学水平。2011—2012 学年,学校领导在低年级的听课次数达到 139 次;副校长在初中和高中年级的听课次数达到 188 次,并进行典型课程的分析。

表 11-1 2010—2013 各学年教学计划实施中的师资力量(单位:人)

	2010—2011	2011—2012	2012—2013
1.教师			
——行政人员	9	9	9
——小学教师	12	12	12
——中学教师	44	43	43
2.学历			
——高等师范学历	62	61	61
——高等非师范学历	1	1	1
——未取得高等教育学历的	—	—	—
——中等职业学历	2	2	2
——中等学历	—	—	—
——本科大学生	2	2	2
3.技能			
——二等技能	12	11	11
——一等技能	7	9	9
——高级技能	41	40	41

续表

	2010—2011	2011—2012	2012—2013
4.年龄			
——30 岁以下	7	9	9
——45 岁以下	12	11	11
——55 岁以下	26	25	25
——退休人员	22	21	21
5.工作年限			
——不到 1 年	2	—	—
——1～3 年	6	8	8
——3～5 年	4	5	5
——5～10 年	4	3	3
——10～15 年	7	5	5
——15～20 年	14	11	11
——20 年以上	30	34	34

数据来源：Итоги 2011/2012 учебного года.http://sch924.mskobr.ru/report/.

莫斯科 924 中学的教师每年定期参加学校、莫斯科市以及国家的教师培训,培训之后还要进行相应的考核。以下表格为莫斯科市中小学教师的评价指标表,可以看出,莫斯科市教师培训考核的基本指标。

表 11-2　莫斯科市的教师评价

No	指标名称	2011 年		2012 年	
		第三季度	第四季度	第一季度	第二季度
1	按照既定程序获得一级技能资格,并符合官方确认的教师比例	10.14%	14.05%	20.77%	23.35%
2	按照既定程序获得一级技能资格的教师比例	3.1%	4.25%	6.36%	7.65%
3	按照既定程序获得高等技能资格的教师比例	5.54%	7.8%	11.32%	12.41%
4	按照既定程序获得官方确认资格的教师比例	1.5%	2%	3.09%	3.3%

数据来源：Аттестация учителей. http://www.kpmo.ru/kpmo/view/projects/place/28.

表 11-3　为适应国家教育标准进行的技能提高及职业再培训

No	指标名称	2011 年		2012 年	
		第三季度	第四季度	第一季度	第二季度
1	接受过国家教育标准技能提高和职业再培训的教师和普通教育机构领导人数比例	10.35%	24.2%	8.65%	13.16%
2	接受过国家教育标准技能提高和职业再培训的普通教育机构领导人数比例	33.6%	72.73%	17.26%	21.84%
3	接受过国家教育标准技能提高和职业再培训的普通教育机构教师人数比例	9.42%	22.17%	7.47%	12.03%
4	接受过国家教育标准技能提高和职业再培训的小学教师人数比例	6.8%	17.52%	17.14%	25.85%
5	接受过国家教育标准技能提高和职业再培训的初中教师人数比例	2.63%	4.65%	2.21%	4.13%

数据来源：Повышение квалификации и/или профессиональная переподготовка для работы в соответствии с ФГОС. http://www.kpmo.ru/kpmo/statistic/monitor/obj/28/level/2/table/t105.

七、拓展阅读

教师培训是促进教师专业发展和提高教育教学质量的有效路径。中共中央、国务院颁发的《国家中长期教育改革和发展规划纲要(2010—2020 年)》高度重视教师队伍建设,将其作为教育改革发展的重要保障措施,并提出了"严格教师资质,提升教师素质,努力造就一支师德高尚、业务精湛、结构合理、充满活力的高素质专业化教师队伍"①。目前我国中小学教师培训状况如何? 我们到底需要怎样的教师培训?

就中小学教师培训状况有实证研究表明:教师有着较高的培训需求与愿望,不少教师表示希望能够有多一点的时间参加专业培训,能够有多一点的机会观摩指导教师或其他优秀教师的课堂教学,以丰富自己的知识结构,提升实践能力。在中小学教师希望通过培训提高的方面中,排在首位的是"实践能力与实践智慧",其次是"广博的文化知识",排在第三位的是"学科专业知识",再者就是"教育学、心理学理论知识"。广大中小学教师希望通过哪种途径促进专

①国家中长期教育改革和发展规划纲要(2010—2020 年)[M].北京:人民出版社,2010:51—55.

业发展呢？调查数据显示，教师最希望的专业发展途径依次为"脱产学习与进修""请校外的专家指导和帮助""参加自上而下的教师培训""自主学习""校本教研和校本培训""参加科研活动"。广大教师都希望通过"脱产学习与进修"等方式促进专业发展，提升专业素养，然而由于工作与学习的矛盾依然突出、培训经费短缺、教学任务繁重，中小学教师离开工作岗位脱产学习的可能性和机会相对较小，甚至没有。中小学教师培训的实效性不强，教师培训存在着培训效果差、培训过程走形式、考试走过场等问题，从而导致教师的积极性和满意度不高。有一位教师坦言："教师培训采取大会集中培训的方式，其效果只能说是双方完成任务，没有多大收获。不仅是学校的培训，还有地区的培训，都基本无收获，照本宣科，理论枯燥，考试检查时互相传抄，给大家的印象是培训就是为了收钱。"综上所述，一方面，教师参与培训的热情日益高涨；另一方面，教师培训的有效性又让人质疑。[①]

关于教师培训的有效性的争议由来已久，教师培训的内容与一线教师的现实需要脱节，培训活动将参加培训的教师与现实的工作场景隔离开来；教师培训项目完成后，没有在教师身上形成培训成果（学习内容）的转化与巩固机制，致使培训仅仅局限于过程中的严格，而少有人关注参加培训以后教师到底实现了怎样的转变。中小学教师都是冲着有效性和适切性来参加培训活动的，培训投入与有效性产出之间却非如此，因此形成了对于参加教师培训的一个形象而生动的描述："参加教师继续教育培训活动，听听激动，看看感动，想想心动，回到工作岗位一动不动"。[②] 既然如此，我们不禁思考，我们到底需要怎样的教师培训？下文将主要从培训内容和培训形式两个方面阐述这一问题。

（一）培训内容

在对教师培训内容进行调查时，87%的教师认为培训内容不切实际，理论性知识过多，有指导价值的内容较少。[③] 实证研究表明，教师们最希望通过培训提升教育教学实践能力，观摩高水平教师的授课，与高水平教师分享教学体验，从培训活动中获得的知识、经验和技能，能够在教师的工作实践中得到应用。因此，教师培训应该直接帮助教师提高教育教学水平，注重教师开展教育教学活动的实际操作能力和实践智慧的碰撞，则应当成为教师培训课程设计者和讲授者重视的重要组成部分。[④] 要加大中小学教师对培训需求的调查和研究，根据

①罗儒国.中小学教师培训状况的调查与分析[J].现代教育管理,2011(12).
②周昌宝.中小学教师培训热的冷思考[J].教育评论,2012(3).
③周玉元.我们需要什么样的教师培训——中小学教师培训需求与现行培训矛盾的调查与建议[J].学校党建与思想教育,2011(9).
①周昌宝.中小学教师培训热的冷思考[J].教育评论,2012(3).

不同地区、不同学校、不同层级的中小学教师的现实需要来研制授课内容。培训内容要关注个性,有的放矢,发挥实效,需要培训者深入学校调查研究,了解不同学历、不同教龄的教师对培训内容的不同需求,了解教师亟须培训的专业素养。深入课堂,收集教育教学中出现的各类有价值的问题,了解教师在教育教学中存在的困惑,认真研究最有效的教育教学方法,然后把它们充实到培训内容中去。

(二)培训形式

当前,教师培训最普遍的、最常见的培训形式还是专题讲座。专题讲座确实具有效率高、简单易行的优势,但是这种培训方式的最大缺陷在于传授给教师的专业知识不系统并且非常零散,更多的是直接给予教师现成的结论和答案,而中小学教师参加培训是为了解决在教育教学工作实践中面临的现实问题。根据调查显示,在教师参加培训的过程中,存在着积极的动机,教师在学习理论知识的同时,更加渴望获得实践知识,对于学校各种资源的利用、信息技术的获得都给予厚望,尤其是在学习过程中,他们更渴望与学者和实践者交流,这就需要在培训过程中进行形式的变革,以适应教师的需求。[1]

开放的中小学教师培训形式要突破培训总是在课堂进行的学习模式。培训机构组织以班级为单位、以课堂为载体的培训,使得中小学教师与实践培训成果的场所相脱离,为此有学者提出在教师培训活动中要建立"虚拟现场"来促进教师培训理论与实践的结合。[2] 实际上,如果培训能够不局限在课堂学习中,把培训项目与中小学教师在教育教学实践中的真实情境、现实需要和现实问题更紧密地结合,提升教师专业技能就能真正落到实处。

为了提高教师参与培训的积极性,实践中也引进了不少新的培训形式,比如专题研讨、案例研究、教学反思、拓展训练等,只不过这些新的培训形式目前大多流于形式,并没有发挥实效。

无论采用怎样的培训形式,在教师培训活动中应强化参加培训教师的"亲验性",也就是在培训组织时要尽可能将营造教育实践的亲身体验情境作为硬性规定,即使是讲座也要留给中小学教师足够的互动交流时间,不能只是培训授课人员"一言堂",特别是在新知识、新理论、新方法的讲授中,要请授课人员提供实际的案例。[3]

---

①李向辉.中小学教师继续教育现状的调查及对策研究[J].现代教育科学·普教研究,2010(4).

②周南照,赵丽等.教师教育改革与教师专业发展:国际视野与本土实践[M].上海:华东师范大学出版社,2007.

③周昌宝.中小学教师培训热的冷思考[J].教育评论,2012(3).

八、反思与启示

俄罗斯具有良好的教师教育传统，在 20 世纪 90 年代建立起连续的教师教育体系，而且各地区的教师在职培训和教师技能考核体系也在不断完善，且中小学教师的基本权利、工资和待遇问题也在教育法规和政策中进行了规定。

我国自古以来也是尊师重教的国度，自新中国成立后，我国的教师教育一直非常受重视，职前教育和职后教育已经形成规模和体系，还在不断完善教师资格证制度和教师评价制度，为我国的教育事业输送大批合格教师。我国中小学校的教师与俄罗斯中小学校的师资队伍一样，也存在教师队伍质量不高、结构失衡、农村偏远地区教师短缺等问题。

解决这些问题，不仅需要政府的重视、法律法规的不断健全、持续的资金投入，更需要教师自身的努力和对教育事业的坚持。俄罗斯和中国自古就有历史渊源，中国教育也曾受俄罗斯教育影响很深，教师教育也不例外，苏联时期的苏霍姆林斯基、凯洛夫、赞科夫、马卡连柯等教育家们对教师教育的论述一直影响着我国的教师。如今，两国都处在社会的转型和变革时期，教师教育也都面临着相似的挑战。俄罗斯中小学校在师资队伍建设中的经验和教训值得我们参考。

第十二章 教师工资待遇

> 教育大计,教师为本。有好的教师,才有好的教育。保障教师地位,维护教师权益,提高教师待遇,使教师成为受人尊重的职业。
>
> ——《国家中长期教育改革和发展规划纲要(2010—2020 年)》

引 言

工资制度的正确选择是整个教育系统、每个教育部门合理发展和提高工作效率的重要策略。工资制度的合理与公平是提高教师工作积极性和有效性的重要手段,因此,每个国家的政府都把此问题作为一项重要的工作。2008 年 8 月,俄罗斯联邦政府颁布法令《关于联邦财政拨款单位、联邦国家机构、部队、联邦权力机构实施新工资制度的决定》(以下简称《决定》)。为实施教育优先发展战略,提高教师工资待遇,2008 年 9 月 29 日俄罗斯联邦教育科学部依据《决定》精神发布 274 号令,建议在各地区中小学实施教师新工资制度 HCOT(новая система оплады труда),代替以前实施的统一工资等级表制度 ETC(единая тарифная сетка)。早在 2007 年,俄罗斯部分地区就开始进行新工资制度的试验,2008 年联邦教育科学部首次以法令形式建议采用新工资制度。此举直接涉及广大教师的根本利益,牵动着整个教育体系的发展,备受各界关注。

一、教师工资改革的现实动因

俄罗斯经济改革之初,政府在国家财政拨款机构实施统一工资等级表制度。统一工资等级表制度是按照技术和工作的复杂程度,把财政拨款机构中所有工种分为 18 个等级,统一确定每个等级的工资额度。但随着俄罗斯社会的渐趋稳定,市场经济秩序逐步走向正常化,统一工资等级表制度不再适应社会经济的发展,人们对这种工资分配制度的公平性与合理性产生了质疑。

在教育领域,工资问题已经给教师队伍的稳定带来负面的、消极的影响,这种工资制度无论是对社会还是对教师本人都无益处。教师工资制度存在的问题日渐暴露，大致表现在以下几个方面：1.教师的工资和工作量紧密连在一起，教师想多赚钱，就要多工作，这样就有可能增加学生的负担。2.确定教师工资的时候不考虑工作结果和质量，因此，这就导致教师只关注教学课时的数量，忽视教学质量。3.工资等级表在计算工资时只包含教学课时内的工作，而不包含课外的其他教育培养工作。因此，除检查作业和班主任工作能够得到报酬外，教师课堂以外的其他工作都无法得到相应报酬。4.工资等级表制度为老教师和退休教师确定较高的工资额度，在财政拨款有限的情况下，这种做法就会降低青年教师的工资，影响青年教师工作的积极性。

统一工资等级表制度已经不再是提升教师工作效率的有效手段，因此，教师工作的评价方式亟待改善。随着教育现代化进程的推进以及教育优先发展纲要在俄罗斯各地区的实施，教师新工资制度的出台势在必行。

二、教师工资改革的内容

依据俄罗斯联邦劳动条例以及 2008 年 8 月 5 日联邦政府颁布的 583 号法令——《决定》，俄罗斯政府规定联邦财政拨款单位工作人员的新工资制度包括工资薪额、工资等级、补偿和激励津贴等内容。所有这些内容都由集体合约、合同及地区法令确定。法令指出，实施新工资制度需遵守劳动法和包含劳动权利法规的俄罗斯联邦其他法律，甚至一些现行条例。[①] 教育科学部建议其所管辖的中小学的工资制度按照此规定执行。

早在 2007 年，教育科学部就建议各地区采用新的教师工资计算方法。新工资制度在俄罗斯 31 个地区逐步进行试验。在此基础上，2008 年教育科学部对中小学教师的新工资制度做出规定：新工资制度主要包括基础工资、激励津贴、系数和补偿工资等内容。按照规定，俄罗斯教师一周的工作量不超过 36 学时，基础工资主要是支付这些学时。其中，教师上课的课时为 18 学时，剩下的课时用来准备教案、检查作业、辅导落后学生和天才儿童、组织班会等。[②] 新工资制度中基本工资部分主要取决于定额，即 1 年教授 1 个学生的工作量。定额的标准由地区的

①Перечень нормативных актов, лежащих в основе перехода на НСОТ[EB/OL]. http://www.kpmo.ru/kpmo/info/nsotnormbaza.html.

②Новая система оплаты труда позволит учителям зарабатывать в два раза больше[EB/OL]. http://www. eduhelp. ru/page/novaja-sistema-oplaty-truda-pozvolit-uchiteljam-zaraba-tyvat-v-dva-raza-bolshe/.

教育和财政权力机关决定。除了基础部分外,教师们还能得到成就激励津贴。至于如何奖励教师,每个学校可以自行安排,通常是依据学生的学习成绩、考试分数和参加奥林匹克竞赛的成绩来决定。确定激励津贴的期限一般为 1 年、半年或者 3 个月。

除此之外,课程系数也影响工资的额度。例如:在计算工资额度时,要为那些教授俄语、数学、雅库茨克语等优先科目的教师增加 25% 的课程系数。教育科学部已经确定了所有需要增加系数的课程及具体增加的系数,但学校可以根据实际情况进行改动。根据国家规定,除了基础工资和激励津贴外,有些工作人员还可以得到具有补偿性质的工资,补偿工资的金额和条件由各地区和各学校根据具体情况决定。

《决定》规定,原则上不降低教师原有的工资水平,并设立工资最低额度。从 2009 年 1 月 1 日起,俄罗斯联邦政府确定最低工资额度为 4330 卢布。[①] 采用新工资制度后,各地区教育机构不再遵循统一的标准命令,不再使用僵化的统一表格。在实施新工资制度的过程中,教育机构能够保障其领导的自主权,为激励更优秀的工作人员,领导可自行支配激励资金。

三、教师工资改革的实施

(一)联邦政府的实施措施

俄罗斯联邦政府 2008 年 8 月颁布《决定》之后,俄罗斯联邦教育科学部根据其精神,制定配套措施,具体实施教师新工资制度。

1.从财务、经济、法律和干部人事部门抽调专业人员组成工作组。工作组首先确定各地区教育机构中各类人员人数及其职务和技术水平。其中包括:教育机构编制表所规定的工作人员的职务及其职业技能水平;机构领导副手的编制人数;现已确定工资性质和数量的工作人员人数;获得激励津贴的工作人员总数。其次,工作组分析补偿性质工资的种类、条件;分析激励津贴的种类、条件和数量。

2.在俄罗斯联邦教育科学部的领导下,各地区制定新工资制度的地方法令文本,制定各类工作人员的工作效果评价标准,其中包括:工作结果对工作人员的直接依赖关系;确定大多数工作人员所能达到的基本指标;依据效果标准来评价工作的多种方法。

---

① Бюджетников перевели на новую систему оплаты труда[EB/OL].http://www.lenta.ru/news/2008/12/01/payments/.

3.各地区各教育机构需在校长办公会议上与工会及其他相关部门讨论新工资制度及更改的条例。召开工会共同会议,对补充文本和文件的修正进行集体讨论,并将其变更补充到集体合同中,这个合同由劳动关系各方共同确定。劳动合约的变更必须提前告知工作人员。如有变更,必须将变更和补充内容写入合同,并依照确定的法律程序进行,签署工作人员劳动合同的补充合约。

(二)各地区实施情况

俄罗斯联邦教育科学部在《决定》精神的指导下,建议所管辖的中小学实施新工资制度,但是并未做出强制性规定。实际上,2001年国家委员会主席就曾委托联邦政府关注教育领域工作人员的工资问题。2006年12月,俄罗斯联邦教育科学部向各地区分发文件,在确定学校财政定额拨款程序时就指出,各地区学校有权确定工作人员的工资额度,决定基础工资和激励津贴之间的比例,以及津贴和补充工资的额度等。① 2007年新工资制度在31个地区开始试验,在参与试验的联邦主体中,大多数地区的中小学引入了新工资制度,只在个别地区,才是所有的中小学都采用新工资制度。②

自新工资制度在各地区开始进行试验至今,各地区的教育机构根据各地区、各教育机构的实际情况,采用不同模式实施新工资制度。目前,俄罗斯各地区中小学教师的工资制度大致是以下4种情况。

1.有些地区在新工资制度的框架下,复制实施统一工资等级表制度。这些地区的做法虽然保守,但在实施新工资制度的条件尚未成熟之际,也不失为明智之举。同时,这些地区通过各种方式积极、尽快地适应新工资制度和现行法律,因此,教师的工资状况并没有恶化。

2.有些地区引入新工资制度,表面上与统一工资等级表制度相区别,实质上差别并不明显。例如:圣彼得堡的一些地区克隆了新工资制度,也就是以基本单位为基准的工资制度,统一工资等级表的主要机制在新工资制度中被保留下来。实际上,统一工资等级表的第一级工资相当于基础工资,即一个税率系数乘以基本单位,这个税率系数相当于统一工资等级表中的职业等级。圣彼得堡激励津贴的最大额度被限制为基础工资的10%。③

①Андрей Фурсенко о новой системе оплаты труда,укреплении малокомплектных школ и о значении библиотек[EB/OL].http://pedsovet.org/content/view/2457/88/.

②Галина Меркулова.заработная плата учителя[J].народное образование,2009(1).

③Анатолй вифлеемский. новая система оплаты труда и её последствия[J]. народное образование,2009(1).

3.有些地区使用联邦教育科学部推荐的利用学时的模式,但这些地区并不多,况且在任何地方都没有以原始的形式使用。在具体的实践应用中,这种方法实质上早已名不副实。各地区形式上利用"学时"术语,但实际上已经改变了这种指标的计算方法,简化公式,学时只是成为某种计算的度量工具。很多地区还规定基础工资取决于定额,或者是学校的平均课堂出席率。如果新工资制度理论完全建立在学时的基础上,那么这个体系就存在明显的问题:如果学生的课堂出席率低,就要减少授课教师的工资,那么采用这种模式,效果等同于绝对地缩减支出,教师的工作质量就被工作的强度所替代。因此,教师出于经济利益考虑,更愿意担当学生数量多的教学任务,或更多地延长时间,这样就有可能降低工作质量。这种做法完全歪曲了新工资制度的初衷,致使新工资制度发生原则性改变。

4.遵循《决定》所确定的原则,很多地区制定与之相应的试行条例。在实践中引入新工资制度,教育机构工作人员的工资待遇却有差别,有些教师的基础工资依旧不多(按照《决定》的规定,这个部分不能少于实施统一工资等级表时所获得的工资,但没有规定最高额度)。因此,一些中小学教师不得不做兼职,以获得更多的工资来满足日常生活所需。但教育机构的服务人员就不会遇到这种情况。在很多新工资制度的模式里面,低收入的工作人员喜欢只做一份工作,因为完成一份工作的工资定额是2500~3000卢布,明显低于工资的最低限额。在此情况下,学校的主管人员将被迫确定其激励津贴,这样他们只做一份工作就可以达到4330卢布的最低工资限度,并且这种激励津贴的确定和工作质量没有关系。但是,如果工作人员在做1.5~2份工作的时候,就要加上补偿金,此时工资额度就会超过4330卢布,这样就达到了国家规定的最低工资限度,就不会再有激励津贴。因此,工作人员不愿意多做工作。显然,这种工资制度会导致工作人员腐化,同时也贬低激励津贴的意义。

四、典型案例

在教育领域中,同样的财政拨款条件,教育工作人员的工资情况却有差别。因为中小学教师的工资状况首先取决于其所在的地区,以及具体学校的财政来源。在缺少统一的工资保障水平的情况下,教师的工资主要是根据地方经济条件和各教育机构实际情况进行确定。因此,中小学教师的工资不仅仅是在各地区有区别,在同一个城市的教育领域内部也有区别。

(一)地区实施情况

在实施"我们的新学校"国家教育倡议之后,很多地区都进一步深化中小学的教师工资改革,为实现"我们的新学校"中对教师工资所提出的目标,很多地区对该地区的中小学教师工资进行调整。诺夫哥罗德州和莫斯科市的教师工资情况如下表所示。

1.诺夫哥罗德州

表 12-1　诺夫哥罗德州 2012 年 10 月 1 日前教师平均工资

No	指标名称	2011 年 9 月	2012 年 1 月	2012 年 4 月	2012 年 6 月	2012 年 8 月
1	俄罗斯主体经济部门员工月平均工资(以 2011 年第一季度的数额为准)	16507.4 卢布				
2	教师月平均工资	18680.54 卢布	19815.84 卢布	20361.41 卢布	20831.47 卢布	20960.01 卢布
3	教师最高工资	48996.81 卢布	49088 卢布	51005 卢布	62745 卢布	54054 卢布
4	工资高于主体经济部门平均工资的教师人数(以 2011 年第一季度的数额为准)	1998 人	2416 人	2577 人	2603 人	2626 人
5	教师工资超过主体经济部门平均工资的比例(以 2011 年第一季度的数额为准)	46.61%	59.35%			

数据来源:Средняя заработная плата учителя до 1.10.2012 в.http://www.kpmo.ru/.

表 12-2　诺夫哥罗德州 2012 年 10 月 1 日前教师月平均工资

No	指标名称	2012 年	
		第一季度	第二季度
1	2012 年初到统计季度末教师月平均工资	20393.75 卢布	20580.27 卢布
2	2012 年初到统计季度末,教师月平均工资占主体经济部门平均工资的比例(以 2011 年第一季度的数额为准)	123.52%	124.67%

数据来源:Среднемесячная заработная плата учителей до 1.10.2012в Новгородской области.http://www.kpmo.ru/.

2.莫斯科市

表 12-3　莫斯科市 2012 年 10 月 1 日前教师平均工资

No	指标名称	2011 年 9 月	2012 年 1 月	2012 年 4 月	2012 年 6 月	2012 年 8 月
1	俄罗斯主体经济部门员工月平均工资（以 2011 年第一季度的数额为准）	39016.3 卢布				
2	教师月平均工资	42854.42 卢布	47503.69 卢布	51443.02 卢布	62960.12 卢布	55733.2 卢布
3	教师最高工资	158093.55 卢布	228931.42 卢布	229876.12 卢布	371905 卢布	387138.68 卢布
4	工资高于主体经济部门平均工资的教师人数（以 2011 年第一季度的数额为准）	33001 人	37882 人	40276 人	43517 人	41801 人
5	教师工资超过主体经济部门平均工资的比例（以 2011 年第一季度的数额为准）	54.87％	65.54％			

数据来源:Средняя заработная плата учителя до 1.10.2012 в Москве.http://www.kpmo.ru/.

表 12-4　莫斯科市 2012 年 10 月 1 日前教师月平均工资

No	指标名称	2012 年	
		第一季度	第二季度
1	2012 年初到统计季度末教师月平均工资	51449.58 卢布	54180.86 卢布
2	2012 年初到统计季度末,教师月平均工资占主体经济部门平均工资的比例（以 2011 年第一季度的数额为准）	132.44％	138.92％

数据来源:Среднемесячная заработная плата учителей до 1.10.2012 в Москве. http://www.kpmo.ru/.

（二）教育机构实施情况

在具体实施新工资制度的过程中,各学校都会制订各自的基本工资和激励津贴的构成机制。在确定工资额度时,学校会考虑工作人员所有的活动。例如:上课、备课、参编资料、管理实验室、主持家长会等。在教师和教育机构领导激励津贴的分配中,参与社会协会工作也占有一定份额。学校内部的基本工资以及激励津贴都是通过集体协商才得以确定,这些具体操作程序向全体工作人员公开。在制订劳动成果的检验标准时,学校一般都会考虑大多数工作人员所能达到的标准,并且这些规定都长期有效。至于各地区具体转到新工资制度的期限,在地区和市教育机构中,这些转制的期限和规模都由财政资源的数量决定。

莫斯科 924 中学实施新的教师工资制度,起草了工作人员工资条例,并连同国家有关教师工资制度的相关材料在学校网站上公开发布。该校的教师工资主要由教师基本工资和激励工资两部分组成。基本工资和激励工资的比例由学校校长确定,激励工资的比例不能少于基本工资的 5％,也不能大于基本工资的 30％。

五、教师工资改革的实施效果

在引入新工资制度后,俄罗斯中小学教师的工资发生了很大的变化。虽然社会各界褒贬不一,但教师新工资制度是各地区教育优先发展战略的重要配套措施之一,其进步意义毋庸置疑。

(一)成效

目前,在曾经进行新工资制度试验的地区,已经初见成效。在萨马拉州,财政预算法为 2006 年 12 月 7 日颁布的《2007 年萨马拉州财政预算法案》(以下简称《法案》)。《法案》规定参加试验的学校预算标准比没参加试验的学校高出 24％～25％。结果参加试验的这些学校的教师平均工资比没参加试验的教师工资高出24％～25％。[1]

《法案》颁布后,教育科学部规定从 2009 年 1 月 1 日起,俄罗斯各地区中小学教师新工资制度全面展开。实施新工资制度之后,教师的基础工资总体上从 6000 卢布提高到 12000 卢布,在克拉斯诺亚尔斯克市达到 18000 卢布,在莫斯科州达到了 20000 卢布。[2] 现在俄罗斯中小学教师教学 1 课时的工资为 1 卢布 80 戈比到 4 卢布 50 戈比,在雅库茨克为 1 卢布 93 戈比。在雅库茨克 23 中学,实施新工资制度后,一些教师的工资增长明显,从 6000 卢布增加到 14000 卢布;有些教师工资增长不明显,从 12000 卢布增加到 15000 卢布。激励津贴期

①Анатолй вифлеемский. новая система оплаты труда и её последствия [J]. народное образование,2009(1).

②Новая система оплаты труда позволит учителям зарабатывать в два раза больше[EB/OL]. http://www.eduhelp.ru/page/novaja-sistema-oplaty-truda-pozvolit-uchiteljam-zarabatyvat-v-dva-raza-bolshe/.

限的确定在各个州也有所不同。莫斯科州的做法是,教师一次性获得 60000 卢布的激励津贴,这是比较大的数目。[①]

新工资制度的实施基于良好的出发点,即提高教师的工资待遇,稳定教师队伍以求教育质量的稳定和提高。虽然教师工资待遇的提高所应带动的整个教育体系的良性发展和教育质量的提高,目前还没有明显的表象,但俄罗斯政府在此方面采取的积极措施值得肯定。

(二)问题

虽然新工资制度在各地区实施之后收到一定的成效,但民众对新工资制度仍然颇有微词。一些学者指责新工资制度一味追求工作成绩,以此来获得更多的激励津贴未必是件好事。教育界也有人指出,无论是教师还是学生,如果他们只关心成绩的评价和奖励,依靠工作成绩来扩大自己的工资,那么就会影响授课效果,直接导致教育质量的下降。除此之外,教师每天需教授的学生数量很多:小学是一个班 25 人;在中学高年级,教师一天在不同的班级上 4～8 节课,教授的学生人数达到 100～200 人。还有班主任工作,以及与家长交流,关心学生的饮食等问题,这些高负荷工作量会影响教师的教育质量。还有一点也令人担忧,就是基本工资和激励津贴的确定都需要大量的资金储备,如果联邦预算以及联邦主体的预算资金不能按时到位或者开空头支票,那么新工资制度的执行就会陷入瘫痪。

六、拓展阅读

(一)欧美国家中小学教师工资的制定主体

中央集权制的国家,教师工资制度制定的主体一般是中央政府(如法国、日本),分权型的国家则一般是由中央、学区和州共同参与制定。如"美国中小学教师工资制度是国会制定原则,学区和州制定具体工资标准"[②],所以其工资制度通常是教师工会、学区以及州政府之间相互博弈的结果。"而英国中小学教师的工资制度一般由伯恩汉委员会制定。该委员会是根据 1944 年的教育法建立的英国教师工资仲裁机构。它主要由中央政府、地方当局以及教师这三方代表构成。伯恩汉委员会的主要职能是通过委员会中各方代表面对面地谈判,确

---

①Новая система оплаты труда позволит учителям зарабатывать в два раза больше[EB/OL]. http://www.eduhelp.ru/page/novaja-sistema-oplaty-truda-pozvolit-uchiteljam-zarabatyvat-v-dva-raza-bolshe/.

②张晓霞,崔岐恩,钞秋玲等.美国基础教育教师薪金制研究[J].教师教育研究,2005(5).

定一个各方都满意的工资方案,然后报送教育和科学大臣审批。"①

(二)欧美国家中小学教师工资的制定依据

国外中小学教师的工资,多数国家主要依据教师的任教资格(如学历或受过的教师职业培训等)、资历、职务、教龄与工作业绩进行发放,各国在具体做法上有所不同。如:1995 年英国义务教育教师工资发放依据主要看五个因素——学历、工作水平和工作态度、担负责任的大小、地区、性别(男女教师的工资在实际上略有区别)。② 德国是依据学历、教龄、职务来确定;日本、法国仅根据学历和教龄来确定;美国则是根据学历、教龄、职务和工作效率来确定;③某些国家在制定其中小学教师的工资标准时,侧重于教师的任教资格,即教师毕业于何种学校和曾受过何种培训。"比如美国、日本等国家对高学历、高学位教师实行特别工资制,以吸引高层次人才从教。"④

(三)欧美国家中小学教师的工资晋级

世界上大多数国家都实行教师工资等级制。一般情况下,中央集权型国家有全国统一的教师工资晋级办法,分权型的国家由于地区不同,教师工资晋级办法各不相同。工资等级制的特征是具有连续的工资等级,并根据各自的工资标准确定和提高教师的工资等级。在各个不同国家,最低工资和最高工资之间的等级数是不相同的,并且工资还可能出现跨等级的情况(如法国的教师工资由最低级升至最高级一般需 30 年时间,但另外又有规定,一些教学业绩优异者最多经过 19 年即可达到最高工资等级,这极大地激励了教师工作的积极性)。⑤ 不同国家教师工资提高的频率也不一样,其提高的频率和该国家工资等级制中的等级数量相关:等级较多,各等级之间的差距较小,工资提高的频率就越高,如荷兰、德国等;相反,在丹麦、意大利、英国等国家,其教师工资提高的频率较低,是因为等级工资制中等级较少,各等级之间的差距相对较大。⑥ 由于等级工资制度不能很好地体现教师的实际水平及工作业绩方面的差别,美国实行了绩效工资,将工作业绩作为教师晋级、加薪的条件,鼓励教师的积极性和创造性。到目前为止,美国已经有 11 个州在管辖范围内推

---

①庹小龙,赵志明等.中小学教师工资制度:英国模式及启示[EB/OL].http://jyjjyj.e21.cn/content.php? content_id=573.

②张园园.英国义务教育教师绩效工资制度研究综述[J].湖北成人教育学院学报,2009(6).

③李星云.国外中小学教师工资制度对我国的启示[J].教育与经济,2008(3).

④孟翔君,魏爱华.国外教师工资制度评介[J].济宁师专学报,1995(1).

⑤范莉莉.义务教育阶段教师工资的国际比较与借鉴[J].中国教师,2007(8).

⑥贺雪梅.我国中小学教师工资分配制度改革研究[D].湖南师范大学硕士学位论文,2010.

行了绩效工资计划,关于绩效奖励的参照系,在现行绩效工资计划中,大约有40％的教师绩效奖励是基于教师评价,30％是基于课堂的学生成绩进步,30％是基于学校层面的学生整体成绩进步,美国绩效工资计划的典型特征就是关注学生发展和教师专业发展。①

(四)欧美国家中小学教师工资的构成

世界上大多数国家的中小学教师工资都是由基本工资加上各种津贴补贴及附加待遇。津贴和附加待遇包括职务津贴、超工作量津贴、假日工作补贴、地区补贴、休假、住房补贴、社会保障、医疗和抚养家庭成员补贴,以及荣誉称号、奖章、奖金等。② 英国还设有特别困难学校津贴和冷门学科教授津贴。有很多国家为所有到边远农村去工作的教师增加永久性的基本工资,也有一些国家对教师给予在边远农村工作期间的奖励,例如澳大利亚。③ 日本专门制定了《偏僻地方教育振兴法》,在教师工资等级分类的基础上,还确定了偏僻地区教师津贴。④ 日本初等教育和中等教育教师的工资呈现出越是边远贫困的地方,教师的工资津贴越高,收入也就越高的现象。

(五)欧美国家中小学教师工资发放主体、形式及保障措施

绝大多数国家为保障教师工资的按时足额发放,把教师工资经费列入中央或州(省)级政府的预算,或单独拨付,或共同分担。法国是中央集权制国家,其小学和初中教师均为国家公务员,工资是由国民教育部实行中央集权型的统一管理。即"教师工资等级的划分、指定的标准、晋级的办法甚至教师个人的工作量,都由国民教育部统一规定、统一管理。地方各级政府和学校都没有权利擅自改变"⑤。法国教师工资全部费用(基本工资和岗位津贴)都列入其年度教育预算草案中,其支付和发放的唯一主体是国家。德国中小学教师工资全部由州财政独立担负,美国中小学教师的工资虽由地方学区支付,但地方学区经费的半数以上来自州政府的财政补助拨款,教师工资实际上是由州和地方学区共同担负。⑥

①赫栋峰.美国公立中小学教师绩效工资改革研究[D].西南大学硕士学位论文,2010.
②李星云.国外中小学教师工资制度对我国的启示[J].教育与经济,2008(3).
③陆璟.国外教师政策研究之四:鼓励教师到农村和边远地区工作[EB/OL].http://www.piky.com/article.asp? articleid＝200.
④刘春,David N.Gardner 等.聚焦国外义务教育经费保障机制[N].中国教育报,2006-3-10(3).
⑤高如峰.法国义务教育教师工资制度研究[J].河北师范大学学报(教育科学版),1999(3).
⑥李星云.国外中小学教师工资制度对我国的启示[J].教育与经济,2008(3).

世界各国教师工资的发放形式，大体可分为年工资制和月工资制两种。实行年工资制的有美国、英国等，大多数国家实行月工资制，法国则实行的是年、月工资混合制。

世界上大多数国家都是通过立法来保障教师工资制度的权威性、严肃性，维护教师的切身利益。如日本就通过《义务教育费国库负担法》明确规定："所有国立中小学编内教职人员的人头费（包括工资和相关福利保障费用）以及学生人头补助费和特殊补助费的 50% 由国库直接负担（国立学校则 100% 由国库负担）"[①]。如美国有多部处理工资的法令法规：《健康维护组织法案》《年龄歧视法案修订案》《工资平等 JUNE，2004 法》《公民权利法》《劳动关系法》等，并且"美国对有关教育法的制定和执行过程要求严格，注意立法及执法技术，在制定的过程中要求严格。绝大部分教育法律都比较清楚地阐明了该法律的意图、主要要求、对违法的制裁"[②]。

七、反思与启示

中小学实施新工资制度是教育系统中比较现实的问题，一方面，教育工作者希望提高工资水平，过上更加稳定、富裕的生活；另一方面，教育机构通过新工资制度提高教师工作效率及教育质量。因此，这个问题成为教育界关注的热点。有关新工资制度的确定，俄罗斯联邦中央只是制定宏观政策，没有规定统一标准和具体期限，具体配套措施都由地方政府自行确定。联邦中央给予地方充分的自主权利，但同时也增加了具体实施的复杂性。

实施新工资制度后，教师工资分配趋于合理、公平，教师工资待遇得到提高。尽管在实施的过程中，新工资制度还存在一些问题，但俄罗斯各地区中小学在执行该制度的过程中，都结合自身特点，不断完善新工资制度。新工资制度是俄罗斯实现教育优先发展策略的一项重要措施，其顺利高效地实施将为俄罗斯教育现代化进程添砖加瓦。俄罗斯中小学实施新工资制度之时，也正值我国义务教育学校开始推行绩效工资。他山之石，可以攻玉。希望俄罗斯教师的新工资制度在制定、实施方面的经验和教训，对我国教师绩效工资的推行能有一定的启示。

---

①驻日使馆教育处.日本的义务教育经费国库负担制度[N].中国教育报,2003-3-3(5).

②张晓霞,崔岐恩,钞秋玲等.美国基础教育教师薪金制研究[J].教师教育研究,2005(5).

第十三章 中小学生思想品德的塑造

> 因为道德是做人的根本。根本一坏，纵然使你有一些学问和本领，也无甚用处。
>
> ——陶行知

引言

苏联时期的教育与政治联系紧密，教育政治化、行政化现象严重。苏联解体之后，俄罗斯完全抛弃中央集权的管理体制和社会主义意识形态，投入西方自由主义思想的怀抱。《教育法》在有关国家教育政审的原则中明确了国立、地方教育机构中教育的非宗教性，禁止在教育机构中进行政党和宗教活动，不允许强迫学生参加上述组织和活动。苏联时期的思想道德教育体系被完全抛弃，原有的以社会主义和共产主义为核心的学校思想道德教育系统被全盘打破，马克思主义不再是主流的意识形态。俄罗斯教育部和地方教育行政机构也不再制定统一的德育教育大纲，也不对各级各类学校规定道德教育的具体标准，几乎将所有的权力下放给学校，国家不再干预。由于思想道德教育在学校的地位下降，原本由学校、家庭和社会组成的相互协作、稳定的思想道德教育系统不复存在。[①]

突如其来的社会变革改变了俄罗斯年轻一代的生活状态，思想及教育领域的变化改变了学校的学习生活，学校思想道德教育面临严峻的考验。1999年10月，俄罗斯教育部颁布《俄罗斯学校思想道德教育1999—2001年发展纲要》，规定学校要在教育系统中完善思想道德教育的目的、任务和方向。2002年1月，俄罗斯教育部又颁布《2002—2004年俄罗斯学校思想道德教育发展纲要的基本方针和实施计划》，要求学校建立统一的道德教育空间，构建新的道德教育系统。目前，俄罗斯的学校道德教育主要以"爱国主义"教育为核心，重塑民族精神，继续保持非党化和非意识形态化教育。在课堂教学之外，通过课外活动和大众媒体等渠道加强学生的思想道德教育。

---

① 葛立娟.俄罗斯思想政治教育研究[D].大连理工大学硕士学位论文,2009.

一、苏联时期中小学生思想道德教育的历史传统

苏联政府一直非常重视中小学生的思想道德教育,在有关法规和政策文件中做出具体明示,并将共产主义思想作为中小学的思想道德教育的核心。1984年颁布的《普通学校和职业学校改革的基本方针》指出,新时期所要培养的人才"不只是一定数量的知识持有者,他首先应该是一个社会主义社会的公民,一个积极的共产主义建设者,他不仅具有共产主义建设者所应具有的思想信念、道德和志趣,而且具有高度的劳动技能和品行修养"。1985年,苏联最高苏维埃颁布新的《国民教育立法纲要》,更明确地指出,苏联学校的主要任务是"思想政治教育,使学生形成马克思列宁主义世界观,树立共产主义信念";"爱祖国,培养苏维埃爱国主义和社会主义国际主义,时刻准备保卫社会主义祖国,能正确理解苏联共产党和苏维埃国家的内外政策及国内外发生的事件";"培养学生高尚的道德品质、人道主义、同志情谊和集体主义精神,及对社会主义财产、自然和文化历史文物的爱护态度"。中小学生思想道德教育包括马列主义基本原理教育、共产主义理想和信念教育、无神论教育、革命传统教育、爱国主义和国际主义教育、各民族团结友好教育等,道德教育主要通过课堂教学、课外活动、校外活动、少先队及共青团组织、社会文化机构等多种途径进行。[①]

道德教育的课堂教学一方面是在基本文化课程的讲授中渗透思想道德教育;另一方面通过开设专门的道德课程对学生进行思想道德教育。学生还经常参加丰富的课外活动和校外活动,如:先进人物报告会、祖国建设成就展览、老战士演讲、少先队员入队仪式、共青团员入团仪式等。通过这些活动,学生们得到了爱国主义教育和集体主义教育。在校园之外,大众媒体和各地博物馆加强对民众,特别是对青少年的共产主义思想宣传和教育。

但是苏联的思想道德教育存在教条主义、形式主义、理论脱离实践等弊端,严重影响了思想道德教育的效果。

二、俄罗斯时期思想道德教育体系的重建

2000年普京就任总统之后,开始着手构建统一的国家意识形态,结束意识形态的真空。普京在《千年之交的俄罗斯》一文中提出"俄罗斯新思想",并将

---

①肖甦.苏联学校的思想政治教育[J].外国教育动态,1987(6).

其作为国家意识形态的理论基石。"俄罗斯新思想"主要包括:"爱国主义""强国意识""国家权威"和"社会互助"4个内容。"俄罗斯新思想"的提出也是对叶利钦时期自由主义泛滥的及时纠正。此后,俄罗斯政府开始在中小学重建思想道德教育体系。

(一)政策导向和法令保障

1999年10月,俄罗斯教育部颁布《俄罗斯学校思想道德教育1999—2001年发展纲要》,规定学校要在教育系统中完善思想道德教育的目的、任务和方向。2001年12月,俄罗斯政府批准通过了《构想》,提出现阶段普通学校教育的目标为"不仅使学习者掌握一定数量的知识,更要发展其个性、认知能力和创造能力。普通学校教育应该使学生掌握一整套知识、技能和习惯,形成独立活动能力和个体责任感,也就是掌握决定现代教育质量的关键部分"。《构想》还提出了德育任务为"培养学生的公民责任感和法律意识、精神和文化、首创性、独立性、宽容,成功地进入社会并在劳动市场中积极调整的能力"。

2001年俄罗斯政府颁布《2001—2005年俄罗斯联邦公民爱国主义教育国家规划》,2002年1月俄罗斯教育部颁布《2002—2004年俄罗斯学校思想道德教育发展纲要的基本方针和实施计划》,2005年俄罗斯政府又颁布《2006—2010年俄罗斯联邦公民爱国主义教育国家规划》。这些文件为中小学思想道德教育体系的重建提供了指导思想和法律保障,并给予了具体的实施策略,保障思想道德教育在中小学的顺利开展。

(二)思想道德教育的主要内容

俄罗斯中小学思想道德教育以爱国主义教育为核心,还包括公民教育和价值观教育等。爱国主义教育主要是培养公民的爱国意识,形成爱国情感观念和信仰,树立为国家和社会利益贡献自我的思想。

中小学校是青少年思想道德教育的主要承担载体,主要通过各门课程的讲授贯彻思想道德教育,实现思想道德教育目标。除此之外,校内校外的活动也成为思想道德教育的主要途径。

1.普通教育国家教育标准中联邦成分对思想道德教育的规定

普通教育国家教育标准确定了教育大纲最低限度的必修内容,为教师的教学及考核提供了重要依据。首先,在思想道德教育方面,国家教育标准的规定有利于培养学生的公民社会和法治民主国家价值观的形成。其次,教育标准中要求学生必须掌握本民族和世界的基本成就,这对于中小学生世界观的培养和社会化有着重要的作用。

俄罗斯初等普通教育国家标准中规定,初等教育的基本目的除了使学生掌握知识、技能、技巧和发展学生个性、创造才能外,很重要的一点是培养学生的道德和审美观,培养学生对待自己和周围世界的美好情感和态度。在基础普通教育阶段,培养学生利用所学知识和技能形成完整的世界观,并有意识地培养学生形成个人的教育轨道和职业轨道。学生可以从道德、法律规范、审美价值的角度来评价自己,承担作为社会公民的责任和义务。在中等(完全)普通教育阶段,培养学生善于做出职业选择的能力,能够承担责任,能够捍卫自己的公民立场,让学生形成公民责任感、遵纪守法意识以及文明素养和崇高精神。

2.课程的设置

俄罗斯中小学思想道德教育主要通过学校的各门课程得以实施,各类教学科目的设置与世界观教育及思想道德教育、学生社会化发展息息相关。

一方面,中小学开设专门的思想道德教育课程来贯彻道德教育。例如,小学阶段开设"道德入门",让学生了解基本道德规范,让学生理解善恶美丑的基本概念,让学生初步形成道德意识。初中阶段开设"道德规范",让学生在了解基本道德规范的同时,产生对良好道德规范的情感反应,培养学生崇尚美好、疾恶如仇的意识,并在自己的行动中加以贯彻执行。高中阶段开设"道德基本原理""社会知识""政治和法律""社会哲学"等科目,培养学生的民族感、社会归属感,让他们能够正确对待日常生活,善于捍卫自己的公民立场,形成完整的世界观和价值观。

另一方面,中小学开设的其他文化课程,都渗透了思想道德教育。例如,俄语课程培养学生们对母语的热爱,对祖国的热爱。历史课程除了让学生了解本民族的历史外,还可以了解世界历史,培养学生的民族自豪感和民族精神。社会知识课程,让学生了解法律规范和公民的权利与义务,培养学生的社会主人翁精神,使他们敢于承担责任,捍卫权利。艺术课程让学生学会欣赏美,培养学生的审美观和积极向上的乐观态度。体育课程锻炼学生的身体,更培养学生坚忍的意志。其他生物、生命安全等课程也能让学生热爱生命、热爱自然,正确对待生命和周围世界。

3.课外活动

此外,学校组织多种校内外活动进行思想道德教育。如通过军训、举办历史知识竞赛、召开大型校际运动会、参观博物馆和纪念馆等方式加强爱国主义教育。如俯首山胜利广场上的卫国战争纪念馆等有定期免费开放日,供学生和新入伍士兵参观。俄罗斯政府于 2005 年 2 月开始通过专门的军事频道,每天播出 18 个小时的军事爱国教育节目。地方政府也积极配合中央,鼓励教师上爱国课,用提供或增加奖学金等方法鼓励学生加强自身的爱国主义意识。[①]

三、典型案例

莫斯科国立第一中学创建于 1956 年,距离莫斯科大学不远,附近有很多文化中心。在该校的工作计划中,思想道德教育工作都有详细的规定,且每个学年都有不同的教育任务和内容。2011—2012 学年思想道德教育的主要任务是:培养学生的集体主义精神,将完善集体放在首位,继续培养学生的精神面貌和审美观。主要的道德培养工作包括劳动教育、社会活动和道德法律教育等。

(一)学校德育工作的主要方向

1.知识认知活动。这一部分的德育工作的主要任务是通过德育工作努力创造条件,形成、发展和完善学生的认知水平;为学生创造机会表现其在学校的认知水平;开阔学生的视野,激发学生的认知兴趣。

表 13-1 各年级德育活动计划

年级	活动	进行活动的时间
5～9	智力马拉松	十二月
5	测试"它是在哪里生长?"	十一月
5	自然中的行为文化	四月
5～9	"保护自然—保护生命"主题活动	四月
8～9	快乐智谋俱乐部活动	十二月
5～6	认知游戏"最美好的时光"	十二月
9～11	"谁想成为百万富翁?"主题活动	四月
10	游戏"什么? 在哪里? 什么时候?"	三月
5～10	"爱书吧"主题活动	十二月

数据来源:Основные направления воспитательной работы. http://sch001.ru/home/activities/educational/.

2.体育健康活动。这一部分的德育工作的主要任务是创造条件让孩子保持健康的身体;培养学生像需求生活重要价值一样需求健康,有意识地渴求健康的生活方式;培养学生积极对待体育课;培养学生对待自己的健康和周围人的健康的责任感。

---

① 葛立娟,袁晓东.俄罗斯爱国主义教育研究[J].中国科技信息,2009(14).

表 13-2　各年级体育健康活动计划

年级	活动	活动时间
5～7	卫国纪念日体育节	二月
1～11	健康课	十一月
5～6	快乐智谋俱乐部"健康"活动	十一月
5～11	旅游者的足迹	九月
5～8	卫生防尘	十一月

数据来源：Основные направления воспитательной работы. http://sch001.ru/home/activities/educational/.

3.艺术审美活动。这一部分的德育工作的主要任务是增加学生的审美文化基础,培养学生发现美好事物的能力;发展学生的艺术才华;培养学生对美好事物的喜爱之情。

表 13-3　各年级艺术审美活动计划

年级	活动	活动时间
1～9	绘画展览"幸福的童年——有我,有你"	按学校计划表
5～6	静物素描秋天的树叶	九月
5～7	妈妈的节日	三月
6～9	游戏竞赛"我要成为一名士兵"	二月
1～4	"把我们的问候献给妈妈"节日演出	三月
1～6	"金色秋天"主题活动	十月
1～6	写生秋叶	十月
6～8	"来吧,小伙子们!"主题活动	二月
6～8	"来吧,姑娘们!"主题活动	三月
6～7	测试"向前冲,小伙子们!"	二月
1～6	"妈妈,我们的幸福"献给妈妈的祝福	三月
1～6	年轻艺术家的节日"我们描绘秋天"	十月

数据来源：Основные направления воспитательной работы. http://sch001.ru/home/activities/educational/.

4.劳动教育和社会活动。这一部分的德育工作的主要任务是让每一个学生都理解,平日里的工作日都能变成节日;吸引学生们参与社会活动,培养学生对待个人责任的自觉态度,促使学生劳动生活方式的形成。

表 13-4　劳动教育和社会活动计划

活动	活动时间
学校的轮流值日	按学校计划表
"培育室内植物"——移植、照看鲜花	九月和五月
"周围美景——与垃圾做斗争"打扫校园活动	每个季度末
采摘花朵	十月和五月
与特别需要关注的孩子进行交流,谈论对个人责任的自觉态度	一年中必要的时候
"劳动让人美丽"谈辛勤工作	十月

数据来源:Основные направления воспитательной работы. http://sch001.ru/home/activities/educational/.

5.道德与法律活动。这一部分的德育工作的主要任务是创造条件让学生展示其道德知识、技能,完善其道德行为;让学生了解道德法规和前辈的道德行为;让学生了解主要法律,让基本道德素质(公正、尊重、怜悯、责任感)成为学生生活中不可或缺的一部分;培养学生的意志,以及自我批评的能力。

表 13-5　各年级道德与法律活动计划

年级	活动	活动时间
1～5	"什么是善良和丑恶"主题活动	十一月
5～7	"友谊从微笑开始"主题活动	十月
1～5	"火柴不是玩具"主题活动	三月
1～5	"老师在微笑"主题活动	十一月
1～11	"我们的责任"主题活动	十二月
1～10	"许下诺言,就要守信"主题活动	三月
1～11	"学校的纪律是什么?"主题活动	十二月
1～11	"关注周围人"主题活动	三月
1～9	"我们的行为和其他人的行为"主题活动	十二月
1～11	"公正与诚实"主题活动	三月

数据来源:Основные направления воспитательной работы. http://sch001.ru/home/activities/educational/.

6.自由交流与家访工作。家访工作主要是了解学生家庭生活的物质条件、学生的心理状况以及学生在家庭中的特殊行为;通过家庭研究学生;通过家长会议、主题或个人咨询交流等体系对家长进行心理辅导。

自由交流主要包括研究每个学生在集体中的状态,在与同龄人交流过程中出现的问题;在班级创造有利于交流的情境、气氛。

表 13-6　自由交流活动计划

活动名称	活动时间
选举家长委员会	九月
与学校心理教师交流	按学校计划表
家长参与创新小组	一年内
家访	一年中必要的时间
与问题孩子及其家长进行会谈	一年内
家长与学校行政干部、教师会谈(学校开放日)	按学校计划表
家长参与课内外活动	按学校计划表
家长会议的问卷调查	在家长会议前
家长会议	一年内

数据来源:Основные направления воспитательной работы. http://sch001.ru/home/activities/educational/.

(二)课程安排

从该校 2011—2012 学年基础普通教育阶段和中等(完全)普通教育阶段的课程安排(表 13-7)可以看到,学校进行思想道德教育的具体情况。

表 13-7　2011—2012 学年的课程安排

	5 年级 (a 班)	6 年级 (a 班)	7 年级 (a 班)	8 年级 (a 班)	9 年级 (a 班)	10 年级 (a 班)	11 年级 (a 班)
星期一	世界艺术文化课 (1 学时)	劳动课 (1 学时)					
星期二	劳动课 (1 学时)	世界艺术文化课 (1 学时)	世界艺术文化课 (1 学时)				社会课 (2 学时)
星期三	劳动课 (0.5 学时)	劳动课 (1 学时)					
星期四	劳动课 (0.5 学时)			世界艺术文化课 (1 学时)	世界艺术文化课 (1 学时)		
星期五			社会课 (1 学时)		社会课 (1 学时)	社会课 (2 学时)	社会课 (1 学时)

数据来源:Основные направления воспитательной работы. http://sch001.ru/home/activities/educational/.

（三）独特的课外活动和校园文化

除了设置专门的课程之外,该校还通过各种课外活动对学生进行思想道德教育和良好品质的培养。学校有很多传统,这些传统的学校活动反映了丰富的校园生活,形成了独特的校园文化,很好地使学生、教师展现自我。比如:知识节、旅游聚会、秋天的节日、教师节、航空与宇航员之日等。在旅游聚会中,这些活动不仅能锻炼学生们的自理能力和意志,还能培养他们集体协作的能力,增加集体的凝聚力。在航空与宇航员之日活动中,大家了解了宇航知识,更重要的是了解了苏联宇航员为苏联乃至世界做出的杰出贡献,了解了加加林的成长经历和其登月的光荣事迹,培养学生崇敬民族英雄的情结。祖国保卫日活动是培养学生爱国情操的"重头戏",学生们从中了解卫国战争期间,俄罗斯人民保卫国家、英勇战斗的事迹。

在爱国主义教育实践活动中,学校的军人荣誉博物馆有着不可替代的作用。学校博物馆创建于 1977 年,后于 2004 年进行了较大的修缮。每周一、周二、周三和周五上午 8 点到下午 4 点开馆。该馆主要展示苏联装甲兵团的创建和战斗历史。博物馆中陈列着苏联第九装甲兵团曾经战斗的历史资料,有战斗事迹介绍,也有英雄战士的照片,还有战士们曾经使用过的一些武器和物品。这些资料真实再现了当年苏联第九装甲兵团浴血奋战,保卫祖国、保卫家乡、保卫人民的英雄事迹。学生们在这里可以受到广泛的爱国主义教育。在胜利日或者一些传统节日中,学校也会组织特殊的活动,加强学生的思想道德教育。

除此之外,学校还会组织一些课外活动来贯彻爱国主义和公民教育。2012年 2 月,学校组织 8 年级 1 班的同学召开讨论会,讨论如何在学习、劳动和运动中做意志坚强的人;2012 年 4 月,该班级又召开了题为"我是莫斯科人,我自豪"的专题活动。学校每个班级在每个学期都有类似的专题活动。

四、拓展阅读

宗教文化是社会文化中一个重要的部分,每个国家对于宗教文化的保护和传承都给予充分的重视,在世界很多国家,宗教教育已经进入学校,成为中小学教育的一部分。

东正教、基督新教与天主教为基督教的三大分支。东正教是俄罗斯联邦的国教,也是形成俄罗斯民族精神的内核。普京曾在朝拜教堂时指出:"没有东正教,就没有俄罗斯。"普京在一次电视讲话中强调:"在俄罗斯复兴的伟大事业中,东正教起着特殊的精神作用。"俄罗斯的文化首先是建立在东正教基础上的,俄罗斯之所以强大,正是因为它拥有东正教传播下来的精神。可见,东正教与俄罗斯文化、俄罗斯国家的发展都有着很深的渊源。最近几年,俄罗斯联邦开始重视宗教教育问题。

俄罗斯政府在《2001—2005 年公民爱国主义教育纲要》中明确指出,将东正教作为爱国主义的载体,肯定东正教教义中有关个人道德修养方面的阐述仍然对青少年有重要的教育作用。

2007 年 12 月,俄罗斯东正教代表和俄罗斯联邦教育部部长在卢卡加会议上通过将"宗教道德文化"引入俄罗斯中小学教育的决策。① 2009 年 7 月,梅德韦杰夫总统宣布从 2010 年开始将在 18 个地区的公立学校试验开展宗教教育计划,将有 25.6 万名学生及 4.4 万名教师参与。宗教教育的内容包括俄罗斯东正教、伊斯兰教、犹太教和佛教,家长和学生可以依据兴趣和信仰自行选择。

目前,在俄罗斯一些地区已经设置了东正教文化基础知识课程。例如:巴什科尔托斯坦共和国、鞑靼斯坦共和国、克拉斯诺达尔州、库尔斯克州、图拉州、沃罗涅日州。② 很多中小学聘请神学院的教授来校进行神学和教会历史等内容的讲座。

2011 年 11 月 5 日,梅德韦杰夫总统接见了东正教的代表,包括俄罗斯东正教教会的主教,东正教大学的学生和社会机构的代表。与会者讨论了学校中宗教文化教育的实践问题。一位讨论者说,在学校中引进宗教是正确的决定,不存在与学生生活脱节的问题。梅德韦杰夫表示,很高兴看到东正教教育在学校中顺利进行,这个成果来之不易,不应破坏,而要不断地完善。同时梅德韦杰夫也并不否认,学校中的东正教基础文化教育和世俗道德教育需同时发展。

梅德韦杰夫还特别指出,在学校中引入东正教课的同时还要保留学生学习其他宗教的权利,可以为学生们开设那样一门课,从这门课中可以对世界各种宗教有一个认识。③

目前,俄罗斯政府决定,从 2012 年 9 月起,全国所有学校一律开设宗教课程。

五、反思与启示

我国一直非常重视中小学的思想道德教育,学生的思想品德课程是教学中

---

① 王娜.宗教道德教育与俄罗斯中小学[J].外国中小学教育,2011(5).
② 王娜.宗教道德教育与俄罗斯中小学[J].外国中小学教育,2011(5).
③ Учительская газета[EB/OL].http://www.ug.ru/.

的重要科目,周学时和年学时在所有科目中所占比例不小,同时初中升高中、高中升大学,思想道德教育科目都是考试的必考内容。思想道德教育可以说是年年抓,时时抓,但众所周知,我国中小学生的思想道德教育的效果并不理想。问题主要表现在以下几个方面。

(一)学校教育和社会家庭教育没有形成合力

学校对学生进行思想道德教育,教导学生道德规范,学生们也按照道德规范约束自己的行为,培养自己的品行。但是,一旦走出学校,就发现社会和家庭所教导的内容与学校教师的教导有差别。例如,学校教学生要大公无私,而社会流行"人不为己,天诛地灭",如此的对比和反差,让学生对学校的道德教育产生怀疑。因此,思想道德教育必须由学校、家庭和社会形成统一的合力。社会和家庭要创造良好的环境,支持学校的思想道德教育,同时家庭和社会也要担负起中小学生的思想道德教育责任。

(二)理论和实践脱节

我国的中小学思想道德教育明显存在着理论基础强大,而实践没有跟上的弊端。学校的思想道德课程有明确的规定,并进行严格的考核,但学校被应试教育牵制,往往很少开展道德教育的实践活动。思想道德教育成了"本本"上的东西。学生说一套做一套,有的甚至形成"双重人格"。思想道德教育的终极目的不是掌握书本上的理论,最重要的是要在行动上得到贯彻,这是我们思想道德教育十分缺乏的一点。

(三)缺乏个别教育

目前,我国中小学生基本都是独生子女,都有很强的个性。在中小学校,对这些学生以班级为单位进行思想道德教育,很难照顾到学生的个性差别。而很多中小学,迫于班额的限制或者繁重的学习任务,教师没有精力去照顾每个学生的思想动向,没有时间关注每个学生的道德品质的养成。每个学生在思想品德的形成过程中,所存在的问题也不同,教师不能因材施教、有针对性地教导学生,因此,效果也不好。

从俄罗斯的中小学思想道德教育的阐述中可以看到,俄罗斯的很多做法科学性和操作性比较强。例如,他们开展的思想道德教育相关的课外活动非常丰富,我们可以借鉴学习。俄罗斯社会媒介和公共文化场所对于未成年人的思想道德教育也发挥了巨大的作用。这些都是我们所欠缺的。

第十四章 中小学生安全教育

安全工作责任重于泰山，保障孩子生命安全是教育工作的基础和前提。广大中小学生要从小注重培育提高安全素养，认真学习掌握安全知识，强化安全意识，积极参与演练，从小养成良好的安全行为习惯，让安全为出彩人生奠基，为实现中国梦护航。

——杜玉波

引 言

近年来我国校园暴力事件不断，学校安全及学生安全教育问题引起社会广泛关注。中小学生在生理上和心理上都处于弱势，是面对危险状况最多的群体。因此，增加中小学生的安全意识，提高其面对危险的应对能力，对于学生的健康成长及其社会化都有积极作用。同时，学生的安全问题关系到家庭，乃至社会的稳定。当前，我国中小学生安全教育仍存在时间不足、资源匮乏、流于形式、缺少实践演练等问题。他山之石，可以攻玉。世界上其他国家如何实施中小学生的安全教育？对我国的安全教育有何启发？带着这样的问题，笔者考察了俄罗斯中小学生安全教育状况，希冀为我国中小学生的安全教育提供借鉴。

苏联时期，政府比较重视中小学生的安全教育。1991 年 9 月，俄罗斯苏维埃联邦社会主义共和国教育部规定，在各中小学开设生命安全基础知识课程。至今为止，此课程仍然是俄罗斯中小学生接受安全教育最重要的途径。苏联解体之后，俄罗斯政府延续苏联时期的安全教育方式，并在 2003 年国家普通教育标准①联邦成分中规定，生命安全基础知识课程成为必修课程，作为毕业鉴定的内容之一。这一决定将中小学生的安全教育置于更重要的位置。

---

①俄罗斯普通教育标准分为联邦、地区（联邦主体）和学校三个层次。

一、中小学生安全教育的理念及法律基础

（一）安全教育理念

安全教育是社会文化的一部分，也是学生社会化的一个重要内容。安全教育的目的就是培养安全的人，也就是个人不能伤害任何人、不能伤害自然，甚至不能伤害自己。"安全人"的概念在《人的安全》一书中得到阐述。作者班达列夫斯卡娅和库里耶维奇指出："社会的目标、教育教学体系的目标是安全人格的形成。首先是对自己安全，对周围生存环境安全，着重于善良的安全，创造和发展自我保护能力以及社会和自然免受外部威胁。"[1]

对学生的安全教育主要在于让学生们形成对个人安全和周围人安全的责任感，在不顺利或生命受到威胁的情况下，在援助受害者的时候，让学生们获得一种保持生命和健康的能力；教授学生在危急条件下应采取行动，以最小的损失选择正确的途径来解决极端情况；让学生获得知识、技能、能力、身体健康和心理素质，这些是他们能尽快适应环境的必需条件；培养学生的责任感，让其形成有意识和有责任地对待个人安全和环境安全的态度。

（二）安全教育的法律基础

1991 年，俄罗斯苏维埃联邦社会主义共和国教育部颁发 253 号决议，自1991 年 9 月 1 日起，在普通教育机构的 2 年级、3 年级、6 年级、7 年级、10 年级和 11 年级开设生命安全基础知识课程，自此俄罗斯中小学开设专门的课程进行正规的安全教育。1994 年俄罗斯教育部建议在普通教育机构 1～11 年级开设生命安全基础知识课程。2003 年新修订的俄罗斯普通教育国家教育标准中，把生命安全基础知识课程作为必修课程。除此之外，联邦标准中还规定，在普通中小学的 8 年级开设生命安全基础知识课程，每周 1 学时。各地区和学校的教育标准规定除 8 年级之外的其他年级开设该课程，每周 1 学时。

二、中小学生安全教育的构成

（一）校内——理论与实践相结合

1.理论——生命安全基础知识课程

生命安全基础知识是一个知识领域，主要研究威胁人类的各种危险及其发生的规律，以及防范的正确方法。生命安全基础知识课程主要是在各种生活情

---

[1]Мошкин Владимир Николаевич.Цели воспитания культуры безопасности[EB/OL].http://www.oim.ru/reader@whichpage＝1&mytip＝1&word＝&pagesize＝15&Nomer＝436.asp.

境下,为学生提供安全行为的建议。课程的内容主要包括以下 3 个部分:在危险和极端情况下,人的安全和保护;健康生活方式和医疗基础知识;兵役的基础知识。

依据俄罗斯普通教育国家教育标准联邦成分的规定,生命安全基础知识课程的教育大纲最低内容限度为:日常生活中个人的安全;养成健康的生活方式、预防及杜绝坏习惯;了解道路危险、交通规则、交通危险;认识社会交通中的乘客行为;发生火灾的可能原因,防火安全措施,发生火灾时的行为规则,正确使用灭火器;掌握在水中的危险情况和处理规则,正确救助溺水者;正确使用日常设备和仪器,掌握日用化工和个人电脑等的使用规则;掌握个人的自卫方法,学会使用家用急救药箱和呼吸面罩;在野外生存时,掌握人的安全行为,学会辨别地形、方向,学会灾难报警、获取火种、水和食物的方法;建造临时庇护站。

1～11 年级的学生依据循序渐进的原则学习生命安全基础知识课程的内容。如 1～4 年级讲授:潜伏于住所中的危险;学校中的安全措施;城市中的危险因素;自然环境与安全。5～8 年级讲授:周围环境与日常生活中的危险;自然灾害事故与人的安全;社会政治冲突与人的安全。9 年级讲授:人与环境;现代高新技术环境下的危险因素;国防;自然灾害、事故及其预防。10～11 年级讲授:极端异常情况;交通事故异常情况;犯罪性极端异常情况;无外援情况下的生存。

从以上的课程安排中可以看出,生命安全基础知识课程的内容根据学生年龄和认知水平的增长来增加安全意识和安全责任的程度,知识的传授沿着模仿体验、掌握知识要领、探求理性反思这样的轨迹进行。

2.学校组织的安全教育实践活动

俄罗斯各中小学除开设生命安全基础知识课程外,还特别组织学生进行专门的安全教育实践活动。

为保障学生在学校的安全,教育机构的领导要求学校工作人员按照安全教学大纲进行防火安全培训,这个教学大纲由教育科学部依照一定程序与联邦执行机关一致通过。教育机构的领导建议学校心理学家采取纠正性的措施,教会学生在发生火灾或非常状况下采取正确的行为。全俄自愿防火协会定期教授学生安全防火知识,并在学校组建青年消防员队伍。

除此之外,一些小学经常组织家长、教师和小学生进行交通安全演示、模拟活动。一些学校还利用学生春游活动的机会开展户外野营,教导学生在大自然中辨别地形、方向,进行野外救助和灾难报警等实践活动。

由此可见,俄罗斯中小学生的安全教育不仅仅局限于理论形式,实践活动的开展还能增加学生对危险情况的感性认识,使学生真正获得应对危险的技能。

(二)校外——多种渠道实施安全教育

1.各种媒体

俄罗斯政府通过多种媒介渠道对公民,特别是中小学生进行安全教育,培养中小学生的安全意识。俄罗斯公民国防事务、应急和灾难事务委员会组织创办了"生命安全文化"以及"生命安全基础知识"等教育网站,这些网站都刊登了大量有关生命安全保障的理论知识和实践技能。除此之外,俄罗斯还出版大量的书籍杂志,介绍安全教育的相关知识,为广大公民特别是中小学生提供大量生命安全保障的相关信息。

2.安全教育专门社会机构

除各种大众媒体外,俄罗斯政府还开设多种安全教育专门社会机构,对公民,特别是中小学生进行安全教育。其中,比较有特色的是各地的防火灾宣传与社会关系中心。如北奥塞梯共和国的防火灾宣传与社会关系中心位于阿拉尼亚,1990 年 10 月公开向参观者开放。展览材料陈列于 5 个大厅内,按照历史、组织服务、培训人才、消防战术、防火的工业设施和住房、防火宣传、火灾原因及后果等主题顺序进行排列。最近两年,学龄前儿童、中小学生和大学生以及其他职业的参观者人数达到 7000 多人。该中心的工作重点就是和孩子打交道。据有关统计,发生在该共和国境内的火灾有二十分之一就是源自孩子们玩火。[①] 该中心的研究人员指出:一定要改善防火设施,最大限度地让孩子们忙于一些有意义和有趣的事情。这样,他们不会再需要那些有火灾危险的游戏。

每年 4～5 月,中心的工作人员与紧急情况部国家管理部门以及教育科学部会开展预防儿童玩火引起火灾的宣传月活动。这些措施的目的就是教会孩子们在发生火灾时该如何行事,在他人烧伤和燃烧产物中毒的时候如何实施救助。为吸引孩子们的注意力,组织者会利用游戏和认知学习等方法,如小测试、猜谜语等。中心的工作人员不仅要接待参观者,还要创建学校里的消防安全角,并给予学校消防员以方法上的支持,帮助宣传队制订假期消防知识脚本,与中小学生和学龄前儿童进行对话。

三、典型案例

按照教育部的规定,俄罗斯中小学在 1～11 年级开设生命安全基础知识课

---

①О роли огранов управления образованием в обеспечении безопасности школьников[OB/OL].http://4bx.ru/nd/s03s3sec.htm.

程。目前,依据普通教育标准的联邦成分和普通教育标准地区成分及学校成分的规定,各中小学开始具体实施安全教育。从下面几个学校的教学计划中可以看到生命安全基础知识课程的实施情况。

(一)莫斯科州拉明斯卡娅第二高级中学

根据联邦教育标准和本地区及学校教育标准,莫斯科州拉明斯卡娅第二高级中学在5～8年级开设生命安全基础知识课程。该校的教育计划规定,生命安全基础知识课程为每周1学时,分别占各年级总学时的3.5%、3.4%、3.3%、3.2%。①

(二)圣彼得堡国立普通教育机构227学校

圣彼得堡国立普通教育机构227学校在2009—2010年的教学计划中规定:在1～4年级开设"周围世界"课程。在教学中,学生学习一些针对学生安全的生命安全基础知识。"周围世界"课程为每周2学时,占总课程量20～25学时的10%～8%。②

在5～9年级的教学中,生命安全基础知识课程为每周1学时。课程主要是让学生掌握生命安全和健康的生活方式以及在日常生活中的个人安全技能,学会进行第一时间的医疗救治,掌握非常情况下的安全行为知识,能够适应大都市的生活,形成一种生态文化。5～6年级的地区课程中,生命安全基础知识课程是每周1学时,各占课程总学时数31学时和32学时的3.2%和3.1%。在7～9年级的教学中,生命安全基础知识课程是每周1学时,占总课程量34～35学时的2.94%～2.86%,其中8年级的生命安全基础知识课程是联邦标准规定的,而7年级和9年级的课程是地区标准规定的。10～11年级联邦成分的课程为每周1学时,占课程总学时36学时的2.78%。③

(三)北方行政区国立学校907中学

北方行政区国立学校907中学会定期开展生命安全教育的实践公开课。在此过程中,高年级学生获得火灾安全行为的新知识,并进行实践训练,以应对各种紧急情况。学校教师库兹涅佐夫、北方自治州管理委员会主任以及萨莫塔耶夫副市长专门为学生教授这门实践课,并把消防员的战斗装备样品展示给学生,让他们学会正确使用面罩以及听到报警后如何正确行动。④

---

①Раменская гимназия 2[EB/OL].http://gimnasia2rama.ucoz.ru/.

②Гимназия 227 г.Санкт-Петербурга[EB/OL].http://school227.ru/.

③Гимназия 227 г.Санкт-Петербурга[EB/OL].http://school227.ru/.

④Ороли огранов управления образованием в обеспечении безопасности школьников[EB/OL].http://4bx.ru/nd/s03s3sec.htm.

中小学生通过学习获得预防自然和人为危险、预防各种有害因素的相关知识，获得在危险情况下实施自救与互救的具体措施。这种系统的安全知识传授是安全教育中不可缺少的重要部分，可以为学生打下坚实的理论基础。

四、中小学生安全教育的特点

俄罗斯中小学生安全教育具有较为丰富的经验，从开始设置生命安全基础知识课程至今，俄罗斯在普通教育机构进行安全正规教育方面已经有 19 年的历史。纵观俄罗斯实施中小学生安全教育的政策、目的、内容、途径等方面的内容，笔者认为以下几点值得我国借鉴。

（一）政府重视，相关法律健全

俄罗斯对中小学生的安全教育非常重视。自 1991 年俄罗斯苏维埃联邦社会主义共和国开始在学校开设生命安全基础知识课程，实施正规的学校安全教育之后，俄罗斯政府颁布一系列相关规定，部署实施安全教育。例如：俄罗斯社会主义加盟共和国教育部令《国立普通学校开设新课程生命安全基础知识》(1991 年)、俄罗斯联邦教育部令《有关组织普通教育机构学生学习生命安全基础知识课程》(1993 年)、联邦普通与职业教育部颁布的《国立普通教育机构中生命安全基础知识课程大纲》(1994 年)、联邦普通教育与职业教育监察委员会颁布的《生命安全基础知识课程最低内容限度》(1997 年)等等。2003 年《普通教育国家教育标准联邦成分》颁布后，安全教育内容在国家教育标准中做了详细的规定，并作为必修课程，成为重要的考核内容。由此可见，有关安全教育的政策并非政府一时心血来潮，也没有朝令夕改，一系列安全教育方面的相关文件已经形成法规系统，这些文件为中小学生安全教育的实施提供了法律保障。

（二）安全教育目标服务教育总体目标

教育的总体目标就是培养全面发展的人和为人的生活做准备。俄罗斯中小学生安全文化教育目标体系设计的主要依据是教育的目标。中小学生安全教育的原始目标主要有两个：培养安全文化（过程目标）和为生活做准备（结果目标）。

小学生安全教育目标的制订紧紧结合教育总体目标，把形成和提高学生的安全素养，作为安全教育的终极目标。其目的就是培养安全的人，最终使学生能够自我救助、自我完善。该目标的制订与执行完全适应教育自身的总体目标。

（三）教育内容丰富，循序渐进，理论与实践相结合

俄罗斯进行安全教育的内容十分丰富。生命安全基础知识课程在中小学1～11年级开设，按照循序渐进的原则，每个年级的教育内容都结合孩子的成长特点，不断增加学习内容。例如：普通教育教学示范大纲中规定，1年级的生命安全基础教育课程主要讲授第一部分的内容，包括安全、街道意外、水中安全、室内安全、实践课等5个方面的知识。4年级的课程中除第一部分内容外，还增加第二部分——医疗基础知识，一共包括10个方面的安全知识。1～11年级讲解的安全知识达到60多种。[1]

每个年级在讲授安全知识的同时，都安排实践课程，1～10年级的实践课程分别占各自生命安全基础知识课程总课时数的12.5％（1～4年级）、21.5％（5年级）、30％（6年级）、21％（7～8年级）、31.6％（9年级）、11.1％（10年级）。[2]

（四）安全教育途径多样，各方有效合作

除开设生命安全基础知识课程外，学校还组织专门的课外安全教育实践活动。在俄罗斯境内还有许多像北奥塞梯共和国防火中心一样的机构，它们为学生提供安全知识的实践活动，并进行安全培训。如巴什基尔防火安全与社会关系中心已经有40年的历史，该中心内设置了俄罗斯最大规模的防火安全展览馆。该中心以宣传防火知识、推广防火经验为主要目的。在联邦境内的其他城市，如车里雅宾斯克市、乌法市、阿纳巴市等都设有防火宣传中心。同时，社会通过书籍、电视广播专栏节目、网络等多种途径宣传安全知识。俄罗斯政府开设了很多有关安全教育的网站，如：俄罗斯学校安全网站（http://kuhta.clan.su/）、安全基础知识教育门户网站（http://www.obzh.ru/）、生命安全基础知识网站（http://theobg.by.ru/index.htm），其内容丰富、实用性强，对培养孩子们的安全意识和文化修养能起到积极作用。

中小学生在接受安全教育的过程中，联邦政府、地方政府、社会团体、学校、家庭、公民、教师、学生等各方积极参与，并形成合力，共同协力开展安全教育。

---

①Б. и. Мишин. Основы безопасности жизнедеятельности 1 ～ 11классы［М］. Москва：Издательский дом《Дрофа》,1998:37,49,56,59.

②Б. и. Мишин. Основы безопасности жизнедеятельности 1 ～ 11классы［М］. Москва：Издательский дом《Дрофа》,1998:37,49,56,59.

五、拓展阅读

目前,在全球范围内出现的出生率降低和教育成本提高的过程中,各国中小学生的安全问题备受关注。加强中小学生的安全教育,已在全球范围内达成共识。其中日本和美国的中小学安全教育模式相对比较成熟。

(一)安全教育目标:以中小学生身心发展的年龄阶段为依据,制订具体的目标

1.美国南卡罗来纳州安全教育目标

美国制定的国家健康教育学习标准(National Health Education Learning Standards),为学校全面的安全教育评估提供了基本准则。南卡罗来纳州将课程标准细分,以中小学生身心发展的年龄阶段为依据,分3个年级来说明学生应该掌握的知识和技能。这些标准是组织和开展安全教育、评价学生成就的依据(见表14-1)。

表 14-1　南卡罗来纳州安全教育的课程目标及绩效指标[①]

安全教育的课程目标	5 年级	8 年级	12 年级
1.学生能够理解预防伤害、提升安全的概念	识别威胁个人安全的环境隐患以及伤害的种类;识别暴力或不安全行为造成的后果;识别和制订安全策略,以避免对自己或他人的暴力或伤害;确定不同类型的伤害在不同气候条件下应遵循的应急步骤	解释安全行为和预防伤害、避免死亡之间的关系;描述暴力的原因和影响	分析有关安全的法律法规;分析安全、危险和有害行为的短期和长期的影响;分析在学校可能引起冲突的原因
2.学生能够获得有效的安全信息、产品和服务	能找到有助于促进环境安全的社区资源和服务;描述和参与学校的紧急应变程序	能够使用家庭、学校和社区提供的有效安全信息和服务;描述和参与学校的紧急应变程序	制订策略以增进社区安全资源和服务的可用性;识别有助于处理暴力和虐待行为的机构;分析社区紧急应变程序
3.学生能够实施降低危险、提高安全的行为	提供减少或避免危险情况的策略;面对紧急情形时应有适当的反应;识别存在潜在危险的家居产品	制订个人和家庭伤害预防、处理和治疗策略;展示如何避免和减少遭遇危险情形;展示有害产品的合理使用	制订伤害预防和处理策略;展示如何避免和减少受到威胁的情况,以防止和尽量减少暴力行为;在危及生命的情况下,有紧急护理的能力

[①] 郝篆香,蔡敏.美国中小学安全教育的实施及其启示——以南卡罗来纳州为例[J].外国教育研究,2011(11).

续表

安全教育的课程目标	5年级	8年级	12年级
4.学生能够分析个人信仰、文化、大众传媒、技术和其他因素对安全的影响	识别大众媒体中出现的暴力危险行为和情形；描述大众媒体对危险行为和暴力行为的影响；意识到同龄人对自己制订冲突和安全处理策略的影响；描述家人和朋友怎样影响自己的安全行为	识别文化和大众媒体对个人安全和暴力行为的影响；说明同龄人和大众媒体对行人和车辆安全的影响	分析文化和大众媒体对暴力和个人安全行为的影响；解释相关安全法律的合理性；评估暴力对学校的影响
5.学生能够使用人际沟通技巧增进安全	展示增进安全和减少处于危险情形的拒绝技巧；展示促进个人安全的谈判技巧；展示非暴力解决冲突的策略	展示以合理方式解决冲突的策略；展示拒绝和谈判技巧，以减少受伤的风险、促进个人人身安全	展示沟通技巧，以防止和减少受伤的风险；展示避免潜在有害情形的拒绝、谈判和协作能力；展示不伤害到自己和他人的解决人际冲突的策略；展示防止冲突出现的策略
6.学生能够使用后果预测和决策技巧提高安全	预测不安全行为造成的后果；能够做出与年龄相符的决策来减少伤害自己和他人的风险；说明何时寻求帮助来制订事关自己和他人安全的决策	能够将与自己年龄相符的决策应用到关系个人安全的情形中	评估各种用于管理、调解人际冲突的策略；制订和实施提高在校人身安全的计划
7.学生具有倡导个人、家庭和社区安全的能力	展示影响和支持他人做出安全行为的策略；积极推动与同伴、家人冲突的解决	能够影响和支持他人做出减少受到故意或意外伤害的选择	计划、制订和实施一个活动，影响和支持他人做出减少受到故意或意外伤害的选择

　　由表14-1可以看出，美国对不同年龄段的学生进行安全教育的重点有所不同。小学阶段的安全教育主要体现在日常生活中对危险的识别、预防，中学阶段则以辨析和解决危险情境为主。

　　2.日本安全教育目标

　　在日本，学校从学生身心发展的年龄出发，制订了具体的安全教育目标（见表14-2）和内容，内容主要着眼于生活安全、交通安全和灾害安全三个方面（见表14-3）。

表 14-2　日本小学阶段安全教育的目标①

	安全教育的目标
低年级	理解采取安全行动的重要性,为保证安全培养良好习惯,学会遵守纪律,遵守承诺,能意识到身边的危险,一旦发现危险或在事件事故突发时,能够迅速告知教师、家长或附近的大人,并能听从指示,采取适当的行动
中年级	能在一定程度上理解身边存在着的各种危险的发生原因及知道如何防范事故,能意识到危险事态的发生并能采取行动保证自身的安全
高年级	能够通过对事态的观察预测到危险的发生,并能主动采取行动保证安全。不仅能自我保护,而且还能照顾、帮助家人和朋友,能采取一些简单的应急救护措施

表 14-3　日本学校安全教育的内容②

	小学	初中	高中
生活安全	事故事件发生时的通报方法;犯罪受害的危险与安全防范;学校生活中的危险及安全防范;远足旅行、集体住宿时的危险与安全防范	学校生活中的安全防范;运动会和体育活动中以及集体住宿中的危险与安全防范;避免受犯罪伤害及安全防范;学会防范利用手机或因特网进行的犯罪及正确利用手机、因特网的方法	学校生活中的危险与安全防范;运动会、体育活动、集体住宿中的危险与安全防范;避免成为犯罪受害者与安全防范,发现犯罪行为时应采取的妥当行动方法;对通过手机和因特网进行的犯罪防范以及手机和因特网的正确利用方法
交通安全	步行、横穿马路时的危险与安全防范;穿越铁道线时的危险与安全防范;乘自行车时的危险与安全防范;积极开展建设交通安全社会的活动	正确理解与遵守交通法规;自行车的保养点检方法和正确的骑乘方法;利用公交手段时应注意的安全行动方式;交通事故的责任	理解摩托车的特性和掌握安全的使用方法;对暴走行为的妥当对应处置方法;交通事故的责任;对铁道路口处的危险性的认识以及安全行动的方法

①张克勤.守护生命:日本中小学的安全教育[J].外国中小学教育,2009(6).
②张克勤.守护生命:日本中小学的安全教育[J].外国中小学教育,2009(6).

续表

	小学	初中	高中
灾害安全	火灾发生时的危险以及安全的行动;地震发生时的危险与安全防范;台风、火灾、雷电等的危险与安全防范;对灾害准备工作的理解	火灾发生时的危险以及安全的行动;地震发生时的危险以及安全的行动	对发生地震、海啸时的危险的认识及安全的行动;发生风、洪水(雪)和雷电等气象灾害时的危险的认识以及安全的行动;对放射线的认识及原子能灾害时的安全行动;发生火灾时的危险的认识及安全的行动

(二)安全教育的实施途径:课程＋实践

1.美国安全教育的实施途径

(1)设立专门的安全教育课程

学校按照国家课程标准和地方课程设置要求开展安全教育,课程的讲授与主干课一样,由专职教师承担。为了激发学生的学习热情,美国中小学明确规定,安全教育课程必须定期吸纳新的、真实可信的内容,使学生掌握最新的安全知识。如奥巴马政府倡导网络安全行动,国家提供资金要求学校讲授网络道德,有专门的从幼儿园到高中的互联网安全课程标准,开展网络安全教育。美国红十字会和消防队员也经常到学校讲授防火安全课。此外,学校还开展预防暴力课程、自行车安全教育课程等。

(2)其他学科渗透安全教育

其他学科的任课教师有意识地将安全教育与课程巧妙融合。如在活动课中,培养学生敏锐的反应能力和教授学生正确的火中逃生技巧等。

(3)模拟演习

理论和实践相结合才能确保安全教育的效果。美国学校非常重视校园安全演习,经常开展定期或不定期、预先通知或者突然的消防演习、飓风演习、校园枪击演习等,增强学生预防突发事件的意识,培养学生在突发事件中自救的能力。

(4)体验教育

美国中小学让学生到安全教育体验和实践基地去实际操作所学的知识、技能。如交通安全教育让学生在道路上参与交通指挥活动;在"火车日",带领学生到铁道旁,介绍过铁道的正确方法。

(5)组织安全教育宣传活动

美国中小学经常举办各种竞赛活动,宣传安全教育。1871年芝加哥大火后,美国设立了防火周和防火日,在中小学举办一系列的活动,提醒人们勿忘消防安全。此外,社会机构也经常到学校组织安全教育讲座。

2.日本安全教育的实施途径

(1)以体育保健课为中心,在各门学科教学中实施安全教育

体育保健课是日本的一项教学科目,是实施安全教育的中心课程。这里说的体育课,不仅是通常理解的关于体育知识和技能技巧的课程,它还包含着保健和安全等重要内容。在日本,小学体育保健课内容的重点是"防止受伤",初中的体育保健课主要以"伤害的防范"为重点,高中则完全把体育课和保健课分开,保健课以"交通安全教育"为核心。具体实施安全教育时,日本学校则根据《学校保健法》制订"安全教育年度计划",结合季节变化和学校活动安排,具体规定每个月的重点规划。如某高中规定7月份体育课/保健课安全教育的重点是:中暑预防、游泳安全指导、野外活动与安全等。

除体育保健课外,日本学校在其他学科教学中渗透安全知识和技能的教育。如在理科(物理、化学)等与安全关系密切的科目教学中,学校的安全教育计划,就规定了每个月理科的安全教育内容。例如10月:理解煤气中毒、一氧化碳中毒的原理和救急处理方法。

(2)活动中的安全教育

班级是日本学校开展安全教育的主要阵地,教师常围绕生活安全、交通安全、安全防范等设立主题,在班会中与学生讨论,进行安全指导。除班会外,早会或放学前的终会也适时进行安全教育。

学校经常组织交通安全讲座和避难防灾训练等,让学生在日常实践中体验突发事件,在实践中学以致用。学校还充分激发学生的主体性,如组织大家对上学、放学路上的各种隐患进行实地调查,哪里行人稀少,哪里容易突然间冲出车辆,哪里正在施工,等等,然后做成一幅"倒吸一口凉气地图",贴在教室里,分发给学生和家长,以唤起大家的交通安全意识。[①]

六、反思与启示

俄罗斯中小学生安全教育是公民安全教育的子系统,也是中小学生社会化的重要部分。目前,俄罗斯中小学生的安全教育对学生安全意识的培养、应对危险能力的增强都起到一定的促进作用,同时对学生的社会化起到重要的作用。据阿尔泰边疆区的统计,实施生命安全基础知识课程之后,安全教育促进

---

① 张克勤.守护生命:日本中小学的安全教育[J].外国中小学教育,2009(6).

了阿尔泰边疆区学校学生应对危险的能力,2001年中小学生在街道上的死亡人数和遭遇车祸人数与1990年相比缩减了1/2,由于孩子玩火而引发的火灾比1990年减少了1/4。①

目前,俄罗斯的中小学生安全教育已经形成体系,采用多种方式,以学校正规课程传授为主实施安全教育。俄罗斯各级权力机关和各种社会团体以及各界人士,共同参与安全教育,合力打造良好氛围。课程的设置具有连续性和持久性,不拘于表面形式,坚持循序渐进和理论与实践相结合的原则。这些经验可以为我国中小学生的安全教育提供借鉴。

我国中小学生的安全教育虽然在相关的文件上都有明确的规定,但很多学校的安全教育只是流于形式,或者只做理论上的讲解,而缺乏实践活动的配合。相比俄罗斯的中小学安全教育,我国中小学生的安全意识、自我保护意识以及帮助他人的能力都有待提高。我国各级政府和学校应给予充分的重视,应该从实际出发,将安全教育深入、持久地贯彻下去,尽量消除学校的安全隐患,提高中小学生的防卫意识和能力。

---

①Мошкин В. Н. Воспитание культуры безопасности школьников: Монография［M］. Барнаул: Издательство БГПУ,2002:318.

第十五章 未来公民的培养

对于个人、社会和国家的利益来说，今天和将来更重要和更急迫的是公民教育，因为现代人应该是公民，现代社会是一个公民的社会。个人需要以公民的意识和身份争取正当权益，社会和国家也需要公民来维系。

——胡乐乐《公民教育比国学教育更重要》(摘自《中国青年报》2012 年 12 月 3 日第 2 版)

引 言

公民教育的概念来源于西方，伴随着世界民主进程的推进，公民教育的概念越来越被世界各国接受和重视。为了构建公民社会，世界各国都将公民教育，特别是中小学生的公民教育放在重要的位置。

为了创建和发展国家公民教育体系，形成个人价值观，维护社会和经济的稳定，保障国家建设和发展，加强国家和公民社会的民主权利，俄罗斯政府颁布了多项俄罗斯公民教育文件，构建俄罗斯公民教育体系。《关于俄罗斯联邦普通教育机构学生公民法治教育》《公民法治教育方案》《俄罗斯公民教育的迫切任务》《关于俄罗斯联邦普通教育机构学生公民教育》《俄罗斯联邦居民公民教育(2006—2010)》等一系列文件为地区公民教育体系的构建和各中小学公民教育的开展提供了政策支持。

一、中小学公民教育的内容及途径

现代俄罗斯社会的形成、国家政权体系的现代化发展都离不开新一代的俄罗斯公民的努力。因此，俄罗斯的公民教育成为俄罗斯中小学发展纲要中不可分割的一部分。俄罗斯政府在 2003 年颁布《关于俄罗斯联邦普通教育机构学生公民教育》，对中小学公民教育进行规范。

俄罗斯中小学的初等教育、基础教育和中等教育三个阶段都始终贯穿着公民教育的内容。第一阶段(初等教育)灌输基本的道德观、行为准则,让学生形成正确的价值观。这一阶段的主要任务是发展小学生的创造能力,帮助他们形成个性,培养他们为国家做贡献。这一阶段的公民教育主要是通过"周围世界""俄语""文学阅读""艺术"等课程来培养小学生对祖国的热爱,对社会规范的理解和认同。第二阶段(基础教育)继续促进学生价值观和行为的养成,培养学生在未来的社会中独立生活。在这一阶段,学生要学会尊重法律、享有权利和承担社会责任。通过对祖国历史知识的认知,使学生形成基本的道德和法律规范。这一阶段的公民教育通过人文和自然科学的课程,特别是公民导论和社会知识课程来实现。这些课程让学生对社会角色有一定的认同,对责任和权利有一定的认识,同时让学生了解民主社会的标准和价值观,加深学生的爱国主义情怀。第三阶段(中等教育)深入并扩大这一过程中社会各个领域的知识。这一阶段的任务在于,使学生在社会活动中形成保护自己和其他人权利的意愿和能力,能够组织个人和集体的活动。这一阶段各普通教育机构主要是通过课外活动等方式实施公民教育。

二、典型案例

俄罗斯中小学公民教育形成比较完整的体系,从联邦中央的政策到联邦主体公民教育中心的构建,再到中小学的具体公民教育课程的安排及课外活动的开展,三级公民教育体系相互支撑,完成中小学的公民教育任务。

(一)萨马拉州公民教育体系的构建

萨马拉州公民教育工作主要通过萨马拉州公民教育中心的创建及其举办的活动来完成。萨马拉州公民教育中心创建于1998年,该中心由萨马拉州教育行政管理委员会创办,旨在为本地区的公民教育体系的发展和科研活动提供保障。该中心成为萨马拉州研究院的一个分支部门,萨马拉州研究院主要承担教育工作人员技能提高和再培训工作。

1.萨马拉州公民教育的方向

萨马拉州公民教育中心主要是实现公民教育领域的科学研究、设计、出版、方法指导等活动的场所。中心的主要活动旨在使萨马拉州形成有价值的、有效的公民教育体系。萨马拉州公民教育工作的主要方向是:分析萨马拉州中小学公民教育的现状;采用科学的方法完善地区成分中"生活自主基本原理"课程的教育计划;在教师中,总结和推广俄罗斯及各地区在公民教育方面的积极经验;在俄罗斯及各地区教育机构中,贯彻《公民社会教育纲要》;在进行全俄活动"我是俄罗斯公民"中给予组织和方法保障;在教育机构中实施最新的公民教育信息技术;制订方案,实现与国外组织在"公民—法律"科目教学方面的合作。

2.萨马拉州公民教育的特色周期

萨马拉州在 1993 年 10 月就开始向地区内所有的教育机构提出建议,从1994—1995 学年开始将"生活自主基本原理"地区教育课程贯彻到教育实践中。该课程在普通教育过程中创建条件,发展学生个性中的自我意识。课程促进教师与家长的合作,与社会组织、各种机构的合作(法律、文化教育),与执法机关合作,利用科学的方法激发学生的创造积极性,发展学生的沟通技巧和社交能力。"生活自主基本原理"课程成为萨马拉州各种类型教育机构的必修课程,在 1～11 年级地区成分的基础教学计划中设立了这一教程,每周 1 学时。

在开设这一课程之前,萨马拉州就制定了课程纲要、组织编写教科书和确定指导方法。在 1994—1995 年,萨马拉州教师技能进修学院针对这一新课程进行了培训,参与的教师人数达到 1000 人,之后每年有 200～250 人参与其中。目前,在初等教育、基础教育和中等教育学校中有 3000 多人教授"生活自主基本原理"课程。

在其框架下,1～4 年级的学生进入"自主"周期的学习,其教学方法由萨马拉教师阿·古特佐夫斯卡娅和格·苏拉耶娃确定。了解自身的基本特征、了解自己的内心、了解自己的感觉、知晓道德公理,对道德问题进行思考,对生活情境做出最简单的分析判断,学生在这一周期的学习中努力理解和选择最合理的"自我"保护手段。在"自主"周期中学习的模式包括:学校中的自主;家中的自主;我和其他人;我在世界中;我要成为什么样的人;在困难的时候,我如何去做;冲突与和平;我是公民;我和节约。

5～9 年级为"公民导论"周期,这一周期主要是依靠教学方法,这种教学方法是由莫斯科"公民"科研创新中心的研究人员在沙果罗夫的领导下完成的。这一周期主要是培养中小学生在日常交往的实践中遵守公民应有的行为,揭示社会、国家、家庭的基本结构和基本功能,灌输个人生存安全中最重要的保护技巧,丰富公民的社会经验。这一周期最重要的实际任务是利用一节课所学到的知识预防学生在社会上的越轨行为,这一点主要是通过专门的信息模块得以实施。在"公民导论"周期引入的模块有:人与公民;人在社会中;人和公民的自由、权利;俄罗斯宪法;法律的破坏与惩罚;现代家庭;公民与个人;生命只有一次;我们的选择——没有毒品。

10~11年级为"社会知识"周期,这些社会知识是在教学"生活自主基本原理"的基础上,由萨马拉州的学者和教师团队整理创作而成。在高年级中,课程以哲学文化的视角,给人一个崭新的世界,引导学生思考世界和生活的运行规律,思考社会和个人的位置,思考在社会、学校、家庭多样的道德伦理关系中个人的价值。这一周期旨在激活学生的社会意识和自我认识。当人对生活目标做出选择的时候,它成为青年人教育的精神基础。"生活自主基本原理"课程的基本目标在于,通过形成稳定的基本社会关系、社会生活中的政治和法律调节手段等多组概念,在民主法治国家和公民社会中培养学生为生活做准备。问题式和活动式的教学方法促使每个学生积累学习经验,将自己的计划付诸实践。这个课程的专有特点是将注意力从学生掌握的知识和规律转移到民主社会成员特有的行为习惯的养成上,其主要目的不仅仅是教授学生们社会结构的知识,而且还要教会学生们在实践中利用这些知识获得想要的结果。这意味着学生从"什么是真正的公民"这个知识的获得向"真正的公民应该做什么"这个知识的获得转变,即为了学习民主,学生们应该自我参与到民主生活中。高年级学习周期中的模块有:哲学和伦理的自主;个性心理的自主;社会自主;政治和公民政治文化;生活中的法律;生态;经济;劳动市场的有效行为。

2012年公民教育中心的工作人员准备了一系列新的"生活自主基本原理"课程纲要,因为第一批纲要是在1996年制定的,已经不能够适应时代的需求,以前的纲要中也没有为小学4年级准备的内容。俄罗斯在1998—1999年出版了新一代的学校教科书"公民导论",2001年出版并在萨马拉州使用底·果列索娃和扬·索果洛娃编的教科书《我们的选择:没有毒品》《反恐怖》(为7~9年级学生编写)、《你的生活成就》(为10~11年级编写)。一些较深刻的知识、技能和公民综合素质的掌握主要通过学生活动进行教学。在学生独立学完"生活自主基本原理"课程之后,开发者们认为在该纲要的背景下,综合实践知识和学生社会实践任务的贯彻是合理的。

3.萨马拉州公民教育的实施情况

在萨马拉州,现在超过90%的教育机构都在积极开设"生活自主基本原理"课程,市属教育管理机构为学校提供必需的纲要文件和教学参考书。目前,在萨马拉州积累了开设这种有趣的道德教育课程的丰富经验,完善了教学方法的使用。地区教育机构积极促进公民教育的发展,将积极的教学形式和方法贯彻到教学过程中,其中包括业务讨论、角色扮演等。

这些活动能够从各方面提升学生解决问题的能力,从科学国家到家庭生活,学生们大量的社会实践是萨马拉地区公民教育体系不可分割的一部分。在此基础上,社会教育方案"公民"从90年代末开始就在世界各国得到推广。

1998—1999年间,萨马拉地区公民教育中心的工作人员在大范围实验的过程中,真正改变了其技术性,使之适应俄罗斯教育体系的实际情况。2000年2月,萨马拉州教育管理机构向萨马拉州各类教育机构建议,在"生活自主基本原理"框架下实施"公民"项目。从那时起,在萨马拉州每年都会进行全州的"公民"竞赛,在2001年,这个项目的系列活动为全俄罗斯"我是俄罗斯公民"活动奠定了基础。

当前,在萨马拉州教育机构中,有大约5000名教师来负责公民教育问题,这些教师包括:"生活自主基本原理"课程的教师,补充教育体系的教师,教育机构主管思想道德教育的副校长,市属方法服务机构的专家。在萨马拉州很多城市中,公民教师方法联合会也在积极活动,优秀教师的创造性经验在普通中小学校、高级中学等教育机构广泛传播。在萨马拉地区有全俄公民教师方法联合会,有一系列独创的单独课程模块、专题策划、积极的学生工作方法。

萨马拉州的公民教育模式获得了俄罗斯联邦教育科学部"教师报"、俄罗斯联邦教师技能提高和再培训学院的高度评价。很多地区级的教师与社会工作者联合会、各地区"为了公民教育"联合会对萨马拉州的公民教育也赞赏有加。

(二)萨马拉58中学的公民教育

萨马拉58中学是萨马拉州首府萨马拉市的财政拨款普通教育机构。该校依据国家公民教育发展纲要以及地区公民教育体系的要求,结合本校的实际情况,开展中小学生的公民教育。

1.小学生的教学计划

小学生的教学计划确定萨马拉州必修课程的结构,其中包括:语文;数学与信息学;社会知识与自然知识;俄罗斯人民道德精神文化基础(提供了7个模式供选择,其中有公民课程内容);艺术;工艺;体育。组成教育过程的课外活动包括:爱国主义教育(我是公民);当地历史;精神道德(睿智学校,法制文化基本原理);社会和生态;运动与健康。

从小学的教学计划中可以看出,萨马拉州的课程中不但包括含有公民教育内容的课程,同时还规定了含有爱国主义、法制文化等内容的公民教育课外活动。

2.中学生的公民教育

萨马拉58中学制订了本校的《学生道德教育和社会化发展纲要》。该纲要指出,学生的道德教育与社会化中很重要的一部分就是进行公民教育;进行公民教育主要是在社会文化领域形成俄罗斯公民特性,其中包括家庭成员、学生的特性,领土与文化共同性,民族社会以及俄罗斯公民的特定的民族性;巩固学生对俄罗斯的信仰,对国家的个人责任感,关心自己祖国的繁荣,发扬爱国主义和倡导公民团结。

萨马拉58中学公民教育的基本内容包括两个部分,第一个部分是培养学生的公民性和爱国主义,对法律、自由、人的责任的尊重,即形成对俄罗斯国家政策结构的总体概念,明确自己在社会生活中的角色;掌握国家象征的概念,了解国家历史古迹和社会文化的意义与俄罗斯现代社会的主要价值;对公民社会结构形成系统的概念,了解公民的历史以及公民在俄罗斯和世界中的现代状态、参与社会管理的可能性;理解和认同社会行为规范,尊重保护社会秩序的机构和人物;了解宪法责任和俄罗斯公民的责任;形成俄罗斯人民共同历史命运的系统性概念,人民英雄和国家历史中最重要事件的相关知识;对破坏班级、学校和社会规则的行为、反社会的行为持否定态度。

第二个部分是对学生社会责任和社会能力的培养,其内容包括:接受公民角色,了解公民的权利和责任;掌握积极的社会经验、未成年人和青年人在现代世界中的行为规范;掌握社会行为规范,包括态度、知识和技能,这些能够让学生在现代社会中从容行事;获得与他人沟通和共同活动的经验,以及与同龄人、长辈、年幼者、成年人交流的经验,在解决社会和个人问题的过程中增长与现实环境互动的经验;接受基本的、与未成年人年龄相符的社会角色,在家庭中的社会角色(如儿女、兄弟姐妹、助手、负责任的主人、继承人等),在班级中的社会角色(如伙伴、倡导者、组织者、帮手、中间人、听众等),固定社会团体中的社会角色(如需求者、购买者、旅者、观众、运动员、读者、工作人员及其他);形成具有独特风格的社会行为。

下表为萨马拉58中学公民教育的活动内容、负责人及学生的活动形式。

表 15-1　萨马拉 58 中学公民教育活动项目

No	活动内容	活动形式	期限	责任人	活动结果预测
第一单元,培养学生的公民性和爱国主义,对法律、人的责任和自由的尊重					
1	有关国家政治体制以及国家象征和历史	专题课时	一年内	5～9 年级班主任	获得有关国家政治体制以及国家象征的知识和历史
2	对国家社会结构和公民参与社会管理形成系列概念	模拟表演,专题课时,学科研究	10～11 月	负责德育工作的教师及各班班主任	获得系统的概念
3	理解和认同社会行为规范,尊重保护社会秩序的机构和人物	与维护社会秩序机构的工作人员会谈	一学年内	各班班主任	遵守社会规范
4	形成俄罗斯人民的共同概念,以及国家民族英雄等一系列概念	参加社会活动,参观纪念地,观看影片	按照学校的计划设置	负责德育工作的教师及各班班主任	获得俄罗斯人民的共同概念,以及国家民族英雄等一系列概念
5	对违反班级和社会秩序的行为持否定态度	与未成年人督查人员进行会谈,主题角色扮演	一年内	社会教育工作者及各班班主任	对违反班级和社会秩序的行为持否定态度,形成对自觉遵守纪律的理解
第二单元,培养学生的社会责任和社会能力					
1	了解接受公民角色,了解公民的权利和责任,有责任的公民行为	主题课时,学科研究	一年内	班主任及任课教师	形成公民行为意识
2	掌握社会行为规范,以及积极的社会经验	与具有积极社会经验的人交往	按照学校的计划设置	负责德育工作的教师和各班班主任	掌握社会行为规范及积极的社会经验
3	获得沟通和共同活动的经验,以及与同龄人、长辈、年幼者、成年人交流的经验,在解决个人和社会问题的过程中,增长与社会环境互动的经验	参与社会团体活动,在学生自治机构中工作,参与项目研究	按照学校的计划设置	负责德育工作的教师,社会教育工作人员和心理学者	获得与社会环境积极互动的经验
4	了解并接受社会角色:儿女、主人、组织者、中间人、观众和读者	角色扮演、旅游、主题课时、培训	一年内	班主任、父母和图书管理员及心理学工作者	了解和完成社会角色扮演

数据来源:Программа воспитания и социализации обучающихся ступени основного общего образования муницильного бюджетного общеобразовательного учреждения средней общеобразовательной школы № 58 городского округа Самара.http://samara-sch58.narod.ru/.

表 15-2　学生的活动形式

方向	学生的活动形式
培养公民性和爱国主义，对法律、人的责任和自由的尊重	1.教学活动 • 主题周 文学、历史、社会知识、当地历史、生命安全基础知识 2.课外活动 • 学校儿童联合会的活动"了解我的家乡""萨马拉地区的小地理家""博物馆小馆长" • "我是俄罗斯公民"活动 3.德育活动 • 俄罗斯课程 5 年级"我们神圣的祖国" 6 年级"神圣的萨马拉土地" 7 年级"俄罗斯以他们的名字为自豪" 8 年级"世界地图上的我的国家" 9 年级"我是俄罗斯公民"活动 • 法律知识课程 5 年级"孩子的权利" 6 年级"未成年人的权利和义务" 7 年级"没有暴力的童年" 8 年级"你了解宪法吗?" 9 年级"青少年和法律" • 主题课时 5 年级"我的家谱" 6 年级"我们街道的古老历史" 7 年级"在我们城市中的时间和空间的历史旅行" 8 年级"萨马拉土地上的英雄" 9 年级"虚假的爱国主义" • 宽容课程"我们不同，但我们在一起" • 勇敢课，与退伍军人和劳动模范交流 • 庆祝军人荣誉的节日 • 军歌比赛 • 军事体育游戏"来吧，孩子们""我将服役";项目"学校校旗和校歌" • 会面:参与合唱团活动,进行合奏;与毕业生会谈;了解在公民性和爱国主义方面都表现突出的毕业生的经历 • 学校学生、教师以及十月革命参加者的记忆 • 民族英雄和历史战役教学影片 • 参观 参观学校历史博物馆,培训导游和"小馆长" 参观学校、城市、州及俄罗斯军事、历史、民族博物馆 • 来自"俄罗斯文化历史遗产"的智力游戏 • 与学校检查员的主题会谈 4.社会显著活动 "我们要记住""给士兵的礼物""友谊树""退伍军人就在身边""博物馆与孩子们" • 项目"年长者为年轻人规定的秩序和礼仪" • 预防委员会会议 • 学校委员会措施"秩序" • 班会"是什么让我们受到处分"

续表

方向	学生的活动形式
培养社会责任和社会能力	1.教学活动 • 项目活动 • 国际会议、会谈、圆桌会议、讨论会 • 课程:社会知识、历史和生命安全教育 2.课外活动 • 学生自主 • 研究工作 • 社会文化设计工作 • 个人发展培训 • 学校儿童联合会的课程"博物馆小馆长" • "我是俄罗斯公民"活动 3.德育活动 • 主题课时、班会 5 年级"学校守则" 6 年级"在班级和学校的安全行为" 7 年级"我在学校、在家、在朋友中间" 8 年级"冲突与解决的方法" 9 年级"我们是怎样的集体" • 培训与实践 5 年级"让我们重新认识" 6 年级"让我们和睦相处" 7 年级"典型特征与气质" 8 年级"个性" 9 年级"生活定位" • 家庭教育学时 5 年级"童年之门"——了解其父母的童年 6 年级"我的家,它对我意味着什么?"——主题讨论 7 年级"我们的精神价值"——智力游戏 8 年级"没有别人,我会孤单"——伦理讨论会 9 年级"爱是一切的开端"——节日活动 • "集体规划""审视友谊" • 语言游戏 4.社会显著活动 • 社会项目:介绍班级历史 • 与有趣的人交谈(政治家、青年组织的代表) • 竞赛:"年度最好的班级""年度学生"宣传队竞赛 • 项目:"安全国家""稳固的家庭——稳固的国家" • 选择、规划和组织高年级委员会及班级事务委员会工作 • 规划合作

数据来源:Программа воспитания и социализации обучающихся ступени основного общего образования муниципльного бюджетного общеобразовательного учреждения средней общеобразовательной школы № 58 городского округа Самара.http://samara-sch58.narod.ru/.

3.2010—2011学年公民教育活动计划

表 15-3　各年级公民教育活动计划

日期	时间	举行地点	活动	任务	参与者	责任人
11月8日、9月21日	(待定)	(待定)	俄罗斯战争荣誉纪念日	让学生获得战争文化教育	1~11年级	历史教师、各班班主任
10月1日	14:00~16:00	博物馆	与退伍军人和劳动模范会谈"心灵的记忆"	形成交流文化,培养道德立场	高年级学生委员会、1~11年级	博物馆讲解员,主管德育工作的副校长
10月26日	17:00	礼堂或体育厅	道德法律十日谈	培养对祖国、对学校的爱,形成法律文化、尊重法律	9~11年级	9~11年级班主任,主管德育工作的副校长
12月1日、5日、24日	15:00	俱乐部、礼堂	俄罗斯战争荣誉日	培养公民性和爱国主义	8~11年级	历史教师
12月14日	15:00	俱乐部、礼堂	我的国家,我的城市,我的学校,我的家	培养积极的公民立场	1~11年级	主管德育工作的副校长,活动小组的负责教师
2月20日	(待定)	礼堂	大众国防工作日	培养公民性和爱国主义	1~11年级	主管德育工作的副校长
5月4~8日	11:00	礼堂	胜利日,向退伍老兵祝贺	培养积极的公民立场	1~11年级	各班班主任

数据来源:Календарное планирование воспитательной работы МОУ Школы №58 г. О. Самара на 2010—2011 учебный год.http://samara-sch58.narod.ru/.

三、拓展阅读

公民教育是西方的舶来品,源自西方国家培养与民主政体相一致的公民意识的教育。随着时代的发展,其内涵与外延都有所扩大,目前,公民教育主要是指培养公民的自觉性和公民参与国家社会公共事务的所有教育手段和方法的总和。中小学生的公民教育的内容包括人的权利、自由、责任教育,法治教育,国家民族教育,社会规范教育等。在中小学校中,公民教育的途径是开设专门的公民教育课程,将公民教育融入其他课程,开展相关的课外活动。

美国是公民教育起步比较早的国家,目前基本已经构建起完整的中小学生公民教育体系。美国中小学公民教育的内容可以归纳为5个方面:爱国主义教育;法治教育;权利和义务教育;道德品质教育;全球教育和世界教育。①这些内容主要通过以下几种途径得以实现:课堂(包括专门公民教育课程及其他文化课程)、课外活动、社区服务和网络。

法国是最早实施公民教育的国家,从 19 世纪 80 年代开始开设公民教育课程,但之后被中断,20 世纪 80 年代才重新恢复。现在的法国,小学 3 年级以前的公民教育主要通过其他学科渗透,3 年级以后正式开设公民教育课;初中的公民教育层次进一步加深,其基本目标为人与公民权利教育,个人与集体责任教育,判断力教育;高中开设公民、法制与社会教育课,由于高中学生临近和达到公民的法定年龄,所以公民教育格外重要也格外受重视,高一着重学习"以公民身份在社会中生活",高二着重学习"制度与公民身份的实践",高三着重学习"当代世界变革中的公民身份"。②

英国公民教育水平相对滞后。19 世纪末期在英国学校开始出现公民教育,20 世纪 30 年代公民教育协会的成立,为英国学校公民教育的发展带来了契机。公民教育的内容是使学生获得民主生活的知识、技能和价值观,培养学生作为积极公民所需要的权责意识和责任感;在内容上,民主政治知识技能是永恒的内容;在实现途径上除了专门课程外,还普遍采取渗透式模式,最常见的是将公民教育渗透在历史、地理、外语等学科当中。③

二战之后,公民教育才真正成为德国中小学教育的主要任务之一。德国学校公民教育的目标是:在小学阶段,让学生了解与他人共同生活的意义,懂得尊重他人,具有责任心和评判是非的能力,遵守秩序;在中学阶段,主要讲授的内容有人与财富的利用、权威和自由、通向自我负责的道路、自我发现和权威、权威的意义、政治生活中的共同责任心、人类共同的生活准则、生活安排和生活意义等。在具体实施上,德国的公民教育通过宗教教育课、政治养成课和伦理道德课来实现。④

四、反思与启示

俄罗斯联邦中央、联邦主体以及学校基本建构起公民教育体系,各级公

①俞露.美国中小学公民教育初步研究[D].福建师范大学硕士学位论文,2004.
②王晓辉.法国公民教育的理论与当前改革[J].教育科学,2009(3).
③乌兰.英国中小学公民教育研究[D].海南师范大学硕士学位论文,2007.
④蓝维,高峰,吕秋芳,邢永富.公民教育:理论、历史与实践探索[M].北京:人民出版社,2007:186—199.

民教育政策已经对中小学公民教育从内容、目标、实施途径等方面做出明确的规定。公民教育在各中小学得到很好的贯彻和实施,但也有很多没有解决的问题影响着中小学公民教育发展水平,如居民的政治和法律素质不高、人权和自由权得不到完全保障、公民教育的基本价值关系领域缺乏核心方案或标准等问题。

在我国,随着依法治国方略的实施及中国对国际社会的积极融入,公民教育的讨论也日渐兴起,十六大和十七大报告指出,要加强公民意识教育,树立社会主义民主法治、自由平等、公平正义理念。2010 年 7 月我国颁布《国家中长期教育改革和发展规划纲要(2010—2020 年)》,该纲要对我国未来十年的教育做出规划,其中强调要加强公民意识教育,培养社会主义合格公民。该纲要为我国公民教育的发展做出了战略和政策上的指导,为我国中小学公民教育的发展提供了新的契机。但是目前,我国中小学生的公民教育还没有明确的教育定位,没有明确的内容规定,也没有明确的课程安排。中小学公民教育涉及未来公民的基本素养,涉及未来公民社会的构建。因此,我国中小学公民教育体系的构建及其实施,也是我国应首要关注的事情。

第十六章 高中分科教学
——"侧重性教学"

世界上没有才能的人是没有的。问题在于教育者要去发现每一位学生的禀赋、兴趣、爱好和特长,为他们的表现和发展提供充分的条件和正确引导。

——苏霍姆林斯基

引言

教育的对象是人,教育的出发点就要以人为本,教育最重要的目标就是促进人的全面发展。而人作为个体,具有自己的禀赋、特长和兴趣。好的教育就是要针对每个人的特点和兴趣爱好,发挥其身上的优势和特长,给予其最合适的教育。在具体的教学过程中,学校和教师的任务就是关注每个学生的爱好和禀赋,为其提供不同的教学方案和课程选择,实施区别化的教学。在此情况下,学生才能发挥自身的特长,得以全面发展。

普通教育的发展对于国家的发展以及民族整体素质的提高都具有重要意义。俄罗斯政府一直非常重视普通教育的发展,将其作为国家教育发展的基础,其中教学内容和课程的改革一直是俄罗斯普通教育改革的重点。转型时期,俄罗斯的社会经济发生重大变化,教育领域也随之发生重大变革,普通教育改革面临新的挑战。为实现教育现代化,减轻学生课业过重的负担,满足学生个性化和职业化的需求,俄罗斯于 2002 年在普通学校的高中阶段(10~11 年级)推行侧重性教学改革。侧重性教学改革是俄罗斯自苏联时期就开展的一种区别化教学改革,相当于我们国家的高中文理分科教学。该项改革就是让高中阶段的学生根据兴趣爱好,选择侧重学习一门或几门课程。这种教学改革能够充分发挥学生的个性和特长,培养学生的职业兴趣和创新精神,真正为发挥学生自身的优势创造充分的条件。侧重性教学改革是普通教育领域重要的教育改革,对俄罗斯普通教育的发展,乃至整个教育现代化进程都起到积极的推动作用。

一、侧重性教学改革实施的背景

20 世纪 50 年代,苏联政府通过开办深入学习某些科目的学校或者在个别学校开设选修课程等方式开始进行侧重性教学的尝试,旨在发挥学生的个人倾向和发展学生的才能。但当时的侧重性教学只是普通教育机构教学内部的一种改革尝试,苏联政府对其内容及模式并没有做出明确的要求和规范。而且实施侧重性教学的机构数量少,可选择的侧重学科也不多,无法满足广大学生追求个性化学习的需求。但这种尝试为 2002 年俄罗斯政府推行的侧重性教学改革做了早期准备。

进入转型期后,俄罗斯在政治、经济、社会意识形态上都发生巨大的变化,政治上三权分立,经济上完全进入市场化轨道,教育理念上倡导人性化、个性化。在普通教育领域,教学模式僵化,课程内容陈旧,学生课业负担过重等弊端逐渐显露;学生进入大学后不能马上适应大学的教学环境,知识欠债现象严重,培养出的人才不能满足市场需求,更跟不上社会发展的脚步。这一系列因素推动普通教育的课程改革。

为适应市场对人才需求的变化,促进俄罗斯科学技术的快速发展,俄罗斯政府在《构想》中强调俄罗斯教育现代化,强调个人的完善和发展,在扩大教育的普及性以及提高教学质量的基础上,更加重视创新教育发展,《构想》的颁布为普通教育课程改革提供了思想依据和理论基础。因此,为适应教育现代化要求,满足学生不同的学习兴趣和择业倾向,适应劳动力市场的现实需求,俄罗斯政府决定在普通教育高年级阶段全面推行侧重性教学改革。实施侧重性教学能够减轻学生负担,让学生有更多的时间投入课外活动中,有机会实施个人的学习计划,还能够培养学生的创新能力及自我管理能力。同时,侧重性教学还能为学生将来的专业化学习奠定基础,使学生能尽快地适应大学的专业学习。俄罗斯高年级阶段的侧重性教学把普通教育和高等教育有机地联系起来。

二、侧重性教学改革的内容及组织实施

2002 年 7 月,俄罗斯联邦教育部经多次讨论颁布《普通教育高年级阶段侧重性专业教学构想》(以下简称《侧重性专业教学构想》),此构想规定,在普通教育的高年级阶段开始实施侧重性专业教学。其目的在于促进学生的个性化和社会化发展,在保证完全中等教育水平达标的前提下,让学生有选择地实施侧重学习,为大学阶段的专业学习做准备。

(一)侧重性教学改革的主要内容

1.侧重性教学的课程结构

在课程设置方面,侧重性教学一般设有1～2门加深学习的课程,其课程类型包括:普通教育基础课程、侧重性专业课程和选修课程,所占的比例分别是5：3：2。[1] 普通教育基础课程是所有高中学生必修的课程。普通教育基础课程包括:数学、历史、俄语、外语、体育,以及社会科学整合课程(人文、社会—经济和其他相关侧重性专业课程)和自然科学整合课程(自然—数学、工艺学和其他相关侧重性专业课程)。

普通教育的侧重性专业课程是一种提高课程,决定每一门具体的侧重性教学课程的方向。例如物理学、化学、生物,属于自然科学专业课程;文学、俄语和外语,属于人文专业课程等。侧重性专业教学的课程对于选择该专业的学生来说是必修的。在国家教育标准中,国家对社会科学整合课程和自然科学整合课程的教学内容做出明确规定,毕业生的普通教育基础课程和侧重性专业课程是否能够达到国家教育标准要求,由国家统一考试成绩来判定。

选修课程对于选择这类课程的学生来说应是必修的,它是普通教育高年级阶段侧重性专业教学的组成部分。选修课程根据教育内容中学校成分的教学计划确定,国家统一考试不进行选修课程的考试,对这类课程的考查以形成性评价为主,以终结性评价为辅。《侧重性专业教学构想》的附录提供了4种可能的侧重性专业教学的教学计划方案,分别以自然—数学、社会—经济、人文、工艺学作为落实侧重性专业教学模式的示例。自然—数学专业的侧重课程包括:数学、物理、化学、地理、生物;社会—经济专业的侧重课程包括:历史、经济、法律、社会地理学、社会学;人文专业的侧重课程包括:俄语、外语、历史、社会学科;工艺学专业的侧重课程包括:信息学、数学、物理、外语。[2]

2.侧重性教学的组织形式

侧重性教学的组织形式一般采用以下两种模式:(1)学校内部的侧重性教学。在这种模式下,学校可以组织单一专业或多种专业的侧重性教学。除此之外,学校还可以不划分出具体的侧重专业,但是为学生提供大量的侧重课程和选修课程,最大限度地满足学生个人的侧重性学习计划。(2)侧重性教学的第二种组织模式是形成教育机构网,这种模式又细分为两种形式,一种是几个教育机构围绕

---

[1] Константин Сумнительный. Профиль спасения[J]. Народное образование, 2006(1).

[2] Об утверждении концепции профильного обучения на старшей ступени общего образования [J]. Народное образование, 2002(9).

着一个拥有足够物质基础和师资潜力的普通教育机构进行合作,并且这一机构能够成为其他教育机构的"资源中心"。另一种是伙伴式联合,普通教育机构、补充教育机构以及初等职业教育机构、中等职业教育机构、高等职业教育机构都参与到此联合中,给学生提供多种多样的侧重性学习方式。学生既可以选择在本校学习,也可以选择在其他院校学习,同时还可以选择函授及远程学习等其他学习方式。

侧重性教学采用优化和个性化的教学手段,教学过程的组织和教学内容考虑学生的兴趣、取向和能力。这些内容和方式上的更新为俄罗斯高中阶段的教学注入了新的活力。随着侧重性教学的实施,配套的教育技术、教材以及师资培训工作在全俄罗斯逐步展开。

(二)侧重性教学改革的组织实施

《侧重性专业教学构想》的任务就是创建侧重性教学体系,在普通教育的高年级阶段致力于教学的个性化和学生的社会化,同时考虑劳动力市场的现实需要,创建专业灵活的体系,避免普通教育与高等教育脱节。为此,俄罗斯普通教育机构从 9 年级开始预备教学,10 年级正式过渡到侧重专业教育。

2003 年,俄罗斯教育部、教育科学院先后通过《侧重教学实施措施的决定》及相关措施文件。该决定指出,教育部和教育科学院的有效合作不仅是侧重性教学的基础,而且也是俄罗斯教育现代化的基础,因此必须加强教育部与教育科学院的合作。为保障试验的组织者和参与者行动一致,教育部决定组建侧重性教学委员会,指导侧重性教学的实施工作。[①] 2003 年 9 月,依据教育部命令,组建实施侧重性教学的工作组,并在教育部普通和学前教育厅设立侧重性教学处。俄罗斯政府不但在法令法规方面给予侧重性教学改革以支持,在行政组织方面也增设专门的部门管理此项改革,保障《侧重性专业教学构想》的贯彻和实施。2004 年,教育部研究制定基础教学计划,更加有效地推动学校实施侧重性专业教学。但在现实中,基础教学计划却失去了自身的标准特性,只成为一个定向标,而有关教科书问题也一直没有得到妥善解决。2004 年 10 月,俄罗斯教育科学部首次确定在鞑靼斯坦共和国、克拉斯诺达尔州、莫斯科州、萨玛拉州等 10 个联邦主体的市属普通学校推行侧重性教学改革。

三、侧重性教学改革的实施效果

侧重性教学改革实施一段时间后,俄罗斯普通学校在教学内容和教学方式上都有很大变化,此改革在社会上引起普遍关注。俄罗斯教育科学部与教育科

---

①Решение о мероприятиях по введению профильного обучения [J].Документы,2003(104).

学院定期举行侧重性教学问题研讨会,在 2006 年 2 月 14 日召开的研讨会上,有 85 个联邦主体参加,地方教育机构对侧重性教学表现出极大兴趣,越来越多的普通教育机构开始参与到侧重性教学改革中。俄罗斯教育科学院教育政策研究所网站公布的 2006 年侧重性教学实施工作总结报告指出,截至 2006 年底,俄罗斯有 70％的大中城市已开办侧重性教学班级。①

俄罗斯国立赫尔岑师范大学针对当前侧重性教学的实施状况和实施效果进行调查,并于 2007 年 4 月 20 日在学校网站上公布结果:目前俄罗斯普通教育机构实施侧重性教学 3 年以上的学校占普通教育机构总数的 26％,实施 1 年至 3 年的占 9％,实施 1 年的占 24％,刚开始实施的占 41％。对于所获得的初步成果,50％的机构持肯定态度,3％持否定态度,47％还不确定。94％的参与调查者对侧重性教学改革表示赞同,6％的人持反对意见。② 实施侧重性教学改革以来,俄罗斯国内虽有不同的声音,但仍得到社会中大多数人的认可。2008 年 3 月,俄罗斯联邦政府颁布《教育与创新经济的发展:2009—2012 年推行现代教育模式》国家纲要,此纲要是俄罗斯教育继《构想》之后又一纲领性文件。该纲要指出:到 2011 年,将完成侧重性教学原则的组织过渡,这种侧重性教学将保障学生建立个人的教育计划。可见,俄罗斯政府致力于侧重性教学改革的脚步没有停止,并在国家纲要中提出新的目标和任务。

四、拓展阅读

2009 年初,我国《国家中长期教育改革和发展规划纲要(2010—2020 年)》工作小组办公室将高中文理分科问题作为"影响教育改革发展全局、社会关注度高"的 20 个重大问题之一公开向全社会征求意见,一时间,支持和反对文理分科的观点相持不下。文理分科教学有其产生的根源,与国家的教育传统、高等学校招生考试制度等息息相关。世界主要国家普通高中阶段的教学类型大致可以分为 3 类:分科教学、不分科教学、分科与不分科教学并存。

(一)分科教学

法国和俄罗斯的普通高中采用分科教学。法国早在拿破仑时期,高中就分为科学、法学、文学、医学和神学 5 大类,毕业时需要参加相应的考试,成绩合格

---

① Результаты работ по введению профильного обучения в 2006 году[EB/OL].http://isi-orao.ru/Progect/experience/profil/spravka2006.php? phrase_id＝8707.

② Обсуждение результатов анкетирования и семинара? Профильное обучение:современное состояние,проблемы,перспективы? [EB/OL].http://profil.3dn.ru/forum/12-20-1.

的可以取得"业士"文凭。1965 年,法国确立了复杂的高中分科制度,普通高中分为 A(语言文学)、B(经济与社会)、C(数学与物理)、D(数学与自然科学)、E(数学与技术)5 科;技术高中分为 F(工业、社会医学)、G(经济、管理与商业)、H(信息技术)3 科,有的科下面还有不同的专业方向,共 25 个专业方向。1990 年,法国颁布新的教学大纲,高中 1 年级不分科,在对学生实施共同教育的基础上,对普通高中最后 2 年的分科做了较大调整,将原来的 5 科调整为 3 科,即 L(文学)、ES(经济与社会)和 S(科学);同时将技术高中的 3 科调整为 4 科,即 STT(第三产业科技)、STI(工业科技)、STL(实验室科技)和 SMS(社会医疗科学)。每科又分为具体的专业方向,每个学生的学科和专业方向选择由高中的班务委员会与学生及家长通过多次交换意见决定。①

(二)不分科教学

高中采用不分科教学的国家主要以美国、德国为代表,此外,还有英国、澳大利亚、芬兰、韩国等。

美国高中教育的实施机构包括综合中学、学术性中学、职业或技术中学等,其中综合中学为主要学校类型,修业年限一般为 3 年或 4 年。② 综合中学的内部一般分为以升学为导向的学术科、以就业为导向的职业科和兼顾学术课程与职业课程的普通科,但各科间没有明确界限,学生可以经常在其间流动。美国综合高中没有明确的文理分科,基础课程大都分为选修课和必修课。选修课比例较高,约占学分总数的 25%～40%,既包括学术课程也涵盖许多实践课程,以此来满足学生不同的兴趣爱好。美国高中上课形式基本与大学一致,没有固定的教室,学生根据自己选的课到不同的教室去上课。③

在德国,完全中学高级阶段(包括第 11～13 年级)相当于我国的普通高中。根据 2000 年修订的《波恩协定》,第 11 年级开设共同基础课,学生大部分时间按照固定班级组织上课;从第 12 年级开始打破固定班级制,并将课程分为 5 个学科领域:语言—文学—艺术学科领域、社会科学学科领域、数学—自然科学—技术学科领域、宗教学科领域、体育学科领域,分别开设若干门课程。这些课程又按照学科分别作为必修课程和选修课程、基础课程和特长课程供学生选择,学生可以自己决定哪些课程作为自己的基础课程和特长课程,一般至少选修 6

①刘敏.法国高中分科定向及会考制度发展解析[J].比较教育研究,2009(10).

②李其龙,张德伟.普通高中教育发展国际比较研究[M].北京:教育科学出版社,2008:50.

③The U.S. Department of Education,Goals 2000:Educate America Act,1994[EB/OL].
http://www.ed.gov/legislation/GOALS 2000/The Act/index.html.

门基础课程、2门特长课程,同时必须在前3个学科领域至少选1门学科。这样,既防止过早专业化,又保障每一个学生的特长得到充分发展。[①]

（三）分科与不分科教学并存

日本高中是分科与不分科教学并存的主要代表。日本高中分为普通高中、职业高中以及综合高中,其中普通高中以及综合高中的普通科相当于我国的普通高中。1918年,日本修订《高中令》,规定高级中学高等科分为文科和理科,并根据学习的外语的不同分为"文科甲类""文科乙类""理科甲类""理科乙类"。二战后,日本依据《教育基本法》《学校教育法》,建立了单轨制新制高中,但并没有对文理是否分科做出明确规定。21世纪以来,科学技术发展的综合化趋势日渐增强,"取消文理分科,发展全人教育"成为日本教育界热议的话题,许多高中提出了取消文理分科的目标和计划。因此,日本既存在采用文理分科教学的高中,又有不采用文理分科教学的高中。文理分科的普通高中,一般在1年级时对全体学生实施共同的一般教养教育,在2年级或3年级时根据学生的升学目标及未来的发展方向进行文理分科,实施有针对性的教学。也有的普通高中在学生参加中考时就实施文理分科。文理不分科的高中在1年级或2年级时致力于工具基础性学科和课程的教学,重视提高学生的基础学习能力和综合素养;3年级时则增加选修课程,从"按班上课"的传统教学形式转变为"按课上课"的走班制教学,加强未来出路教育,扩大学生的主动选择权。[②]

五、典型案例

为实施《侧重性专业教学构想》,俄罗斯布拉戈维申斯克市第6普通学校于2006年开设第一个10年级侧重性教学班。在2005—2006学年伊始,即9年级学生开始接受未来专业课程预备学习的时候,学校就制订了10年级的2006—2007学年的学年计划,并遵守以下3个基本原则:1.在侧重性教学班学习的学生应当获得完全达标的普通教育。2.侧重性教学不能造成学生负担过重。3.教学计划要确保教育的多样性和个性特征。与此同时,在整个学年学校要对10年级的侧重性教学班进行监督检查。一个学期结束后,学校对学生的知识、能力、技能等方面进行抽样调查。结果表明:学生侧重课程的知识素养稳

---

①杨秀治,李函颖.超越分科与不分科之争——高中分科教学的国际比较研究及其启示[J].比较教育研究,2009(10).

②李润华.日本普通高中分科教育教学模式[J].比较教育研究,2009(10).

定增长,学习成绩以百分制为标准,数学课程的平均成绩从72.7分提高到87.5分,信息学从80分提高到93.7分。① 2006—2007学年侧重班的平均成绩稳定增长:从56.3分提高到62.5分,侧重班的学习成绩表明了良好的教学效果。② 侧重班的学生积极参加侧重科目的很多活动,如在参加区奥林匹克竞赛、信息学和数学竞赛等活动中,都取得了不俗的成绩。

图拉市第28普通学校依据2006—2010年学校发展纲要和教育大纲所确定的教学活动优先发展方向,参考地区、社会文化发展趋势,决定2006—2008学年在10~11年级进行社会—经济方向的侧重性教学,2007—2009学年在10~11年级进行经济—法律方向的侧重性教学。为保障侧重性教学的良好效果,该学校确定了本校侧重教学的目标和任务:1.在课程方面,学生应掌握科学研究的概念、方法,确定活动目标,学会挑选、分析资料,归纳、总结材料,阐明原因与结果之间的关系。2.在交流方面,学生应掌握问题的交流方式。在现实交往中,学生应学会理解别人的观点,学会论证、阐述、捍卫自己的以及借用的观点。3.在社会性方面,学生应掌握社会协作的主要形式。学生在社会中做事要先考虑其他人的利益,确定自己的目的、任务与集体之间的相互关系。为达到上述目标,教师们将多种教学形式运用于课堂内外,如个人和集体的活动设计、一体化课程、问题教学、"辩论"技巧、在教学中利用游戏的方法、合作教学(团队工作)等,取得了很好的效果。

从以上2个学校实施侧重性教学的情况可以看出,在国家教育方针的指导下,这些学校的侧重性教学结合本地区的实际情况和发展趋势,在教学计划、教学方法、教学模式等方面都显示出自身的特色。这充分说明俄罗斯政府在普通教育高年级阶段实施侧重性教学时赋予地方充分的自主权利,同时也说明《侧重性专业教学构想》在俄罗斯大多数的普通教育机构顺利实施。但也有学校反映,在实际的教学操作中仍然存在许多问题,如:学生不能够非常准确地选择下一步学习的专业;学生的选择与劳动力市场需求脱节;教学缺乏统一的标准;普通教育机构在指导技巧方面尚有待提高等。为解决这些问题,一些联邦主体开始着手制定本地区标准的侧重性教学计划,期待对本地区侧重性教学进行统一、合理的规划。

---

①Введене профильного обучения[EB/OL]. http://edu.of.ru/blag6/default.asp? ob_no=32885.

②Введене профильного обучения[EB/OL]. http://edu.of.ru/blag6/default.asp? ob_no=32885.

六、反思与启示

侧重性教学改革是俄罗斯普通教育高年级阶段实施教育现代化过程中的重要改革。该项改革依托俄罗斯转型时期的时代背景,结合苏联时期区别化教学的经验,先试验后推广逐渐展开。侧重性教学改革成为俄罗斯教育现代化构想实施的重要举措之一,其理论价值和实践意义影响深远。

侧重性教学不是单纯的职业教育或生产教育,而是普通教育高年级学生对所学知识的一种深入,对所掌握技能的一种完善。俄罗斯政府在实施这一改革过程中,没有单纯地追求成绩以及升学率的提高。国家统一考试是侧重性教学的评价手段,而非其实施的目的,因此,侧重性教学没有应试的功利性,真正地把学生的个性发展、人的不断完善这个教育根本目标作为其改革的定向标。目前,我国高中阶段也采用文理分科的学习形式,而我国的文理分科最重要的目标是适应高考,高考的成绩成为进入高等学校的唯一标准。在这种情况下,我国高中阶段的文理分科教育势必陷入应试的泥潭。因此,理顺分科教学与考核之间的关系,才是解决应试教育的关键。

在侧重性教学的普通教育基础课程中,不仅有数学、俄语、外语等基础课程,也包括历史和社会科学整合课程以及自然科学整合课程,这些课程是学生的必修课程,无论选择哪种侧重性教学班级,学生都不会产生自然科学或社会科学知识的短板。并且,侧重性教学所设置的专业涵盖多个科目,知识面比较广泛,保障了学生的全面发展。我们不难看出,侧重性教学是在学生基础深厚、全面发展之上进行的个别化教学,而我国高中阶段实施的文理分科教学,只有文理两类。为了参加高考,学文科的同学完全放弃自然科学的学习和深造,而学理科的学生又缺乏基本的人文知识,有碍学生全面和谐地发展。除此之外,还有很多问题都值得我们深思。

俄罗斯的侧重性教学改革的实施,可以在方法和内容上给我们一些借鉴和启示,有助于我们更加理性地看待我国高中阶段的文理分科教学,从而寻找到适合我国的教育改革之路。

第十七章 中学毕业考试
——"国家统一考试"

国家统一考试的基本目的是构建一个客观、独立的教育质量评价系统,主要目的是让农村及偏远地区的孩子能够有更多的机会来到俄罗斯中心城市接受更好的教育。

——普京

引 言

考试是一种对学生阶段性学业成绩的检查和评估方式,具有全面性、总结性和系统性等特点。考试一方面是为了检查学生对所学知识、技能的掌握情况;另一方面是对教学效果的检查。考试的科学性对教学质量的提高有着非常重要的诊断作用。

进入 21 世纪以后,俄罗斯教育领域的重大改革莫过于"国家统一考试"(Единый государственный экзамен,简称 ЕГЭ)。国家统一考试改变了苏联时期一直延续的高校自主招生考试的传统,将中学毕业考试和高校招生考试合二为一。国家统一考试创建了统一的教学评价模式,为学生提供了公平竞争的平台,对于构建俄罗斯国家教育统一空间和提高普通教育教学质量意义非凡。

一、俄罗斯国家统一考试政策的制定

(一)国家统一考试出台背景

从苏联时期到 20 世纪 90 年代末,俄罗斯高校的招生考试和中学毕业考试一直采用截然分开的两类考试制度。俄罗斯的中学毕业生先通过本校命题的毕业考试获得中学毕业文凭,再通过各高校命题的入学考试才可以进入大学学习。这种考试制度有很多弊端:第一,学生学业成绩的评定缺乏科学性和客观性。以往,教师通过学生对教学内容掌握的情况,依次给学生评定"优秀""良好""及格""不及格"的成绩,这种成绩的评定方法具有很大的随意性和主观性,没有统一的规范,更没有形成系统的评价体系。第二,高校利用本校出题、本校考试、本校录取的优先条件,利用职权收受贿赂,因此,在高校招生考试中容易出现腐败现象。第三,学生在参加高校入学考试的时候,都聘请家庭教师进行补习,给家庭带来经济负担。同时,参加外地大学考试要支出大笔的路费等开销,这些也给家庭带来巨大的经济压力。第四,应届中学毕业生在同一时间参加两次大型考试,学习负担沉重。

(二)国家统一考试改革的内容

为减轻考生的学习压力和家庭的经济压力,消除高校招生的腐败现象,建立统一的监督、评价系统,俄罗斯在 2001 年出台了《关于试行国家统一考试的决定》,确定国家统一考试既是中学毕业会考,同时也是大学入学考试;考试以笔试为主,通过五分制与百分制间的转换对学生的成绩进行评价。

俄罗斯的全国统一考试科目以普通教育标准为准,包括数学、俄语、文学、物理、化学、生物、地理、历史、社会知识和外语。2002 年开始,全国统考的科目确定为 9 科,分必考和选考两类。其中必考科目为数学和俄语,选考科目为英语、地理、物理、生物、历史、化学和社会知识。考生可根据报考学校的专业,选择报考的科目。2003 年增加 3 门外语(西班牙语、德语和法语)和文学科目,进行 13 门科目的国家统一考试。考试题分为选择题、简答题、详答题三大类,其中考试题难易程度不等,既有考核应届生的基础知识,也有遴选优秀学生的拔高题。

2009 年俄罗斯教育部最新规定,11 年级的所有毕业生都将参加 2 门国家统一考试的必考科目——俄语和数学,以及选考科目——历史、物理、英语等。考试内容以国家颁布的普通教育科目示范大纲为准。应届毕业生的国家统一考试成绩将依照一定程序被他们所就读的普通教育机构承认,作为国家总结鉴定的成绩。同时,考生可以根据所要报考的高校和专业自主选择其他的 11 门国家统一考试科目。各高等院校必须按照 4 门国家统一考试成绩进行录取,即俄语成绩、专业课成绩和 2 门专业考试成绩。俄罗斯教育部在国家统一考试官方网站上的入学考试目录中刊登每个专业指定的 4 门考试科目,考生必须选择其中 1 门考试,作为该方向的专业课考试科目。例如:入学考试目录中规定,化学专业有 4 门考试科目——俄语、化学、数学、物理。其中俄语是必考科目,化学是专业科目,那么高等院校在数学和物理中要任选 1 门作为其第 3 门科目的入学考试成绩。对于有志考入化学专业的学生在高中阶段就要学习自然—数学专业的侧重课程。因此,11 年级的毕业生要学好普通教育基础课程以应对国家统一考试中的必考科目,同时,也要学好侧重性专业课程,才能在专业课考试科目中取得优异成绩,如愿考取自己理想的高等院校和专业。这些新规定尊重学生的兴趣和特长,给学生提供较大的选择空间,学生能发挥侧重学习的优势,选择自己心仪的专业。

(三)有关国家统一考试的相关规定

1.考试的相关规定

国家统一考试在监督署确定的期限内组织实施。每门普通教育科目考试的统一时间表和持续时间每年由监督署确定。普通教育科目考试的持续时间不包括用于实施准备措施的时间。考试的持续时间为健康受限制的考生延长一个半小时。

作为同是高中毕业成绩的ЕГЭ成绩,如果补考没有及格,考生还可参加第二年的ЕГЭ,成绩合格者发给高中毕业证书。此外,同一次ЕГЭ成绩可连续两年有效;连续两年拥有ЕГЭ成绩的考生可自行决定选择用哪一年的成绩作为报考高等院校的成绩;而对于那些有ЕГЭ成绩,同时又应征服兵役的毕业生,其成绩在退役后一年以内仍然有效。[①]

对于因为正当理由没有通过考试的考生,以及国家最终鉴定为数学和俄语没有及格的应届毕业生,检察署为其确定进行补充考试的期限。在确定的统一时间表的框架下,国家考试委员会决定相应普通教育科目考试的日期。如果考生因为客观原因不能完成考试,那么这个考生可以提前离开考场。违纪的考生的答题卡和由于客观原因没有完成考试的考生的答题卡都要在相应位置做记号,其考卷与这个考场的其他考生试卷一起上交。国家考试委员会决定对违纪的考生和由于客观原因没有完成考试的考生在另一天进行相应科目的二次考试。

在进行外语考试时,考试包括听音部分,所有的考题都录在录音带上。组织者调整好录音播放设备,保证所有考生都能听到。录音播放两遍后,考生开始答题。如果考生违反考试程序的申诉被冲突委员会驳回,国家考试委员会则取消该考生相应科目的考试成绩,但第二天该考生仍可参加同一时间表规定的其他科目考试。

2.评卷的相关规定

考生试卷的评阅内容包括:考试答题卡的处理;考卷主观题的评阅;考生考卷的集中评阅;地区信息处理中心利用专业的仪器、程序等方法对答题卡进行处理。

---

①俄罗斯教育门户网:http://www.edu.ru./.

考试试卷主观题的评阅,由科目委员会承担。科目委员会的两名成员检查考生试卷上的答案。考试试卷的分数根据以下几点来确定:如果两个鉴定人所给分数一致,那么获得的分数就是最终结果;如果两个鉴定人所给分数没有实质上的分歧,那么最终分数取决于两个鉴定人所给分数的平均数;如果两个鉴定人所给的分数存在实质上的分歧,那么,指定第三鉴定人对有分歧的考试试卷进行检查。

考生的试卷在进行处理和检查后,地区信息处理中心把考试答题卡的处理结果连同考试试卷的检查结果提交给授权组织。从联邦主体获得考试答题卡的处理结果和考生试卷的检查结果后,授权组织进行考生考卷的集中检查。集中检查包括:依据联邦科目委员会给出的相应科目的正确答案,核对考生试卷的考试答案;根据考生试卷答案的核对结果以及考生考试答案的检查结果,确定每位考生考试的基本分数;把国家统一考试的基本分数转为百分制评价系统。对考生试卷进行集中检查之后,授权组织把国家统一考试结果转交给地区信息处理中心。

评卷实施互评机制,之后还要经过统一的核查。建立冲突委员会,受理学生提出的申诉,避免舞弊和腐败现象的产生。

二、国家统一考试的实施及其效果

俄罗斯自2001年开始实施国家统一考试之后,每年参加国家统一考试的地区和人数都在不断增加。2001年参加国家统一考试的联邦主体有5个,2005年参加国家统一考试的联邦主体有78个,2007年有82个联邦主体申请参加国家统一考试,考生人数达到1145240人。[1] 2008年参加国家统一考试的考生人数为1063829人。[2]

根据国家考试中心的数据统计,2009年5~6月共计995773人参加ЕГЭ,参加数学考试的人数为934085人,2009年的数学考试成绩较2008年有较大提升。2009年数学考试得30~80分的人占考生总数的80.2%,而2008年该数据为66.8%。2009年,参加数学考试的有314人获得100分,2008年为86人。2009年参加俄语考试的人数为964413人,860人获得100分。[3] 根据俄

①Заседание коллегии Министрества образования и науки Российской Федерации по вопросу《Об итогах проведения эксперимента по введению единого государственного экзамена в 2006 году и задачах на 2007 год》[EB/OL].http://www1.ege.edu.ru/content/view/239/115/.

②国家教育统计:http://stat.edu.ru/.

③Галина Сергеевна Ковалёва,Единый государственный экзамен:май-июнь 2009г[J]. Народное образование,2010(2).

罗斯教育监察署的统计数据显示,2010 年参加 ЕГЭ(包括 2009 年的毕业生)俄语考试的有 901929 人,参加数学考试的有 854708 人,与 2009 年的数据相比没有达到最低分数线的学生数量减少了(由 28863 人降至 19525 人),获得 100 分的学生数增加了(由 2333 人提高至 2879 人),反常高分的地区数量减少了。[①]最主要的一点是居民接受高质量教育的机会明显增多,不仅是中心地区,全国所有地方的居民都可以享受最好的大学教育。"最近几年从全国平均水平来看,大学和专业技术学校 1 年级来自农村和地方小城市(居民 10 万人以下的城市)的学生数量增加了 10%。与城市学生相比,农村学生获得了更大的可能性继续接受教育。"[②]

2011 年参加国家统一考试的应届毕业生为 725512 人,考试中各科获得 100 分的学生数量如下表所示。

表 17-1　2011 年国家统一考试中各科获得 100 分的学生数量

科目	学生数量	占测试总人数的百分比
俄语	1492	0.19
数学	214	0.03
物理	214	0.11
化学	359	0.43
信息学	40	0.07
生物	55	0.03
历史	225	0.15
地理	45	0.19
英语	14	0.02
德语	2	0.06
法语		
社会知识	32	0.01
西班牙语		
文学	378	0.81

资料来源:http://www.ege.edu.ru/ru/main/satistics-ege/.

[①]Результаты ЕГЭ 2010[EB/OL].http://www.egemetr.ru/info/ege/.

[②]Игорь Реморенко.О правоприменительной практике единого государственного экзамена[J].Народное образование,2009(1).

自俄罗斯实施国家统一考试以来,虽然联邦政府积极倡导该政策的实施与推进,并投入大量的人力物力,但社会上也出现了很多反对的声音。实施国家统一考试的初期,由于考试的相关程序以及试卷的科学性并不完善,所以国家统一考试遭到有关人士的责难。此外,很多俄罗斯学者认为国家统一考试设置的标准化试题扼杀了学生的创造思维,这种机械的应试化试题不符合俄罗斯一贯的教育传统,可能会影响学生素质的全面发展,也可能导致教学水平的下降。

俄罗斯的国家统一考试从 2001 年开始实施,经过近 10 年的调整,改革政策趋于完善,越来越被俄罗斯的各地考生及家长接受和认同。全俄社会意见研究中心 2009 年的调查结果显示:教师对 ЕГЭ 的支持率从 54% 提高到 58%;学校毕业生的支持率从 39% 提高到 44%;家长的支持率从 37% 提高到 43%;参与调查的在职教师(约占全俄教师总数的 18%)中有 48% 的人认为,国家统一考试为各地区的优秀学生提供了考入国家重点大学的机会。[①]

三、典型案例

莫斯科国立第一中学组织进行国家统一考试,考试前在校园网上公布考试日程、考试程序及考试的登记地等相关信息。

（一）国家统一考试的组织工作

表 17-2　2012 年国家统一考试日程表

日期	星期	考试科目
5 月 28 日	一	信息学、生物、历史
5 月 31 日	四	俄语
6 月 4 日	一	外语(英语、法语、德语、西班牙语)、化学
6 月 7 日	四	数学
6 月 13 日	三	社会知识、物理
6 月 16 日	六	文学、地理
6 月 18 日	一	补考日:外语(英语、法语、德语、西班牙语)、社会知识、生物、信息学
6 月 19 日	二	补考日:地理、化学、文学、历史、物理
6 月 20 日	三	补考日:俄语
6 月 21 日	四	补考日:数学

数据来源:Расписание ЕГЭ—2012.http://sch001.ru/ege/rezyl/rez_EGE.php.

[①]俄罗斯教育门户网:http://www.edu.ru/.

为组织学生接受国家鉴定,莫斯科市教育局通知本市学生参加国家统一考试的注册地点。凡是在被认证的莫斯科普通教育机构中掌握中等(完全)普通教育大纲的学生,以及在初等和中等职业院校学习的学生,无论其属于何种法律组织,在自愿的情况下都可以向其所在的普通教育机构提出参加统一考试的申请。其他各类公民也可申请参加国家统一考试,申请地点为莫斯科教育质量中心。

为最客观公正地评价国家统一考试参与者的知识水平,莫斯科市教育局要求考生严格遵守考试程序。国家统一考试在当地时间上午 10 点开始,考试以俄语为书面语。数学、物理、文学、信息学科目的考试时间为 240 分钟,历史和社会知识科目的考试时间为 210 分钟,俄语、生物、地理、化学科目的考试时间为 180 分钟,外语考试时间为 160 分钟。

在普通教育科目统一考试中,对于违反考试程序,以及对所给分数表示不满的考生,可以向有关部门提出书面申诉要求。接受申诉的地点、程序和期限要通知到统一考试的参与者、家长以及国家教育机构的领导,不能晚于统一考试开始前 2 周。为方便受理学生提出的申诉,莫斯科市教育局在每个区都设置有冲突委员会。冲突委员会会确保试卷审阅的客观性,解决试卷审阅时出现的争论性问题。所有在俄罗斯联邦境内参加国家统一考试的学生所提出的申诉,冲突委员会都会受理。在审议申诉的时候,国家统一考试的参与者或者其父母可以出席,同时社会观察员也可以出席。

(二)国家统一考试成绩

表 17-3、表 17-4 分别为 2011—2012 学年莫斯科国立第一中学国家统一考试数学考试成绩和俄语考试成绩,参加人数总计为 128 人。

表 17-3　2011—2012 学年莫斯科国立第一中学国家统一考试数学考试成绩

五分制	百分制	人数
5	60～100	55
4	40～59	56
3	24～39	14
2	24 分以下	3
1		

数据来源:Результаты ЕГЭ по математике.http://sch001.ru/ege/rezyl/rez_EGE.php.

表 17-4 2011—2012 学年莫斯科国立第一中学国家统一考试俄语考试成绩

五分制	百分制	人数
5	73~100	32
4	58~72	71
3	36~57	25
2		
1		

数据来源：Результаты ЕГЭ по Русскому языку.http://sch001.ru/ege/rezyl/rez_EGE.php.

表 17-5 2008—2011 学年莫斯科国立第一中学国家统一考试俄语和数学平均成绩

学年	俄语（平均分）	数学（平均分）
2008—2009	66.2	48.8
2009—2010	68.2	49.3
2010—2011	71.5	53.4

数据来源：Результаты ЕГЭ за 2008—2011 год.http://sch001.ru/ege/rezyl/rez_EGE.php.

四、扩展阅读

欧美国家的大学入学考试制度有其共性：赋予高校自主权，高校自主招生；招生方法灵活多样；重视学生中学阶段的学习成绩；重视能力考查。

（一）综合选拔式的美国大学入学考试制度

与我国大学录取基本以高考分数为唯一标准不一样，美国大学的录取标准是多种多样的。美国没有全国统一的考试招生制度，各大学自主招生，各高校的录取标准呈现出多样性。一般说来，本科院校特别是名牌大学（如常青藤联盟）为选拔入学制，而众多社区学院则采用开放入学制（高中毕业生不需要通过高考，只需凭借高中毕业证书就可直接进入大学）。采取选拔入学制度的高校一般采用综合性的选拔标准与特殊的选拔标准。[①]

1.综合性选拔标准

（1）入学考试成绩（SAT 或 ACT）

入学考试成绩是美国众多大学录取的基本标准。各大学有着不同要求，一是要求中学生参加 SAT（Scholastic Assessment Test，学术能力评估测试）

---

①刘清华.试论美国高校招生考试与学校教育的关系[J].外国教育研究,2003(4).

和 ACT 两项考试,二是只参加其中一项考试或指定的 SAT 考试。SAT 和 ACT 为全国性考试,考试内容广泛,其主要目的不在于检查学生在高中所学的知识,而是更加侧重检验学生是否具备进入大学学习的综合能力。在美国本土,SAT 考试每年举行 7 次,ACT 考试每年举行 6 次,学生自行选择方便的考试时间和地点,考试次数不限,取最好成绩。学生根据考试成绩,选择申请进入各个层次的大学。

(2)中学学习成绩和所修课程

美国大学入学考试委员会认为,在大学招生中最主要的因素是学生在中学的成绩,它占整个比重的 30% 左右。美国高中的学制是 4 年,学生考大学需要高中 4 年各科期评成绩平均分在 B 以上,才能被本科大学或社区学院录取。[①] 美国高中的学业成绩一般包括以下 3 个维度:①高中成绩是中学 9~12 年级各门学科成绩的总平均分,从高到低分为 A,B,C,D,E,F 六级,一般大学都要求 C(稍好的要求 B)级以上。期末成绩总评是美国高中生升入大学的基础,包括平时作业(课堂和家庭作业,评分占期末成绩总评的 50%)、项目评分(每个科任教师给学生的手工制作项目打分,占总评的 25%)、考试成绩(综合平时测验、期中期末考试分数来评定,占总评的 25%)。美国高中生的期末成绩总评分为 5 个等级,学生要获得高中毕业证书和考上大学,4 年的各科期评的平均成绩必须在 B 以上。美国的高中生考大学,是一个完整的专业学习和全面发展有机结合的过程。[②] ②高中成绩也是年级中的排名情况(通常按百分比排)。名牌大学实际上录取的绝大多数学生成绩都是年级排名前 20% 左右的。当然,美国许多高中也是不排名的。③注重学生成绩的稳定性、起伏情况,有无上升趋势,以此推断进入大学后能否顺利毕业。此外,还有对课程的要求,包括选修课内容、课程分布、难易程度等,各大学因办学方向和培养目标不同,要求也会不同。如一些著名大学要求语言学 4 年、数学 4 年、1 门外语 4 年或 2 门外语各 2 年、社会学 2 年,一般大学要求就低一些。[③]

(3)入学申请书、推荐信和面试

大学招生机构一般都认真审查和评定每一个考生的入学申请书和推荐信,他们这样做的目的是了解考生的特长、兴趣爱好和才干。[④] 入学申请书一般要

---

①杨思帆.大学入学考试制度的研究:中美比较[D].西北师范大学硕士学位论文,2007.
②杨光富.美国高考制度的三大特色[J].中小学管理,2003(5).
③康乃美,蔡炽昌等.中外考试制度比较研究[M].武汉:华中师范大学出版社,2002:181.
①康乃美,蔡炽昌等.中外考试制度比较研究[M].武汉:华中师范大学出版社,2002:182.

求申请者写一篇有特色的文章,阐明上大学的目的和选择某大学的理由,考核形式一般是开卷作文,许多大学提前半年到一年公布作文题。推荐信一般由任课教师或校长填写,形式有表格、书信两种。有时一封说明考生有特殊才能的推荐信可以使该生被破格录取。① 面试,通常是名牌大学招生时采取的方式,它直接考核学生的综合素质。

(4)课外活动和才能

美国大学在录取时非常看重学生的综合素质,综合素质的重要方面就是课外活动,包括体育活动、文娱活动、科技活动、校内活动、校外活动、个人兴趣爱好等。此外社区服务和社会公益活动也会为申请人增彩。

2.特殊选拔标准

特殊选拔标准主要是针对学业成绩不理想,但在某些方面有特殊才能的学生(特长生)或者招收校友子弟、"名人"子女、捐赠人的子女等。这些特殊的选拔在整个招生量中所占的份额极小,不会影响大学的整体生源情况。

(二)证书制的英国大学入学考试制度

英国大学招生制度是典型的资格认定式,英国没有高等学校入学考试,大学依据中学阶段的各种证书考试成绩来录取新生。中学阶段,学生必须先后参加"普通中等教育证书"(GCSE)考试、"普通教育高级考试"(A-LEVEL),才能被大学录取。②

英国的中学分为初中(4 年)和高中(2 年)。英国政府规定,义务教育结束时,要为初中毕业生提供一种"普通中等教育证书"考试。GCSE 考试还设有"课程作业"(coursework)评定项目,重点考查学生的设计、操作、观察、口头表达能力和组织能力。通过 GCSE 考试的学生如果想进大学深造,还必须在高中学习两年,读完高二后,学生必须参加 A-LEVEL,考试的课程有必修课和选修课。

英国 GCSE 考试和 A-LEVEL 考虑到了学生的个性差异,为了满足不同能力水平考生的需求,GCSE 考试采用了能力区分考试的方式,主要体现为各种考试是由不同难度水平的试卷组成的,一般分为普通和扩充两套试卷,考生可根据自己的实际水平选做某种试卷。同时,多样的科目和选择性也是英国证书考试的一大特点。在 GCSE 考试中设有 20 余门学科,学生可根据个人特长进行选择,通常要选考 8～10 门,其中英语、数学和综合理科为必考科目。③ 考试

①康乃美,蔡炽昌等.中外考试制度比较研究[M].武汉:华中师范大学出版社,2002:182.
②杨光富.当今美英法日四国高考制度[J].外国中小学教育,2002(5).
③傅书红.英国大学入学考试制度改革[J].基础教育参考,2005(8).

结果分为A~G 7个等级,考试合格后颁发全国通用的单科合格证书。A-LEVEL科目多达36门,学生按照报考大学的专业要求参加3门科目的考试,考试结果分为A~G 7个等级,零分以U表示。

英国的考试制度采用校外统考和校内学科作业相结合的方式,重视学生平时的学习情况。GCSE考试除了要求学生参加相应学科的笔试外,还在所有学科中设置了学科作业,如实验报告、调查报告、论文等。GCSE考试在学科作业中很重视考核学生的学习能力、集体工作能力、野外操作能力、调查计划和设计能力等,A-LEVEL也体现了对学生上述能力的考查。校外考试与平时作业相结合的形式,能够全面、动态地考查和评价一个学生水平的高低。

此外,英国各高校也会设立自己的招生标准,按照标准对招生委员会提供的考生入学申请资料进行认真的审查,了解学生以前的考试成绩、日常表现和教师评语,从中选出若干名学生来校面试,有些名牌大学还要求进行笔试。面试后,结果分为无条件录取、条件录取和不予考虑3类。少数获得无条件录取的学生不必参加A-LEVEL,直接被录取;获得条件录取的申请人必须在A-LEVEL中达到大学所规定的成绩标准,才能被录取;不予考虑的学生则失去进入该校的资格。A-LEVEL在5、6月举行,8月中旬成绩揭晓以后,大学才最终根据A-LEVEL成绩决定录取名单,整个录取程序持续时间长达7个月之久。[①]

(三)多样化取向的日本大学入学考试制度

日本现行的大学招生考试制度由全国统一学力考试"大学入学考试中心考试"和各高校自行组织的单独考试两个阶段组成。这种考试制度,最大限度地克服了"一考定终身"的弊端。[②]

1."大学入学考试中心考试"(以下简称"中心考试")

"中心考试"是日本现行考试制度中的重要组成部分,它是由独立行政法人"大学入学考试中心"(National Center for University Entrance Examination)组织实施的全国统一学力考试,目的是帮助各大学"判定考生高中阶段基础性学习的完成情况"。[③]"中心考试"科目涵盖高中阶段各学科所有必修课程,考试不分文理科,涉及的所有科目皆采用笔试的形式,题型为客观选择题。"中心考试"被所有的公立和国立大学采用,越来越多的私立大学也开始将其纳入选

①杨美玲.创新教育视野下的高考制度改革研究[D].福建师范大学硕士学位论文,2008.
②李润华.统一性和多样化并存的日本大学招生考试制度[J].比较教育研究,2011(2).
③蓝欣,黄旭升.日本大学入学选拔制度述评[J].考试研究,2005(3).

拔学生的标准之中。"中心考试"赋予了各大学更多的自由选择权和自主决定权。考生是否必须参加"中心考试"、参加几科考试、参加哪几科考试等问题都由各大学根据各自的实际需要自行决定,取消了考试科目上统一的硬性规定。① 日本的国立、公立、私立大学共同采用"中心考试",使得考生可以同时选择报考国立、公立和私立大学,给考生提供了更多的机会。

2.高校自行组织实施的单独考试

目前,日本各大学的第二次选拔形式多样,主要方式有 3 大类:一般入学、推荐入学和招生事务所选拔(AO)入学。②

一般入学考试是国立大学的主要选拔方式,绝大多数的国立大学学生都是通过这种方式入学的,它也是目前日本高校入学考试的主要方式,通过这种方式考入高校的新生占高校新生总数的 65.8%。③ 一般入学考试可以分为:加入"中心考试"的一般入学考试(需参加"中心考试"和"个别学历考试")、免除"中心考试"的一般入学考试(不参加"中心考试",直接参加大学的一般入学考试,绝大多数私立大学采用此法)、部分参考"中心考试"的一般入学考试(先通过面试、小论文和调查书等方式考查筛选,再结合"中心考试"成绩择优录取)。

推荐入学选拔制度是第二种重要的入学形式,是私立大学招生的主要形式。推荐入学以高中提供的学生调查书(包括学生高中阶段的学习成绩、健康状况、操行等)和毕业学校校长推荐书(包括校长对学生的评语和整个高中阶段表现的综合评价)等为主要依据来录取,完全或者部分免除学生的入学考试。目前,日本绝大部分国立、公立大学和所有的私立大学都实施推荐入学的招生办法。主要的推荐入学有完全推荐入学、不完全推荐入学、特别推荐入学几种类型。④

AO 是第三种重要的入学形式,AO 入学是大学的专门招生考试机构组织实施的入学选拔。一般来讲,AO 入学考试大致可以分为选拔型、对话型和体验型 3 类。考试方法主要是先详细而周密地审查考生高中活动的文件、本人填写的志愿申请书等书面资料,再对考生进行面试。其中,对话型 AO 入学考试适用于考生报名之后,大学方面通过与考生数次面谈、面试,以及对考生参与讨论、发表观点等情况进行审查,重视考生的个性、愿望以及报考的动机等;体验

---

① 蓝欣,王处辉.日本社会变迁中的高等教育及其入学选拔制度[J].高等教育研究,2006(5).

② 崔成学.日本的 AO 入学考试[J].外国教育研究,2003(2).

③ 刘洁.浅谈日本大学入学考试对中国高考的启示[J].现代教育科学,2008(6).

① 刘洁.浅谈日本大学入学考试对中国高考的启示[J].现代教育科学,2008(6).

型 AO 入学考试主要根据考生参加模拟教学、研讨会的表现及提交的作业、报告等决定是否录取。①

五、反思与启示

国家统一考试是侧重性教学的评价依据。侧重性教学内容中,普通教育基础课程和普通教育侧重性专业课程是国家统一考试的主要内容。国家统一考试保障侧重性教学质量,促进其进一步发展。虽然侧重性教学与国家统一考试联系密切,但侧重性教学并非只是为国家统一考试进行的改革,国家统一考试也绝不是与侧重性教学存在单一对接的因果关系。

国家统一考试是普通教育和高等教育两个领域的重要改革举措。国家统一考试建立统一的评价系统,把中学毕业考试和高校招生考试合二为一,不但加强教育质量的监督和规范,而且在高等教育招生方面为广大考生提供相对公平的竞争机会。

我国高考制度始于 1952 年,"文化大革命"时期,高考制度中途被废止,1977 年恢复高考。我国的高考制度一直采取国家统一命题、统一考试、统一批卷的形式,但近几年也开始向各省自主命题的方式转变。我国的高考制度在组织、考试形式、科目设置等方面都在不断地调整,不断适应社会发展的需要。一直以来,我国的高考制度备受关注,成为学生、家长和社会各界的热点话题。社会批判高考给学生带来巨大的学习负担,批判高考制度不能够真正选拔人才,禁锢了学生的思想,抹杀了学生的创造力和想象力。随着外来人口子女高考及高考移民问题的凸显,高考制度也成为公民追求教育平等实现受教育权利的重要表现形式。我国教育发展一直深受俄罗斯教育的影响,但在高考制度上,俄罗斯与我国正相反,苏联时期一直实施自主招生考试,2000 年之后开始实施国家统一考试。虽然形式相反,但俄罗斯国家统一考试中的科目设置、高校招生中兼顾学生的意愿、高校的自主性以及人性化的补考安排等内容,都充分体现了俄罗斯高考制度中以人为本、公平、注重学生全面发展的优点,这些优点也可以为我国高考制度所采纳和利用。

---

① 胡国勇.竞争选拔与质量维持——大众化背景下日本大学入学考试的变革与现状[J].复旦教育论坛,2007(1).

第十八章 中小学生的课外活动

　　儿童的时间应当安排满种种吸引人的活动,做到既能发展他的思维,丰富他的知识和能力,同时又不损害童年时代的兴趣。

——苏霍姆林斯基

引 言

　　课外活动是学校教育的组成部分,也是学生社会化的一个重要途径。学生参与课外活动不仅能够增长知识、锻炼技能,很多课堂的学习内容可以通过课外活动得以实践,而且可以陶冶情操、锻炼身体和磨砺意志,培养学生良好的思想品德和集体主义精神。

　　俄罗斯是我们国家最大的邻国,俄罗斯的基础教育有着扎实的基础,在世界上也占有一席之地。俄罗斯中小学校课外活动的开展一直有着优良的传统。在苏联时期,中小学生的课外活动贯彻了劳动教育、爱国主义教育等,培养了一批批社会主义接班人。

一、苏霍姆林斯基有关课外活动的教育思想

　　苏霍姆林斯基是苏联著名的教育家,他所创造的教育文化在当今仍然具有现实意义。

　　苏霍姆林斯基教育的主题是培养全面和谐发展的人,这正是对当时教育目标的一种回应。但是,苏霍姆林斯基重塑了这种人的现实形象,赋予其新的思想和感情,确定其行为。在此情况下,苏霍姆林斯基遵循社会主义社会的目标,同时考虑孩子生理、心理的发展特点,以及主体和客体、积极的和消极的培养因素,概括了培养完美(理想)的人的路径、手段和方法,并在与社会现实紧密结合的过程中,研究这些特性。

苏霍姆林斯基不仅在教育教学过程中,而且在教室外和课堂外的活动中,对孩子的教育都增加了意义。苏霍姆林斯基不仅吸引孩子们参加各类学习小组,给他们创造方便的条件,而且还要求他们参加运动队、学校合唱团或乐队,在学校的花园里以及地里进行实践活动,让他们直接接触大自然。的确,按照教育家们的观点,这种学生活动,为实现他们的兴趣和愿望创造了十分有效的条件。苏霍姆林斯基当时在帕夫雷什学校创建的这种教室外、课堂外、各类学习小组和运动队的教学和培养活动体系,在今天也完全可以看作特殊的教育元素。

苏霍姆林斯基认为,在这所学校里,孩子们应该能够感受到自己的精神生活丰富多彩,感受到劳动的快乐和喜悦。他们能够辩证地对待学校——一方面,学校是蓝色天空下非凡的学校、大自然学校以及具体认识世界的学校;另一方面,学校是作为精神、文化来源的学校,是尽早获得精神价值的地方,是解决矛盾冲突和思想碰撞的地方。

学校是面向社会,直接与学生、学生家长联系的地方,也许,正因为有这些关系和掌握专业知识技能的教师,学校才能够为学生的社会化创造条件。这点特别涉及农村学校,农村学校在乡村学生的社会化过程中的作用很难重新评价。苏霍姆林斯基认为,农村学校是最重要的、主要的、唯一的文化源泉,它为农村的知识、文化和精神生活指明方向。

当时,在苏霍姆林斯基担任校长的帕夫雷什学校里,教育内容充满了乡村的社会环境。学校组织各类社会教育活动,学校从一个教授孩子学习的地方变为了帕夫雷什公社,成为教育、文化和社会中心。相对于整个农村公社来说,学校完成了教育的文化职能、传播的职能、巩固和再造传统的职能。在农村学校的教育环境里,学生和教师都加入了帕夫雷什公社活动,学生们非常早地进入社会活动中,在很小的年龄时,他们就能掌握苏联战后村落社会环境中正常的相互关系。在学校里,他们学会完成社会角色,学校在很大程度上是在课外活动中塑造学生的个性的。

在确定培养未来公民的路径时,苏霍姆林斯基强调"培养聪慧的、全面发展的人,只有在儿童、青少年、青年每天拥有不少于 5 个小时的自由时间的情况下才有可能"。课后,学生在课外小组中忙着进行创作活动,在校园里、花园里阅读文学作品和科普读物,这种情况下学习的动力任何时候都不会消失。

以苏霍姆林斯基为领导的帕夫雷什学校教育集体的这种办法主要是解决课堂外学生的教育问题,吸引他们加入社会重要的实践活动(用自己的双手制作模型、机器装置、培育鲜花和树木,每天照看这些鲜花和树木),保证组织各种创作集体活动、课外小组活动,让学生多方面的才能、爱好、兴趣得到满足的同时,也能在各类课外活动中实现自我。

在苏霍姆林斯基的一系列著作中,课外教学培养活动实质上是对学生空闲时间的有效组织以及课余时间的合理利用。因此,在苏霍姆林斯基的学校里,他为发展学生们的兴趣、才能、爱好和天分,创建了理想的条件。整个教育教学过程都在帕夫雷什学校里进行,课外活动的组织考虑到孩子们业余时间的社会属性,当然,有可能更加有效地解决社会为学校提出的教学培养问题。同时,出现了一个那时对教育科学和实践来说很重要(对于今天来说也同样重要)的问题,那就是在未成年人的教育体系中确定课外教育教学活动的角色、地点和内容。

因此,苏霍姆林斯基特别注重学生自由时间的活动内容、目的和任务,甚至是条件。首要任务是要求学生在课外教育教学活动组织过程中解决问题。在首要任务中,他明确必须丰富学生的知识,扩大普通教育的视野,培养学生对科学领域、技术和体育的兴趣,甚至还包括发现和发展个人创造、爱好和才能,组织业余文化活动和休息时间,特别是从教育的观点出发,组织好学生教学活动以外的娱乐时间。

鉴于此,苏霍姆林斯基强调,在课外时间,学生应该有丰富的精神生活。最重要的一点是,要让这种生活不仅积极地反映在个别孩子的心理发展上,还应该反映在所有孩子的心理发展上,同时确保所有学生智力和精神上的发展。只有在孩子们每天都有时间来做自己喜欢的事情的时候,他们的秉性和天赋才能得到发展。

苏霍姆林斯基指出,下午课根本没有让学生从脑力劳动中解脱出来,总的来说取消下午的课程就是让学生能有一个有价值的、丰富的、当时还算得上全面的精神生活。因此,下午的帕夫雷什学校变为了一个非学校机构,在那里,学校的学生们能够找到自己既感兴趣又能提高能力的事情来做。他们中的每个人都能够去图书馆,能够在那里读到很多书,和学校的老师或者其他年级的学生讨论读过的内容,还可以参加科技小组,在大自然中劳作、观察、学习和描述各种自然现象。苏霍姆林斯基与学校的教师们一起设计课外教育教学活动的内容,他为学生掌握自然界的行为规则、珍惜对待一切生物的行为,赋予了更大的意义。他坚信,在这些课上,在这种活动中,学生掌握的知识、形成的能力以及实践技能的具体化都能够达到一个很高的水平。

在学校里,自选课、各类小组(科技、文学创作、劳动创造、艺术文化)、木偶剧团、小型机械组和青年机械师们组成了一个广泛的群体。在每个兴趣团体中,学生们都能够找到展现自己个人才能、爱好和兴趣的事情做。每个学生都在2~3个小组里学习,完全能够实现个人的爱好和才能。当某个同学表现出特殊爱好的时候,教师、高年级学生以及家长就会找到这个学生,进行个别辅导,这种辅导在当时为学生在学校范围内的社会化创造了一种现实可能。

苏霍姆林斯基坚持认为,把孩子固定在某一个小组中是不可行的。"孩子们在少年时代和青少年时代的活动越丰富,青年时代就更能够有自觉意识去选择专业,他们的个人倾向也就会表现得越鲜明。"帕夫雷什学校达到了环境最大个人化效果,这种效果就是让每位教师和每位学生有可能与其他人相区别,感受唯一性和同质性。苏霍姆林斯基写道:"在校园中,每个学生都有某种世界上唯一的东西,只有在这种条件下,他才珍惜他所拥有的一切。"如果学校有500名学生,那在校园里就要有500丛玫瑰,让每个学生都把自己的心血花在这些玫瑰上。学生们对所处的环境缺乏自我教育意识的原因之一,就是活动和劳动失去了个人特征。苏霍姆林斯基写道:"我们确定目标,达到目标,就是希望我们的学校里的每个学生都形象鲜明,每个学生都对一切感兴趣。"

正如前文所指出的,在帕夫雷什学校有很多课外小组,诸如数学、文学、历史、地方志、形象艺术,各种形式的艺术自主活动(合唱团、民族乐器乐队、手风琴小组、陶瓷工作室)和其他许多小组。爱好绘画的学生都集中到绘画小组来,有音乐才能的孩子也能够在合唱小组、儿童民乐队和手风琴乐队里施展自己的才华。苏霍姆林斯基强调,每个学生都有某种资质和才能,让这种资质和才能燃烧起来就需要火花,而灵感和对技能的迷恋就是这种火花。

在苏霍姆林斯基的学校里,在学年末,所有老师不能同时去休假。学校制订了一个休假表,目的是让学校在夏天也一直都在工作,学生很高兴地去学校,尽管没有课。学校根据每个学生的兴趣和爱好,设置了照顾兔子,整理养蜂场,耕种菜园子,在温室、花坛、花园以及工作室里工作等项目。

在课外教育教学活动中,学校教师在扮演教育者时,有可能得到另一种赞赏。苏霍姆林斯基指出,教师应当帮助学生合理地利用自己的空闲时间,并把他们的活动用于脑力、精神、劳动、审美和身体素质的进一步完善,以及组织空闲时间、文化休闲娱乐上。某位杰出的教育家曾经这样写道:"帮助学生选择这些方法接受积极的课外活动,这些课外活动能够唤起他们的尊严、诚实和自我尊重,在此基础上就有感兴趣的创作意图,因为,从童年到少年时代的生活道路应该是一条快乐、自豪的道路——这是我们整个教育工作系统中最重要的规则之一。"苏霍姆林斯基用自身作为榜样鼓舞教师,为了让这些教育者在帕夫雷什学校工作,他做了很多事情。在课外教育教学活动中,教师们用自己忠诚、辛勤的劳动来塑造人。

二、典型案例

圣彼得堡 305 中学创建于 1969 年,从 1991 开始,该校开设多层次教学活动,2000 年成为赫尔岑国立师范大学数学系的教学实验基地。

(一)学校介绍

该校有 29 个班级,670 名学生;教师中有 11 名优秀人民教师,6 名人民教育的荣誉工作人员,26 名教师具有高级技术资格,17 名教师具有一级技术资格,90%的教师具有高等学历,4 名教师在赫尔岑国立师范大学学习。

对于未成年人来说,该校成为该地区的文化休闲中心。众多的艺术、实践及课程学习小组、运动队让学生能够找到自己感兴趣的活动,学生能够积极地参与奥林匹克竞赛和其他比赛。1986 年学校剧院建成,在剧院表演的曲目中有普希金的所有作品,也有俄罗斯及国内外的经典剧本。学校与高等职业教育机构、补充教育机构以及博物馆、俱乐部、图书馆、社会组织积极合作,学生可以顺利地发展创新性潜能,成为区域、城市和国际竞赛的获胜者。2006 年学校体育馆建成,2011 年进行重建,现在构成附带游泳馆的健康运动综合体育设施。学校还有训练厅,与体育学校和运动俱乐部保持密切的联系,因此,学生们对体育和运动的兴趣一直比较高。

2007 年,该校成为"为培养学生的宽容创造环境"活动的实验平台;2010年,该校又成为"在多民族环境中宣传爱国主义"活动的实验平台。

(二)圣彼得堡 305 中学的课外活动

圣彼得堡 305 中学课外活动主要包括健康和健身活动、审美教育和课外活动小组的活动等。

1.健康和健身活动

学校有足球队、田径队,有运动场和设备齐全的健身房,更有各领域的高素质专家来担任运动队的教练。足球队教练谢尔盖·尼古拉耶维奇是高级教练,国家级裁判;田径队由田径运动健将巴纳索夫担任;竞技舞蹈队和芭蕾舞蹈队由奥尔洛娃、玛丽娜负责。

除了在设备齐全的运动场上进行系统训练之外,教练还带领自己的运动员参加各级比赛。学校作为足球俱乐部"杰尼特""学校足球"项目的参与者,曾力邀"杰尼特"中最著名的足球运动员之一亚历山大与学校的足球运动员见面。学校里到处都是足球爱好者,根本不用到班级里专门挑选,每个学生可以根据自己的意愿选择运动队。这样就可以在运动队中教孩子各种体育运动,强身健体。

2.审美教育

学校的艺术审美方向由 4 个方面的活动所确定:美术和实用创作、舞蹈团"明克斯"、民间团体"库巴乌什卡"、戏剧创作。

在学校,教师和绘画小组组长柳德米拉共同指导美术和实用创作。在小组活动期间,所有成员一起为演出准备背景和道具。小组成员一般都是学校、市区、城市里多数展览会的参与者和优胜者。

舞蹈队由芭蕾舞蹈名将奥尔洛娃、玛丽娜负责带领。奥尔洛娃是多项奖项得主,俄罗斯及波罗的海国家冠军。在这个团队中有许多不同民族的孩子。所有的学校节日,这个舞蹈队都会参与演出。舞蹈艺术让学生相互影响,建立友好的关系。舞蹈课程不仅能够培养孩子们的艺术品位、伙伴关系以及团队协作的责任心,还能使他们通过接触和学习理解对方,最后,不同民族的孩子们学习到不同民族、不同地区的韵律。

民间团体"库巴乌什卡"由具有高级资格的教师安东诺娃担任负责人。该团体创作的主要目的是——复兴传统,保存民族文化,传播获得经验,培养孩子们对民间创作的兴趣和尊重。

天才导演卡琳切娃·拉丽萨一直负责学校的剧院。剧院是学生精神文化的象征,也是创作环境的基础。学校剧院是学校创作教育环境的一个系统组成部分。每个班级都受到过剧院的培养熏陶,每个孩子都会参与学校的戏剧演出,这已经成为其生活的一部分。

戏剧表演的主题由年度节日的内容来确定,使用高质量艺术文献作为其剧团的工作准则。学校戏剧并不局限于学校的舞台,剧团不止一次在城市的各种舞台上进行表演,诸如普希金故居、校区幼儿园、博物馆、皇村学园博物馆等。

圣彼得堡 305 中学的特点是具有创作教育环境,这种环境也是构建在一定的原则基础上的。

第一原则——具有创作师资队伍,具有自身传统、经验和热情,同时具有进一步发展的意愿。

第二原则——在学校中不断形成传统,借助此前的基础在 25 年内按照 3 个线路组织工作:圣彼得堡线路,普希金线路,民间线路。

第三个原则——让各年龄段的孩子参与戏剧节目的演出,并将他们团结在一起。低年级和高年级的学生与老师一起在同一个舞台上表演,一起参与各种戏剧演出。

第四原则——群众性。在学校里节日演出要持续一年,有很多积极参与者加入其中。在新年戏剧中,按照传统,所有小学的学生都要参与演出。每个学生都有自己的角色,在大厅中没有消极观看的人。"骑士比武"是传统节日之一,在每年二月与三月间举行,目的是培养男女之间相互尊重和友好的关系,让每个孩子都能展现自己的个性。

第五原则——成年人和孩子关系平等。这个原则可推论出两个结果:第一,成年人距离孩子不会那么遥远。第二,老师也能成为学生的伙伴。在戏剧表演中不仅有教师参加,还有学校的工作人员(电工、副校长等)参加,甚至还有学生家长参加。

学校在这些基础上进行的教育活动能够让学生形成创作经验和对创作的情感态度。一方面,学校利用在教育环境中多年形成的各种经验指导学生;另一方面,学校为解决现代教育问题创造了条件。

3.课外活动小组

学校里有 16 个课外小组和 5 个运动队。除了上述提及的运动小组之外,还有一些其他的课外小组,具有一定的广泛性。例如该校的合唱团。合唱团的成员都积极参与所有的音乐会和学校组织的各类竞赛。参与合唱团的活动给孩子们带来很大的快乐。在了解了很多著名音乐家的音乐作品之后,孩子们越来越坚信自己的力量,又有更多的机会接触美好的事物。

该校生物小组的负责人为专家,有才华、有创意的教师卡萨特金。小组活动既能让学生扩大自己对生活界的认识,又能让学生展示自己在生物和生态领域的知识和技能。卡萨特金老师和小组成员一起参加很多课外的活动,小组活动中还有生态、微生物、植物学和动物实践课。小组活动还组织参观植物园、动物学博物馆等。这些活动使孩子们增长了知识,并且让他们在区奥林匹克竞赛中获得胜利。

该校新创办的小组"脉动",一出现就显示了其强大的魅力,它吸引了不少

5～11年级的学生。最受学生欢迎的小组是"南方信息",这个小组的负责人是谢礼威尔斯托娃,在活动中,孩子们高兴地搜集和处理文本图片信息,积极地学习掌握全球因特网,学会与人在线沟通。

2009—2010学年,在城市节日周里,各年龄段的学生怀着不同的兴趣参加各种创作、审美、文化以及体育竞赛。这些比赛都是在区、市、国家甚至国际上举办的。

学校的课外小组活动基本每天都有,学生可以根据自己的兴趣爱好和时间,选择适当的课外小组进行活动。

表 18-1　课外小组活动时间表

No п/п	课外小组名称	班级	星期	时间
1	合唱团	1 年级 1 班 2 年级 1 班 2 年级 2 班 3～4 年级 5～7 年级	周一 周三 周二 周一 周四	13:55～14:40 13:55～14:40 15:45～16:30 14:50～15:35 15:45～16:30
2	信息学	5 年级 1 班 5 年级 2 班 7 年级 1 班 7 年级 2 班 8 年级 1 班、2 班	周一 周四 周三 周二 周五	15:00～15:45 15:00～15:45 15:00～15:45 15:00～15:45 16:00～16:45
3	青年爱国者	5～7 年级	周二	15:00～18:00
4	灵巧的双手	5～6 年级 7～8 年级	周一 周二	15:00～16:30 15:00～16:30
5	有趣的解剖	8 年级 1 班 8 年级 2 班	周一 周五	15:00～15:45 15:00～15:45
6	了解、热爱自己的家乡和祖国	11 年级	周五	15:00～19:00
7	知识产权和有创意的游戏	6～8 年级	周四	15:00～16:30
8	民谣小组	2 年级 5 班 3 年级 1 班 3 年级 2 班	周三	14:00～14:45 15:00～15:45 16:00～16:45
9	"明克斯"舞蹈团	1 年级 2 年级	周二 周四	17:00～18:00 16:00～17:00

续表

No п/п	课外小组名称	班级	星期	时间
10	快乐铅笔	1 年级 1 班 2 年级 1 班 2 年级 2 班 2 年级 2 班、3 班、4 班 3 年级 1 班、2 班、3 班 4 年级 5 班 5 年级 5 班、6 年级 5 班	周二 周一 周一 周二 周三 周四 周五	15:00～15:45 14:00～14:45 15:00～15:45 16:20～17:05 15:45～16:30 15:45～16:30 15:45～16:30
11	生物小组	6～11 年级	周二 周三	15:00～17:00
12	女工部	7～8 年级	周一	15:30～17:30
13	戏剧团	1～11 年级	周二、周四、周六	14:00～15:30
14	足球队	1 年级 2 年级 3 年级 4 年级 5 年级 6 年级 7 年级 8 年级	周二、周四 周日 周一、周三、周五 周日 周一、周三、周五 周日 周二、周四 周日	15:30～17:00 10:00～12:00 17:00～19:00 13:30～15:00 16:00～17:30 12:00～13:30 17:30～18:30 15:00～16:00
15	田径队	4～6 年级 7～11 年级	周一、周二、周四、周五、周六 周一、周二、周四、周五、周六	16:30～18:00 18:30～20:00

数据来源：Расписание внеклассной деятельности.http://www.school305.ru/cont.asp? pid＝49.

三、拓展阅读

早在 20 世纪 70 年代，联合国教科文组织编著的《学会生存——教育世界的今天和明天》在探讨全世界教育事业发展的总倾向时曾指出："教育扩大到学校范围以外，中小学正在被大量的校外活动和校外辅助活动所补充。"[①]近 40 年来，校外教育在各国得到了长足的发展，并日趋专业化。我国的校外教育在性质和内容上，与西方发达国家有所不同。

[①]联合国教科文组织国际教育发展委员会.学会生存——教育世界的今天和明天[M].
北京：教育科学出版社，1996.

（一）校外教育的性质——基础教育 VS 社会教育

我国的校外教育从属于基础教育，视为学校教育的补充或延伸。《中共中央关于教育体制改革的决定》明确提出学校教育、校外教育、学校后教育并举的方针，充分肯定了校外教育的地位和作用。我国的校外教育主要依托以青少年宫为代表的青少年活动中心开展活动。青少年宫是国家性质的校外教育机构，从属于教育系统、团系统、妇联系统和科协系统。[①]

在美国，校外教育从属于社会教育，主要依托社区机构开展活动。社区在充分利用学校的公共设施的同时，加强社区内各种机构和部门的相互协作。据美国校外教育联合会 2009 年最新调查报告显示，在所有开展校外活动的机构中，基于社区的机构占 34％，基于学校的机构次之，占 31％，而国家性质的机构仅占 16％。在所有提供服务的机构分布中，城市社区占 43％，城郊社区占 31％，而农村社区也高达 34％，城乡分布基本处于平衡状态。[②]

日本的校外教育同样归属于社会教育，校外教育设施依据社会教育法而设置，包括儿童文化中心、少年自然之家、儿童馆、国立奥林匹克纪念青少年综合中心、公民馆、图书馆、博物馆、学习塾等。在日本，无论是政府还是民间团体或者私立机构，都十分重视社会教育设施的充实和完善。符合"设施三要素"（物质条件、人员条件、职能条件）的社会教育设施遍布全国各地，这些校外教育设施广泛地应用了计算机和多媒体技术。同时，日本校外教育设施的利用率非常高，据 2006 年统计，有 2 亿 2268 万人次利用公民馆，2 亿 6950 万人次利用博物馆，1 亿 4310 万人次利用图书馆，2077 万人次利用青少年设施。[③]

综上，可以看出，国外的校外教育更突出社区教育、家庭教育及全方位地建设校外教育网络，教育活动形式灵活，更多地体现了非正规教育方式，践行了"社会的教育化"和"教育的社会化"，而我国的校外教育具有太多正规教育的特点，校外教育发展相对封闭和局限。

（二）校外教育的内容——专业知识、技能 VS 社会适应能力

我国青少年面临的主要问题是学业压力大和课余生活不健康，因此校外教育的着力点是引导健康多样化的学习兴趣，丰富课外文化生活。针对学生由课

---

①中国教育学会少年儿童校外教育分会.中国校外教育工作年鉴（2005—2006）[M].天津：天津人民出版社，2007.

②杨天天，沈蕾娜.初探美国校外教育对中国的启示——基于中美比较的视角[J].首都师范大学学报（社会科学版），2012（1）.

③陈永明.新世纪日本中小学教育[M].天津：天津教育出版社，2006.

业负担重引发的厌学等心理状态,以及阅读暴力色情刊物、沉迷网络游戏等不良嗜好,中国校外教育应突出以下内容:第一,开展学科活动,激发学习兴趣,提升学习能力。如组建学科小组,邀请校外教师或专家学者指导;第二,开展文体活动,引导课外阅读。以文艺活动陶冶性情,以体育活动疏解情绪,以课外阅读拓宽视野,抵御不良出版物和网络信息的影响。①

美国青少年面临的主要问题包括贫困、暴力和毒品泛滥等,因此校外教育着力于社会救济,提升青少年的社会适应能力。针对青少年普遍存在的贫困状况、居于高位的刑事犯罪比例和挥之不去的毒品滥用阴影,美国校外教育突出以下内容:第一,在贫困社区开展"校外活动",为低收入家庭的孩子提供与其他同龄孩子一样的教育资源,帮助学生提高学习能力,降低辍学率;帮助学生认识自身的潜力,开展职业技能培训;第二,开设药物和暴力防止课程,同时开展性格教育、家庭教育,提升社交能力,组织社区服务。②

日本校外教育的内容和重点是注重青少年综合能力的培养。1995 年,日本提出 21 世纪青少年教育的基本目标是"培养生存能力",校外教育内容以义务服务为重点,开展环境教育和野外活动,在活动形式上多以团体活动开展,培养青少年的社会关爱、独立、互相合作精神。这种团体活动以社区服务为重点,以社区内的青少年为对象,校外教育的开展更多地与青少年的自身成长经历相结合,具有较好的针对性。③

综上,可以看出,国外校外教育重视青少年素质的全面提高和综合能力的培养,而我国的校外教育偏重"专业性"教育,以专门的小组活动或其他活动方式来学习专业知识与技能,专业性有日渐加强的趋势。

四、反思与启示

俄罗斯中小学校的课外活动自古以来就有优秀的传统,在苏联时期,苏霍姆林斯基所创建的帕夫雷什学校就成为世界教育者们心中的圣地,该校的课外活动在教育教学过程中起到非常重要的作用,成为世界各国中小学校学习的典范。苏联解体之后,在俄罗斯中小学的教育中,课外活动仍然在学校整体教育

---

①中国教育学会少年儿童校外教育专业委员会.现代校外教育论[M].北京:中国少年儿童出版社,2001.

②张娜.美国"校外活动"及其对我国的启示[J].世界教育信息,2006(12).

③曾晓洁,司荫贞.北京与东京校外教育的比较研究[J].比较教育研究,2002(11).

教学中占有重要的位置。课外活动不但肩负着强健学生身体、培养学生审美观和积极乐观的精神的使命,同时也承担了学校劳动教育、安全教育、公民教育等重要的责任。从上述对圣彼得堡305中学的描述可以看出,俄罗斯中小学校的课外活动丰富多彩,真正从学生的兴趣爱好出发,有足够的活动可供学生选择。

相比之下,我们国家的中小学生,特别是高中学生完全沉浸在书海中,应付繁重的学习负担,一点可怜的课外活动时间也经常被数学、语文等主要课程占用。一些学校虽然也组织一些课外活动,但课外活动所应带给孩子们的教育因素和培养因素也远远没得到开发。造成这一问题的原因很多:高考和中考的竞争给学生和教师巨大的压力,一切都围绕应试展开,学校根本无暇开展课外活动;学校的基础设施不够雄厚,学校"心有余而力不足",无力开展课外活动;教师的考评以及工资的确定都以学生的学习成绩为标准,因而,教师将注意力完全集中在学生的学业成绩上,完全忽视课外活动对孩子的教育因素。

如何摆脱高考和中考的束缚,让学生在学校能够参加各种课外活动,有一个真正快乐的童年,这是广大教育工作者和教育管理部门需要思考和解决的问题。

参考书目

中文

1.安方明.社会转型与教育变革:俄罗斯历次重大教育改革研究[M].北京:社会科学文献出版社,2006.

2.高金岭.俄罗斯基础教育[M].广州:广东教育出版社,2004.

3.顾明远.教育大辞典[M].上海:上海教育出版社,1998.

4.吕达,周满生.当代外国教育改革著名文献(苏联-俄罗斯卷)[M].北京:人民教育出版社,2004.

5.王焕勋.实用教育大词典[M].北京:北京师范大学出版社,1995.

6.王晓辉.比较教育政策[M].南京:江苏教育出版社,2009.

7.吴式颖.俄国教育史——从教育现代化视角所作的考察[M].北京:人民教育出版社,2006.

8.肖甦,王义高.苏联教育70年成败[M].北京:北京师范大学出版社,1999.

9.肖甦,王义高.俄罗斯教育10年变迁[M].北京:北京师范大学出版社,2003.

10.肖甦,王义高.俄罗斯教育变革探讨[M].广州:广东教育出版社,2008.

11.肖甦,王义高.俄罗斯转型时期重要教育法规文献汇编[M].北京:人民教育出版社,2009.

12.张艳杰,赵伟.转型期的俄罗斯教育改革[M].哈尔滨:黑龙江高等教育出版社,2008.

13.钟亚平,张国凤.苏联-俄罗斯科技与教育发展[M].北京:人民教育出版社,2003.

14.朱小蔓,Н.Е.鲍列夫斯卡娅,В.П.鲍利辛柯夫.20—21世纪之交中俄教育改革比较[M].北京:教育科学出版社,2006.

15.吕文华.俄罗斯基础教育[M].呼和浩特:内蒙古教育出版社,2003.

16.鲍欣.从制度变迁视角解析俄罗斯职业教育管理体制改革[D].北京师范大学硕士学位论文,2007.

17.高丹.转型期俄罗斯普通中小学办学模式的变革研究[D].首都师范大学硕士学位论文,2002.

18.石少岩.俄罗斯普通教育国家标准研究[D].首都师范大学硕士学位论文,2007.

外文

1. Э. Д. Днепров. Образование и политика：новейшая политическая история российского образования（том 2）［М］. Москва：Издательство 《Гео-Тж》, 2006.

2. А. Новиков. Развитие отечественного образования［М］. Москва：Издательство Эгвес, 2005.

3. О. Н. Смолин. Излом иное было дано？［М］. Москва：Издательство《проспект》, 2001.

4. О. Н. Смолин. Образование — для всех［М］. Москва：Издательство《Проспект》, 2002.

5. Б. И. Мишин. Основы безопасности жизнедеятельности 1～11классы［М］. Москва：Издательский дом 《Дрофа》, 1998.

6. В. Н. Мошкин. Воспитание культуры безопасности школьников：Монография ［М］. Барнаул：Издательство БГПУ, 2002.

7. М. К. Горшков, Ф. Э. Шереги. Национальный проект《Образование》：оценки экспертов и позиция населения［М］. Москва：Центр социального прогнозирования, 2008.

8. Федеральная служба государственной статистики. Российский статистический ежегодник［М］. Москва：ИИЦ 《Статистика России》, 2010.

9. А. А. Пинский. Общественное участие в управлении школой ［М］. Москва：Альянс Пресс, 2004.

10. Рыжаков. М. В. Никандров. Н. Д. Государственные образовательные стандарты в системе общего образования［М］. Москва：РАО, 2002.

11. А. Новиков. Российское образование в новой эпохе ［М］. Москва：Издательство Эгвес, 2000.

12. М. Л. Агранович, Н. Б. Озерова, С. А. Беляков, Т. Л. Клячко. Система финансирования образования. Анализ эффективности ［М］. Москва：Технопе-чать, 2003.

13. Джуринский А. Н. Развитие образование в современном мире［М］. Москва：Гуманит, 2003.

14. Игорь Реморенко, О правоприменительной практике единого государственного экзамена［J］. Народное образование, 2009（1）.

15. Алексей Каменский.《Наша новая школа》мечты или реальность？［J］. Народное образование, 2009（8）.

16. В Госдуме обсудят проект нового закона об образовании[EB/OL].http://school.edu.ru/news.asp? ob_no＝89810.

17. Национальная образовательная инициатива《Наша новая школа》[EB/OL].http://mon.gov.ru/files/materials/5233/09.03.16-nns.doc.

18. Материалы к выступлению Министра образования и науки Российской Федерации Андрея Фурсенко на Совете при Президенте России по реализации приоритетных национальных проектов 19 января 2010 года [EB/OL]. http://window.edu.ru/window/news? p_news_id＝29991.

19. Медведев рассказал об образовательной инициативе《Наша новая школа》[EB/OL]. http://www.vz.ru/news/2010/4/22/395611.html.

20. Тема:"Наша новая школа":последняя надежда учителей на Медведева. [EB/OL] http://www.liberty.ru/Themes/Nasha-novaya-shkola-poslednyaya-nadezhda-uchitelej-na-Medvedeva.

21. Учителя выступили против "Нашей новой школы"[EB/OL]. http://www.polit.ru/news/2010/03/15/newschool.html.

22. Анатолий Витковский. Сохранится ли в России негосударственное образование? [EB/OL]http://old.soling.su/P? pk＝22372.

23. Российский статистический ежегодник.[EB/OL]. http://www.elstb.ru/other/files/RSE2012.pdf.

24. В. М. Филиппов. Докладна Коллегии Минстерства образования РФ25 Февраля 2004г[EB/OL]. http://modern.ed.gov.ru/Themes/basic/2004-5-16/.

25. Андрей Фурсенко о новой системе оплаты труда,укреплении малокомплектных школ и о значении библиотек[EB/OL]. http://pedsovet.org/content/view/2457/88/.

26. Новая система оплаты труда позволит учителям зарабатывать в два раза больше[EB/OL]. http://www. eduhelp. ru/page/novaja-sistema-oplaty-truda-pozvolit-uchiteljam-zarabatyvat-v-dva-raza-bolshe/.

27. Мошкин Владимир Николаевич. Цели воспитания культуры безопасности [EB/OL]. http://www.oim.ru/reader@whichpage＝1&mytip＝1&word＝&pagesize＝15&Nomer＝436.asp.

28. О роли огранов управления образованием в обеспечении безопасности школьников [EB/OL].http://4bx.ru/nd/s03s3sec.htm.

29. Проблемы преподавания курса **ОБЖ** в школе[EB/OL]. http://club-na-habino.narod.ru/public6.htm.

30. Результаты работ по введению профильного обучения в 2006 году[EB/OL].ht-tp://isiorao.ru/Progect/experience/profil/spravka2006.php? phrase_id＝8707.

31. Обсуждение результатов анкетирования и семинара 《 Профильное обучение:современное состояние, проблемы, перспективы》[EB/OL]. ht-tp://profil.3dn.ru/forum/12-20-1.

32. Введене профильного обучения[EB/OL]. http://edu.of.ru/blag6/default.asp? ob_no＝32885.

33. Заседание коллегии Министрества образования и науки Российской Федерации по вопросу 《Об итогах проведения эксперимента по введению единого государственного экзамена в 2006 году и задачах на 2007 год》 [EB/OL]. http://www1.ege.edu.ru/content/view/239/115/.

34. Результаты ЕГЭ 2010[EB/OL].http://www.egemetr.ru/info/ege/.

西南师范大学出版社
《名师工程》系列丛书目录

系列	序号	书　　名	作者	定价
鲁派教育名师探索者系列·	1	《追问历史教学之道》	钟红军	36.00
	2	《灵动英语课——高效外语教学氛围创设艺术》	邵淑红	30.00
	3	《校园，幸福教育的栖居》	武际金	30.00
	4	《复调语文——尊重生命自我成长的语文教学》	孙云霄	30.00
	5	《智趣数学课——在情感深处激发学生的数学智能》	王冬梅	30.00
	6	《高品位"悦读"——让情感与心灵更愉悦的阅读教学》	马彩清	30.00
	7	《品诵教学——感悟母语神韵的阅读教学》	侯忠彦	30.00
	8	《智趣化学课——在快乐中提升学生的科学素养》	张利平	30.00
码名师系列解	9	《教育需要播种温暖——谢文东与儒雅教育》	余　香　陈柔羽　王林发	28.00
	10	《为了未来设计教育——梁哲与探究教育》	冼柳欣　肖东阳　王林发	28.00
	11	《真心是教育的底色——谭永焕与真心教育》	谭永焕　温静瑶　王林发	28.00
	12	《做超越自我的教师——刘海涛与创新教育》	王林发　陈晓凤　欧诗停	28.00
	13	《打造灵动的教育场——张旭与情感教育》	范雪贞　邹小丽　王林发	28.00
堂系列课高效	14	《让数学课堂更高效——教研员眼中的教学得失》	朱志明	30.00
	15	《从教会到教慧——小学生数学学习能力的培养艺术》	滕　云	30.00
	16	《用什么提高课堂效率——有效数学课必须关注的10大要素》	赵红婷	30.00
	17	《让作文更轻松——小学作文高效教学36锦囊》	李素环	30.00
	18	《让研究性学习更高效——研究性学习施教指导策略》	欧阳仁宣	30.00
	19	《让母语融入学生心灵——提升学生语文素养的高效施教艺术》	黄桂林	30.00
创新课堂系列	20	《小学语文"三环节"阅读教学法——自学、读讲、实践》	薛发武	30.00
	21	《个性化课堂教学艺术：小学语文》	商德远	30.00
	22	《如何实现三维目标——让学生与文本共鸣的诵读教学》	张连元	30.00
	23	《想说　会说　有话可说——突破作文瓶颈的三维教学法》	杨和平	30.00
	24	《综合课的整合创新教学》	周辉兵	30.00
	25	《如何打造学生喜欢的音乐课堂》	张　娟	30.00
	26	《理想课堂的构建与实施——一个教研员眼中的理想课堂》	张玉彬	30.00
	27	《小学语文：决定教学质量的关键策略》	李　楠	30.00
	28	《用〈论语〉思想提升数学教育智慧》	胡爱民	30.00
	29	《童化作文——浸润儿童心灵的作文教学》	吴　勇	30.00
系列名校	30	《人本与生本：管理与德育的双重根基》	广州市广外附设外语学校	30.00
	31	《生本与生成：高效教学的两轮驱动》	广州市广外附设外语学校	30.00
	32	《世界视野与现代意识：校本课程开发的二元思维》	广州市广外附设外语学校	30.00
	33	《让每个生命都精彩——生命教育校本实践策略》	王鹏飞	30.00
	34	《好学校，从关注每个学生开始——石梅小学优质教育多元感悟》	顾　泳　张文质	30.00

系列	序号	书　　　名	作者	定价
思想者系列	35	《回归教育的本色》	马恩来	30.00
	36	《守护教育的本真》	陈道龙	30.00
	37	《教育，倾听心灵的声音》	李荣灿	30.00
	38	《心根课堂——让教育随学生心灵起舞》	刘云生	30.00
	39	《做一个纯粹的教师》	许丽芬	26.00
	40	《率性教书》	夏　昆	26.00
	41	《为爱教书》	马一舜	26.00
	42	《课堂，诗意还在》	赵赵（赵克芳）	26.00
	43	《今日教育之民间立场》	子虚（扈永进）	30.00
	44	《教育，细节的深度反思》	许传利	30.00
	45	《追寻教育的真谛——许锡良教育思考录》	许锡良	30.00
	46	《做爱思考的教师》	杨守菊	30.00
鲁派名校系列·教育探索者	47	《博弈中的追求——一位中学校长的"零"作业抉择》	李志欣	30.00
	48	《大教育视野下的特色课程构建——海洋教育的开发实施》	白刚勋	30.00
名师教学手记系列	49	《唤醒生命的对话——孙建锋语文教学手记》	孙建锋	30.00
	50	《让作文教学更高效——王学东写作教学手记》	王学东	30.00
名校长核心思想系列	51	《智圆行方——智慧校长的50项管理策略》	胡美山　李绵军	30.0
	52	《做一个智慧的校长》	孙世杰	30.00
	53	《成为有思想的校长》	赵艳然	30.00
创新班主任系列	54	《班主任专业化成长策略》	杨连山	30.00
	55	《班级活动创新与问题应对》	杨连山　杨　照　张国良	30.00
	56	《班集体建设与创新人才培养》	李国汉	30.00
	57	《神奇的教育场——打造特色班级文化创新艺术》	李德善	30.00
教研提升系列	58	《校本教研的7个关键点》	孙瑞欣	30.00
	59	《教师怎样做小课题研究——高效助力教师专业化成长》	徐世贵　刘恒贺	30.00
	60	《今天我们应怎样评课》	张文质　陈海滨	30.00
	61	《今天我们应怎样进行教学反思》	张文质　刘永席	30.00
	62	《一节好课需要的教育智慧》	张文质　姚春杰	30.00
优化教学系列	63	《高效教学组织的优化策略》	赵雪霞	30.00
	64	《高效教学方法的优化策略》	任　辉	30.00
	65	《高效教学过程的优化策略》	韩　锋	30.00
	66	《让教学更生动——激发兴趣让学生快乐认知》	朱良才	30.00
	67	《让教学更高效——策略创新让教学事半功倍》	孙朝仁	30.00
	68	《让教学更开放——拓展延伸让学生触类旁通》	焦祖卿　吕　勤	30.00
	69	《让教学更生活——体验运用让学生内化知识》	强光峰	30.00
	70	《让知识更系统——整合与概括让学生建构体系》	杨向谊	30.00
	71	《让思维更创新——思辨与发散让学生思维活跃》	朱良才	30.00

系列	序号	书　　名	作者	定价
创新语文教学系列	72	《曹洪彪新概念快速作文》	曹洪彪	30.00
	73	《小学语文：享受对话教学》	孙建锋	30.00
	74	《小学语文：名师教学目标落实艺术》	刘海涛　王林发	30.00
	75	《小学语文：名师魅力教学设计艺术》	刘海涛　王林发	30.00
	76	《小学语文：名师魅力课堂激趣艺术》	刘海涛　豆海湛	30.00
	77	《小学语文：单元整体教学构建艺术》	李怀源	30.00
	78	《小学作文：名师情趣课堂创设艺术》	张化万	30.00
名师名课系列	79	《名师如何炼就名课》（美术卷）	李力加	35.00
教师成长系列	80	《做会研究的教师》	姚小明	30.00
	81	《学学名师那些事》	孙志毅	30.00
	82	《给新教师的建议》	李镇西	30.00
	83	《教师心灵读本：成为有思想的教师》	肖　川	30.00
	84	《教师心灵读本：教师，做反思的实践者》	肖　川	30.00
幼师提升系列	85	《全国优秀幼儿健康教育活动课例评析》	教育部教育管理信息中心	30.00
	86	《全国优秀幼儿艺术教育活动课例评析》	教育部教育管理信息中心	30.00
	87	《全国优秀幼儿社会教育活动课例评析》	教育部教育管理信息中心	30.00
	88	《全国优秀幼儿语言教育活动课例评析》	教育部教育管理信息中心	30.00
	89	《全国优秀幼儿科学教育活动课例评析》	教育部教育管理信息中心	30.00
教师修炼系列	90	《班主任工作行为八项修炼》	杨连山	30.00
	91	《教师心理健康六项修炼》	李慧生	30.00
	92	《教师专业化五项修炼》	杨连山　田福安	30.00
	93	《课堂教学素养五项修炼》	刘金生　霍克林	30.00
	94	《高效教学技能十项修炼》	欧阳芬　诸葛彪	30.00
	95	《教师新师德六项修炼》	王毓珣　王颖	30.00
创新数学教学系列	96	《小学数学：名师教学目标落实艺术》	余文森	30.00
	97	《小学数学：名师高效教学设计艺术》	余文森	30.00
	98	《小学数学：名师易错问题针对教学》	余文森	30.00
	99	《小学数学：名师魅力课堂激趣艺术》	余文森	30.00
	100	《小学数学：名师同课异教》	林高明　陈燕香	30.00
	101	《小学数学：名师抽象问题艺术教学》	余文森	30.00
教育心理系列	102	《做最好的心理导师——中学生心理健康咨询手册》	杨　东	30.00
	103	《每天学点教育心理学》	石国兴　白晋荣	30.00
	104	《学生心理拓展训练与指导》	徐岳敏	30.00
	105	《好心态成就好学生——学生心理问题剖析与对症教育》	李韦遴	30.00
教育通识系列	106	《用心做教师——青年教师快速成长的十大定律》	王福强	30.00
	107	《做最受学生欢迎的老师》	赵馨　许俊仪	30.00
	108	《做有策略的校长——经典寓言与学校管理智慧》	宋运来	30.00
	109	《做有策略的教师——经典故事中的教育启示》	孙志毅	30.00
	110	《从学生那里学教书》	严育洪	30.00
	111	《突破平庸——提升教育质量的31个跳板》	严育洪	30.00
	112	《教育，诗意地栖居》	朱华忠	30.00
	113	《好班规打造好班级》	赵　凯	30.00
	114	《做学生成长的引领者——学生终身成长的素质培养》	田祥珍	30.00
	115	《如何管出好班级——突破班级管理的四大瓶颈》	刘令军	30.00
	116	《青春期性教育教师实用手册》	闵乐夫	30.00

系列	序号	书　　名	作者	定价
高中新课程系列	117	《高中新课程：教师角色转变细节》	缪水娟	30.00
	118	《高中新课程：班主任新兵法细节》	李国汉　杨连山	30.00
	119	《高中新课程：教学管理创新细节》	陈　文	30.00
	120	《高中新课程：更有效的评价细节》	李淑华	30.00
教学新突破系列	121	《把教学目标落实到位——名师优质课堂的效率管理》	冯增俊	30.00
	122	《拿什么调动学生——名师生态课堂的情绪管理》	胡　涛	30.00
	123	《零距离施教——名师和谐师生关系的构建艺术》	贺　斌	30.00
	124	《一个都不能落——名师提升学困生的针对教学》	侯一波	30.00
	125	《让学习变得更轻松——名师最能吸引学生的情境设计》	施建平	30.00
	126	《让知识变得更易学——名师改造难学知识的优化艺术》	周维强	30.00
名师讲述系列	127	《施教先施爱——名师讲述班主任的核心教导力》	杨连山　魏永田	30.00
	128	《在欢乐中成长——名师讲述最具活力的课堂愉快教学》	王斌兴	30.00
	129	《让学生做自己的老师——名师讲述如何提升学生自主学习能力》	徐学福　房　慧	30.00
	130	《引领学生高效学习——名师讲述如何提高学生课堂学习效率》	刘世斌	30.00
	131	《教育从心灵开始——名师讲述最能感动学生的心灵教育》	张文质	30.00
教育细节系列	132	《名师最具渲染力的口才细节》	高万祥	30.00
	133	《名师最有效的沟通细节》	李　燕　徐　波	30.00
	134	《名师最有效的激励细节》	张　利　李　波	30.00
	135	《名师培养学生好习惯的高效细节》	李文娟　郭香萍	30.00
	136	《名师人格教育的经典细节》	齐　欣	30.00
	137	《名师营造课堂氛围的经典细节》	高　帆　李秀华	30.00
	138	《名师最有效的赏识教育细节》	李慧军	30.00
	139	《名师最有效的批评细节》	沈　旎	30.00
教育管理力系列	140	《名校激励管理促进力》	周　兵	30.00
	141	《名校安全管理执行力》	袁先潋	30.00
	142	《名校师资队建设力》	赵圣华	30.00
	143	《名校危机管理应对力》	李明汉	30.00
	144	《名校校本研究创新力》	李春华	30.00
	145	《学校文化力建设策略》	袁先潋	30.00
	146	《名校长核心教育力》	陶继新	30.00
	147	《名校长高绩效领导力》	周辉兵	30.00
	148	《名校行政管理细节力》	杨少春	30.00
	149	《名校教学管理提升力》	张　韬　戴诗银	30.00
	150	《名校学生管理教导力》	田福安	30.00
	151	《名校校园文化构建力》	岳春峰	30.00
大师讲坛系列	152	《大师谈教育心理》	肖　川	30.00
	153	《大师谈教育激励》	肖　川	30.00
	154	《大师谈教育沟通》	王斌兴　吴杰明	30.00
	155	《大师谈启蒙教育》	周　宏	30.00
	156	《大师谈教育管理》	樊　雁	30.00
	157	《大师谈儿童人格塑造》	齐　欣	30.00
	158	《大师谈儿童习惯培养》	唐西胜	30.00
	159	《大师谈儿童能力培养》	张启福	30.00
	160	《大师谈早恋与性教育》	闵乐夫	30.00
	161	《大师谈儿童情感教育》	张光林　张　静	30.00

系列	序号	书　　　　名	作者	定价
教学提升系列	162	《方法总比问题多——名师转变棘手学生的施教艺术》	杨志军	30.00
	163	《用特色吸引学生——名师最受欢迎的特色教学艺术》	卞金祥	30.00
	164	《让学生爱上课堂——名师高效课堂的引导艺术》	邓　涛	30.00
	165	《拿什么打开思路——名师最吸引学生的课堂切入点》	马友文	30.00
	166	《没有记不牢的知识——名师最能提升学生记忆效果的秘诀》	谢定兰	30.00
	167	《让学生的思维活起来——名师最激发潜能的课堂提问艺术》	严永金	30.00
国际视野系列	168	《行走在日本基础教育第一线》	李润华	30.00
	169	《润物细无声》	赵荣荣　张　静	38.00
	170	《不让一个学生掉队——国际视野下的教育均衡实践》	乔　鹤	28.00
	171	《从白桦林到克里姆林宫——俄罗斯中小学教育纪实》	赵　伟	38.00